Robert J. Sternberg

W0069183

Erfolgsintelligenz

Warum wir mehr brauchen als EQ + IQ

Aus dem Amerikanischen
von Christel Erbacher-von Grumbkow

LICHTENBERG

Titel der Originalausgabe: Successful Intelligence.
How Practical and Creative Intelligence Determine Success in Life
Originalverlag: Simon & Schuster

Die Deutsche Bibliothek – CIP-Einheitsaufnahme

Sternberg, Robert J.: Erfolgsintelligenz ... Warum wir
mehr brauchen als EQ + IQ / Robert J. Sternberg
Aus dem Amerik. von Christel Erbacher-von Grumbkow. –
München : Lichtenberg, 1998
ISBN 3-7852-8426-8

Die Folie des Schutzumschlags sowie die Einschweißfolie sind PE-Folien
und biologisch abbaubar.
Dieses Buch wurde auf chlor- und säurefreiem Papier gedruckt.

Copyright © für die deutsche Ausgabe Lichtenberg Verlag GmbH, München 1998
Copyright © 1996 Robert J. Sternberg
Published by arrangement with Robert J. Sternberg
Das Werk einschließlich aller seiner Teile ist urheberrechtlich geschützt.
Jede Verwertung außerhalb der engen Grenzen des Urheberrechtsgesetzes
ist ohne Zustimmung des Verlages unzulässig und strafbar.
Das gilt insbesondere für Vervielfältigungen, Übersetzungen,
Mikroverfilmungen und die Einspeicherung und Verarbeitung
in elektronischen Systemen.
Umschlaggestaltung: Agentur Zero, München
Umschlagabbildung: Mauritius
Satz + DTP: BücherWerkstatt Alexander von Ertzdorff, Beuerberg
Druck und Bindung: Franz Spiegel Buch GmbH, Ulm
Printed in Germany
ISBN 3-7852-8426-8

2 4 5 3 1

Inhalt

Vorwort

■

Dieses Buch hat eine sehr einfache Botschaft. Fast alles, was Sie über Intelligenz wissen – und zwar über die Intelligenz, mit der sich die Psychologen so gerne beschäftigen –, betrifft lediglich einen winzigen und nicht eben bedeutsamen Teil eines sehr viel umfassenderen und komplexeren intellektuellen Spektrums: die *statische* oder auch *träge* Intelligenz. Was ist das? Das *American Heritage Dictionary of the English Language* (3. Auflage, 1992) definiert diese Eigenschaft folgendermaßen: »1. Bewegungs- oder handlungsunfähig ..., reaktionsträge im Zusammenhang mit anderen Elementen«. Statische Intelligenz benötigt man für Intelligenztests, in den USA z. B. für den Scholastic Assessment Test (SAT) oder den American College Test (ACT), und für eine Vielzahl vergleichbarer Tests, wie sie bei Aufnahmeprüfungen für Universitäten und höhere akademische Lehranstalten zum Einsatz kommen. Viele absolvieren diese Tests mit guten Ergebnissen, was ihnen – zumindest in den Augen der Befürworter solcher Tests – ein eindrucksvolles Potential akademischen Leistungsvermögens bescheinigt. Die dort gemessene Intelligenz ist jedoch statisch und führt nicht zu einem zielorientierten Handeln, was zur Folge hat, daß sich die beeindruckenden Leistungen dieser Leute nicht selten in ihren Testwerten bzw. Zeugnisnoten erschöpfen. Wer sich Daten, Zahlen und Fakten merken kann und vielleicht sogar entsprechend zu argumentieren versteht, muß nicht unbedingt auch wissen, wie man sie einsetzt, um etwas für sich selbst oder andere zu bewirken.

Diese statische Intelligenz interessiert mich in diesem Buch nur insofern, als sie sich auf etwas bezieht, das im Leben wirklich zählt: ich nenne es *Erfolgsintelligenz*, jene Art von Intelligenz, die wir einsetzen, um wichtige Ziele zu erreichen. Menschen, die Erfolg haben, sei es nach ihrem eigenen Dafürhalten oder dem anderer, haben es geschafft, ein umfassendes Spektrum intellektueller Fähigkeiten zu erwerben, zu entwickeln und einzusetzen, anstatt sich nur auf jene statische Intelligenz zu verlassen, die in der Schule so hochgeschätzt wird. Diese Menschen mögen bei herkömmlichen Tests mehr oder weniger gut abschneiden, sie haben jedoch etwas gemeinsam, das viel wichtiger ist als hohe Testwerte. *Sie kennen ihre Stärken und Schwächen. Sie setzen auf ihre Stärken und kompensieren bzw. korrigieren ihre Schwächen.* Das ist alles.

Menschen mit Erfolgsintelligenz wissen, daß niemand in allem gut ist. Einstein war es ebensowenig wie Lincoln, Leonardo da Vinci oder Galileo Galilei. Die Vorstellung eines allgemeinen, in Tests meßbaren Faktors »Intelligenz« ist ein Mythos, der einzig darauf beruht, daß die Bandbreite der in diesen Tests gemessenen Fähigkeiten so gering ist. Erweitert man das Spektrum, löst sich dieser allgemeine IQ-Faktor, wie ich zeigen werde, in Luft auf.

Gute Testwerte sind nichts Schlechtes. Ich möchte folgendes betonen: Gute Testwerte schließen Erfolgsintelligenz nicht aus. Aber sie sind auch keine Garantie dafür. Manch einer ist von seinen guten Testwerten in der Tat so fasziniert, daß er die übrigen – für die Erfolgsintelligenz notwendigen – Fähigkeiten nie entwickelt.

Ich selbst halte mich für einen Glückspilz. Ich bin ordentlicher Professor mit einem Lehrstuhl an der Yale University. Ich habe viele Auszeichnungen erhalten, mehr als sechshundert Bücher und Artikel veröffentlicht sowie Forschungsaufträge und -gelder im Wert von etwa 10 Millionen Dollar akquiriert. Ich bin Mitglied der American Academy of Arts und Sciences und stehe im *Who's Who in America.* Ich habe eine wunderbare Frau und zwei prachtvolle Kinder. Vielleicht erscheint es also ein wenig merkwürdig, wenn der größte Glücksfall meines Lebens ein Mißerfolg war. Als Kind versagte ich bei jedem IQ-Test. Inwiefern war dies mein Glück? Weil ich schon in den ersten Schuljahren lernte, daß ein erfolgreiches Leben für mich nichts mit meinem IQ zu tun haben würde. Daß schlechte Ergebnisse bei Intelligenztests den Erfolg ebensowenig ausschlossen, wie gute Ergebnisse ihn garantierten, erkannte ich etwas später. Diese Erfahrungen und die Fragen, die sie aufwarfen, wurden zum Ausganspunkt meiner späteren Suche nach jener Form von Intelligenz, die ein untrügliches Zeichen für zukünftigen Erfolg ist.

Eine Reihe von Psychologen haben inzwischen erkannt, daß Intelligenz mehr ist als IQ. Daniel Golemans Buch *Emotionale Intelligenz* untersucht zum Beispiel die emotionale Komponente der Intelligenz: wie die Gefühle unser Denken beeinflussen und wie man mit ihnen umgeht. Howard Gardner schreibt über die musikalische, die körperlich-kinästhetische und andere Formen von Intelligenz. Es ist nicht möglich, hier über sämtliche von den Psychologen ausfindig gemachte Intelligenzformen zu sprechen, worunter sich einige sehr spezielle – wie etwa die musikalische Intelligenz – befinden, die im Leben mancher Menschen eine große Rolle spielen, während sie für andere viel weniger wichtig sind. Ich werde mich an dieser Stelle auf jene Form der Intelligenz beschränken, die für jedermann von Bedeutung ist, wenn er wichtige Lebensziele erreichen will: die Erfolgsintelligenz.

Teil I

Was zählt?
IQ,
Intelligenz
oder
Erfolgsintelligenz?

1

Vom IQ
zur Erfolgsintelligenz

Wenn der IQ regiert, dann nur, weil wir es zulassen. Lassen wir ihn gewähren, haben wir uns einen schlechten Herrn gewählt. Das Elend mit den Tests verdanken wir uns selbst; wir können uns jedoch selbst wieder davon befreien. Auch ich mußte mich am eigenen Schopf aus diesem Schlamassel ziehen.

Mein Leben als Dummkopf

In der Grundschule habe ich in sämtlichen IQ-Tests vollständig versagt. Ich litt unter einer ausgeprägten Testangst. Schon der Anblick des Schulpsychologen vor der Klassenzimmertür versetzte mich in Panik. Und spätestens dann, wenn er »Los!« kommandierte, war ich vor Angst so gelähmt, daß ich kaum eine Frage beantworten konnte. Ich erinnere mich noch heute daran, wie ich mich mit den ersten Fragen herumschlug, als meine Mitschüler bereits umblätterten. Für mich war das Testspiel bereits entschieden, noch bevor es angefangen hatte. Und das Ergebnis war stets das gleiche: Ich verlor.
Tausende von Test-Erfindern, Lehrern, Administratoren und Schulpsychologen werden nun versichern, daß man bei einem IQ-Test nicht »durchfallen« kann; daß es etwas wie »gewinnen« oder »verlieren« im Grunde nicht gibt. Vielleicht stimmt das – und vielleicht ist der Papst nicht katholisch. Wenn man am Ende der Übung das Etikett *dumm* angehängt bekommt, hat man dennoch den Test nicht bestanden und das Spiel verloren.

Man braucht kein Genie zu sein, um sich vorzustellen, wie es danach weitergeht. Von einem Dummkopf wird nicht viel erwartet. Jedenfalls erwarteten die Lehrer und Lehrerinnen in den ersten Grundschulklassen nicht viel von mir. Und ich wollte, wie so viele Schüler, meinen Lehrern gefallen. Also erfüllte ich ihre Erwartungen. Während der ersten drei Grundschuljahre war ich kein guter Schüler. Meinen Sie, meine Lehrer wären enttäuscht gewesen? Nein, ganz und gar nicht. Sie waren glücklich, denn ich gab ihnen, was sie erwarteten, und ich war glücklich, weil sie glücklich waren. Also waren alle glücklich und ich nur ein weiterer Verlierer im Spiel des Lebens.

Besaß ich einfach nicht die notwenigen grauen Zellen, um gute schulische Leistungen zu erbringen, oder erfüllte sich da eine Prophezeiung selbst, weil die Lehrer meine IQ-Testergebnisse kannten? Im nachhinein ist das meistens nicht mehr mit Sicherheit festzustellen, denn hat ein Schüler den Weg in die unteren Leistungsgruppen erst einmal eingeschlagen, wird er rasch merken, daß er sich auf einer Einbahnstraße in die akademische *Twilight Zone* befindet, aus der, so wie in der gleichnamigen US-Fernsehserie, kaum jemand wiederkehrt.

Ich selbst hatte großes Glück, was nicht vielen Schülern beschieden ist. Im vierten Schuljahr war ich neun Jahre alt und kam in Mrs. Alexas Klasse. Die Lehrerinnen und Lehrer meiner ersten Schuljahre befanden sich schon in einem fortgeschritteneren Lebensalter und hatten sich in den Schützengräben des Testgeländes verschanzt, doch Mrs. Alexa hatte gerade erst das Lehrerseminar verlassen und kannte sich entweder mit Testergebnissen nicht gut aus, oder sie waren ihr gleichgültig. Jedenfalls glaubte sie fest daran, daß ich viel mehr leisten könnte, und erwartete deshalb mehr von mir. Genauer: Sie forderte mehr. Und sie fand Gehör. Warum? Weil ich ihr gefallen wollte, und zwar mehr als meinen Lehrern in den ersten drei Schuljahren. (Ich hätte sie vom Fleck weg geheiratet, wäre sie für mich nicht ein wenig zu alt und, leider, schon verheiratet gewesen.)

Mrs. Alexa schien nicht besonders überrascht darüber zu sein, doch wie groß war mein Erstaunen, als ich ihre Erwartungen sogar noch übertraf. Ganz schnell gehörte ich zu den besten Schülern der Klasse. Zum ersten Mal sah ich mich als jemand, der das Zeug zu einem wirklich guten Schüler hatte, und das bin ich von da an immer geblieben. Damals jedoch kam es mir nicht in den Sinn, ich könnte ein guter Schüler sein, weil ich entgegen den Ergebnissen meiner IQ-Tests in Wirklichkeit doch gescheit war. Nein, ich war der festen Überzeugung, daß ich trotz mangelnder Intelligenz ein Spitzenschüler geworden war. Nach sorgfältiger Überlegung gelangte ich zu dem Schluß, es müsse daran liegen, daß ich früh zu Bett ging. (Was auch heute noch meine Gewohnheit ist.)

Hindernisse bei der Entwicklung von Erfolgsintelligenz

Aus eigener Erfahrung habe ich gelernt, daß negative Erwartungen von Autoritätspersonen zu den größten Hindernissen für die Entwicklung dessen gehören, was ich Erfolgsintelligenz nenne. Wenn solche Autoritätspersonen – seien es nun Lehrer, Verwaltungsbeamte, Eltern oder Arbeitgeber – jemandem mit niedrigen Erwartungen begegnen, führt dies nicht selten dazu, daß sich ihre Erwartungen erfüllen. Dieser Prozeß kann schon in der Schule einsetzen, endet aber meist nicht dort. Schlechte Noten werden zur Fahrkarte auf den langsameren Straßen des Lebens. Daher führt uns nicht der niedrige IQ ins Verderben, entscheidend sind die niedrigen Erwartungen, die er weckt.

Als ich in Yale in einem höheren Semester war, führte mein Dekan mit mir ein Beratungsgespräch über meine Zukunftspläne. Ich erzählte ihm von meinem Interesse an einem weiterführenden Psychologiestudium. Er hielt dieses Unterfangen für zu ehrgeizig, weil ich im Grunde ein Techniker sei und mich um einen Beruf bemühen solle, der meiner technischen Mentalität mehr entspreche. Ich war gekränkt, lehnte dankend ab und begann mein Psychologiestudium. Wenn es um Erfolgsintelligenz geht, ist es gleichermaßen wichtig, zu wissen, wann man einen Rat annimmt und wann man ihn ablehnt. *Menschen mit Erfolgsintelligenz widerstehen negativen Erwartungen; auch solchen, die auf schlechten Werten bei IQ- oder vergleichbaren Tests gründen. Sie lassen sich nicht durch die Beurteilungen anderer davon abhalten, ihre Ziele zu verwirklichen. Sie finden ihren Weg und gehen ihn mit der Einsicht, daß Hindernisse unvermeidbar sind und daß ihre Überwindung Teil der Herausforderung ist.*

Die zweite große Barriere für die Erfolgsintelligenz ist das Gefühl, nichts bewirken zu können. Es stehen einem nicht nur die negativen Erwartungen anderer im Wege. Solche Erwartungen können ansteckend sein und letztlich verhindern, daß man seine Erfolgspotentiale ausschöpft.

Ich war jahrelang fest davon überzeugt, daß ich mich in den Straßen von New Haven, selbst wenige Blocks von meiner Arbeitsstätte entfernt, aufgrund meines mangelnden Orientierungssinnes nicht zurechtfinden könnte. Eines Abends sollte ich an einer Schule, die in einer der übleren Gegenden unserer Stadt gelegen war, einen Vortrag halten. Auf dem Hinweg prägte ich mir, da es noch hell war, sorgfältig die Straßen ein, an denen ich abbiegen mußte. Die Route war recht kompliziert. Als ich die Schule später wieder verließ, war es schon nach 22 Uhr, doch ich fand meinen Weg aus dem gefährlichen Straßengewirr, ohne auch nur einmal falsch abzubiegen. Ich konnte es kaum glauben. Der Hauptgrund dafür, daß ich mich früher ständig verfahren hatte, lag in meiner Überzeugung, daß ich den Weg nicht finden würde. Diese vorgefaßte Meinung hatte mich immer davon abgehalten, dem Weg die notwendige Aufmerksamkeit zu schenken. Als ich mir sagte, daß ich es schaffen könne, gelang es mir auch.

Menschen mit Erfolgsintelligenz können sich selbst beeinflussen. Ihre Grundeinstellung ist optimistisch-positiv und von Selbstvertrauen geprägt. Sie erkennen, daß die Grenzen der Leistungsfähigkeit eines Menschen nicht selten von dem bestimmt werden, wozu er sich selbst für unfähig hält, und nicht von seinem tatsächlichen Unvermögen.

Ein drittes Hindernis auf dem Weg zur Erfolgsintelligenz sind fehlende Rollenvorbilder. Menschen mit Erfolgsintelligenz können oft auf eine oder mehrere starke Persönlichkeiten in ihrem Leben verweisen, die ihnen geholfen haben, ihre Möglichkeiten auszuschöpfen, und ihrem Lebensweg in vielen Fällen eine entscheidende neue Richtung gegeben haben. Es reicht allerdings nicht aus, solchen Menschen begegnet zu sein. Wirklich entscheidend ist die Tatsache, daß man aus den Angeboten auch das Beste macht. Für mich war Mrs. Alexa eine solche Person. Hätte ich in der vierten Klasse eine andere Lehrerin gehabt, würde ich heute vermutlich nicht hinter dem Schreibtisch meines Büros in Yale sitzen, sondern mit dessen Reinigung beauftragt sein. Das ist nicht übertrieben. Hat man erst einmal den Weg nach unten eingeschlagen, wird es von Jahr zu Jahr schwieriger, ihn wieder zu verlassen. In der vierten Klasse war es für mich noch nicht zu spät, einen besseren Weg zu finden.

Menschen mit Erfolgsintelligenz suchen sich Rollenvorbilder. Es können im Laufe ihres Lebens mehrere verschiedene sein, und ihr eigener Erfolg stellt eine Kombination der besten Eigenschaften dieser Vorbilder dar. Mit anderen Worten: Sie folgen keinem Vorbild in sklavischer Weise, sondern entwickeln ihre eigene, besondere Identität. Außerdem beobachten sie Menschen, die versagen, stellen den Grund dafür fest und sorgen dafür, daß sie selbst es anders machen.

Wie der Vater, so der Sohn

Ich machte meine eher unglücklichen Erfahrungen mit IQ-Tests in den fünfziger Jahren, der Ära Nikita Chruschtschows und der »internationalen kommunistischen Verschwörung«, Elvis Presleys und der internationalen Rock'n'Roll-Verschwörung und auch der Ära von Dick, Jane, Sally und der internationalen Verschwörung zur Herbeiführung tödlicher Langeweile bei Schulkindern. Wie sich die Zeiten geändert haben! Chruschtschow ist tot, Elvis auch, und Dick, Jane und Sally quälen sich posthum mit der Frage, warum man sie aus den Lesebüchern verbannte. Möglicherweise lachen sie sich im Jenseits ins Fäustchen, denn was die Testerei betrifft, so hat sich wahrlich wenig geändert.

Mein Sohn Seth besuchte die Grundschule in den noch gar nicht so weit zurückliegenden Achtzigern, dreißig Jahre nach meinen eigenen schlafumflorten Abenteuern mit Dick und Jane. Seine Schule war eine gute Schule, und nach einem unvermeidbaren Umzug mußte er auf eine andere gute Schule wechseln. Beide Schulen waren sehr ähnlich, bis hin zum äußeren Erscheinungsbild. Für Seth gab es jedoch einen gravierenden Unterschied. In der ersten Schule hatte er der obersten Leseleistungsgruppe angehört, in der zweiten saß er plötzlich in der untersten. Ich mochte nicht glauben, daß ein Kind im Laufe eines Sommers derart der Verblödung anheimfallen konnte.

Folgendes war geschehen: Als Seth in seiner neuen Schule anfing, mußten ihn die Lehrer einer Leseleistungsgruppe zuteilen, wollten aber den Angaben der ersten Schule nicht unbesehen Glauben schenken und ihn einfach der obersten Lesegruppe zuteilen. Sie wählten den in ihren Augen wissenschaftlicheren Weg. An seinem ersten Schultag legten sie Seth einen Lesetest vor (der übrigens stark mit intellektuellen Eignungstests korreliert). Seth schnitt ganz schlecht ab. Es war sein erster Tag in der neuen Schule, ein neues Gebäude, ein neuer Lehrer, fremde Kinder, außerdem ein neues Zuhause und all die anderen Probleme, die ein Umzug mit sich bringt. Er war wohl kaum in der Lage, sich auf irgendeinen ernsthaften Test zu konzentrieren. Somit konnten seine schlechten Ergebnisse eigentlich nicht überraschen.

Die Folgen seiner schlechten Testwerte waren unmittelbar und schwerwiegend. Seth landete zusammen mit anderen Abfallprodukten auf dem Lesegruppen-Müllplatz. Nach einiger Zeit stellte seine Lehrerin allerdings fest, daß er besser las als die Kinder in seiner Gruppe, was kaum zu Verwunderung Anlaß geben konnte, weil er den Lernstoff dieser Gruppe bereits in seiner ersten Schule bewältigt hatte. Man sollte meinen, die Schule hätte ihn nun in die mittlere

Leistungsgruppe befördert. Nein, er wurde noch einmal getestet. Dieses Mal schnitt er besser ab. Er erreichte eine höhere Bewertung im Lesetest und kam in die zweite Lesegruppe. Bald wurde auch dort festgestellt, daß Seth besser lesen konnte als die übrigen Kinder seiner Gruppe. Der bisherigen Logik folgend, bekam er den Lesetest ein weiteres Mal vorgelegt. Dieses Mal entsprach er dem Niveau der obersten Leseleistungsgruppe. Vielleicht erraten Sie, was nun geschah? Vermutlich nicht. Seth blieb in der mittleren Lesegruppe. Meine Frau und ich hatten jedenfalls falsch getippt. Es war uns völlig unverständlich, warum die ersten beiden Testergebnisse wie göttliche Offenbarungen behandelt wurden, der dritte Test jedoch völlig unbeachtet blieb. Wir trafen uns zu einem Gespräch mit den »wichtigen« Leuten – dem Rektor, dem Schulpsychologen und der Lehrerin für den Leseunterricht. Sie erklärten uns, Seth habe im Lesetest zwar sehr gut abgeschnitten, sei aber, was die Lektionen betreffe, ein ganzes Lehrbuch hinter der ersten Lesegruppe zurück. Würde man ihn nun der ersten Gruppe zuteilen, gingen ihm sämtliche Übungen in besagtem Lehrbuch verloren.

Schon einmal etwas von *self-fulfilling prophecy* gehört?! Weil Seth an seinem ersten Tag in der neuen Schule verständlicherweise zerstreut war, hatte man ihn in eine untere Lesegruppe mit niedrigem Erwartungshorizont gesteckt, und dort saß er nun fest. Multiplizieren Sie das, was Seth widerfuhr, einige hundert Millionen Mal, und Sie bekommen ein gutes Bild von dem, was Kindern in den USA und anderswo Jahr für Jahr widerfährt: Man beginnt mit niedrigen Erwartungen, handelt dementsprechend, bekommt das Erwartete und sieht sich »bestätigt« in dem, was man von Anfang an geglaubt hat.

Seths mißliche Lage macht deutlich, daß der Test – das Prognoseinstrument für Leseleistung – wichtiger war als die Leistung, die er prognostizieren sollte: das Lesen. So, als wollte man behaupten, die Wettervorhersage sage mehr über das Wetter aus als das Wetter selbst – ob der Meteorologe Regen ankündigt, ist entscheidend und nicht, ob es tatsächlich regnet. Diese verkehrte Logik ist nicht auf die Leseleistung in der Schule beschränkt. Menschen, die mehr leisten, als ihr IQ erwarten läßt, betrachtet man mit Argwohn, eben weil sie durch unvermutete Qualitäten überraschen. Auch hier wird die Prognose wichtiger als die Leistung selbst, und anstatt zuzugeben, daß mit dem Test etwas nicht stimmt, schließen wir, daß mit der entsprechenden Person etwas nicht stimmen kann.

Eigenartigerweise spiegelt ein Großteil der psychologischen Forschung diese Form sich selbst erfüllender Prophezeiung, der unser Sohn zum Opfer fiel. Untersuchungen haben ergeben, daß der IQ nur sehr wenig über spätere Ergebnisse und Entwicklungen aussagt. Doch anstatt daraus zu schließen, daß der IQ nicht sehr wichtig ist, kommen manche Wissenschaftler merkwürdigerweise zu dem Schluß, daß die mit Hilfe des IQ gemessenen Fähigkeiten für spätere Erfolge oder Mißerfolge verantwortlich sind. Die Forschungsergebnisse zeigen dies nicht. Sie zeigen eine statistische, keine kausale Relation.[1]

Man sieht jedoch, daß niedrige Testwerte eine Kette von Ereignissen in Gang setzen, die in der Folge zu schlechten Ergebnissen und Entwicklungen führen können, unabhängig von den Fähigkeiten, die im Test gemessen werden. Ist ein Kind einmal als »dumm« verbucht, schwinden seine Chancen und Möglichkeiten, und alle Kräfte in seiner Umgebung scheinen sich gegen es verschworen zu haben, so daß es auch die erwarteten, einem dummen Menschen angemessenen Ergebnisse erzielt. Lehrer und Lehrerinnen begegnen ihm mit niedrigeren Erwartungen. Sein Platz in den unteren Leistungsgruppen, Lesegruppen und später auf den Universitäten reflektiert diese reduzierten Erwartungen. Guten Arbeiten begegnet man mit Mißtrauen: Wahrscheinlich waren Betrug und Täuschung oder zumindest Hilfe von außen mit im Spiel. Etiketten sind nicht nur Beschreibungen der Wirklichkeit, sie formen sie auch.

Beim IQ geht es um ein Etikett, das angeblich etwas über die Fähigkeit eines Menschen aussagt, eine bestimmte Arbeit zu verrichten, egal ob es sich dabei um Lesen, Schreiben oder um ein geschäftliches Vorhaben handelt. Intelligenz hingegen versetzt einen Menschen tatsächlich in die Lage, zu lesen, zu schreiben oder ein

Die Anmerkungen befinden sich am Schluß des Buches auf Seite 297.

Geschäftsvorhaben zu planen, unabhängig davon, was der Test zum Ausdruck bringt. Und Erfolgsintelligenz ist am Werk, wenn ein Planungsvorhaben nicht nur technisch gut dargestellt ist, sondern etwas bewirkt, weil es das Denken der Menschen verändert; wenn ein Geschäftsvorhaben nicht nur einwandfrei ist, sondern in einer Welt voller Konkurrenz ein erfolgreiches Unternehmen startet. Die Vorstellung, man könne den IQ zu den realen Errungenschaften und Leistungen im Leben in Beziehung setzen, ist irreführend, weil der IQ ein ziemlich miserabler Indikator für den tatsächlichen Erfolg im Leben ist. Wir messen ihm größere Bedeutung bei, als ihm zukommt, indem wir auf der Basis von Testergebnissen über den weiteren Entwicklungsgang unserer Kinder entscheiden, und das schon in der Grundschule. Ein Kind, das ein großer Schriftsteller bzw. eine große Schriftstellerin hätte werden können, bekommt nicht die Chance, die zur Umsetzung seines großen Talents notwendigen sprachlichen Fertigkeiten zu entwickeln. Und warum nicht? Weil es irgendwann in der ersten Klasse einen Lesetest verhauen hat.

Darüber gibt es eine Anekdote: Ein Mann stirbt und kommt in den Himmel. Nach einer kurzen Führung durch die Räumlichkeiten zeigt Petrus auf eine der dort versammelten Seelen und sagt, dies sei der größte Dichter seiner Zeit gewesen. Ungläubig starrt unser Mann den heiligen Petrus an und meint: »Entschuldigung, aber ich kenne diesen Mann. Er war ein ganz einfacher Schuster und hat weder die Schule besucht noch schreiben gelernt.« – »Genau so ist es«, antwortete Petrus. Da er nie die Chance bekam, sein großartiges Schreibtalent zu entwickeln, ging es für immer verloren. Diese Geschichte wäre wohl noch komischer, wenn sie nicht so viel Wahrheit enthielte.

Menschen mit Erfolgsintelligenz erkennen, daß ihre Umwelt der Entwicklung ihrer Talente förderlich oder auch hinderlich sein kann. Sie suchen daher aktiv nach einem Umfeld, in dem sie nicht nur kompetente Arbeit leisten, sondern auch etwas bewirken können. Sie schaffen sich ihre Möglichkeiten selbst, anstatt sich durch die Umstände einschränken zu lassen, die ihnen der Zufall auferlegt hat.

Wie es soweit kommt

■

Was meinem Sohn Seth, mir und vielen anderen in der Grundschule widerfuhr, geschieht auch auf den höheren Ebenen der Bildung. Wer heute in den USA ein College besuchen möchte, wird mit großer Wahrscheinlichkeit den SAT (Scholastic Assessment Test) oder den ACT (American College Test) absolvieren müssen. Beide Tests unterscheiden sich zum einen durch ihre Einsatzgebiete – der SAT wird vorwiegend im Osten und Westen der USA, der ACT eher im Mittleren Westen und im Süden der Vereinigten Staaten benutzt –, zum anderen durch den Aufgabentyp, den sie enthalten. Keiner der beiden Tests führt das Wort »Intelligenz« im Namen, was eine ganz bewußte Entscheidung der jeweiligen Verantwortlichen war, doch beide werden als Intelligenztests eingesetzt, zumindest um die für einen erfolgreichen Collegebesuch unerläßlichen intellektuellen Fähigkeiten zu testen. Wer dabei schlecht abschneidet, hat kaum eine Chance, in eines der besseren Colleges aufgenommen zu werden.

Vor der Zulassung zu weiterführenden Studien an einer Graduate School steht natürlich der Graduate Management Admission Test (GMAT); vor dem Jurastudium der Law School Admission Test (LSAT), vor dem Medizinstudium der Medical College Admission Test (MCAT); und bei schlechten Testergebnissen wird man, wie intelligent und gebildet man auch sein mag, vermutlich nicht dorthin kommen, wohin man gerne möchte.

Es gehört zu den betrüblicheren Erfahrungen eines Hochschullehrers, zusehen zu müssen, wie die Hoffnungen und Träume angehender Promotionsstudenten an Testklippen von fragwürdiger Aussagekraft zerschellen. Vor kurzem erhielt ich den zwei Seiten langen Brief einer jungen Frau, deren Wunsch es gewesen war, in Yale Psychologie zu studieren. Die Hoffnungen eines ganzen Lebens wurden durch einen dreistündigen Test zunichte gemacht. Sie schrieb:

Letzte Woche bin ich zur GRE (Graduate Record Examination) angetreten: Ich habe nicht nur versagt, ich bin mit Pauken und Trompeten durchgefallen. Zweihundert Stunden intensiver Vorbereitung haben nicht ausgereicht, meine jahrelange Testangst ... loszuwerden ... Seit Anfang des Sommers habe ich meine Zeit und meine Kraft ausschließlich der Vorbereitung auf die GRE gewidmet ... Ich vernachlässigte meine Familie, meine Freunde und das Fliegen ... Ich kaufte mir ein Notebook, um für das Computerexamen zu üben, arbeitete sechs Computerversionen des GRE durch, um mich damit vertraut zu machen ... Alles ging gut, bis die erste Frage auf dem Bildschirm auftauchte, eine relativ einfache verbale Analogie. Ich begann zu zittern, und mein Kopf war leer ... Die Uhr tickte, ich konnte nicht atmen ... Mir wurde übel. Ich war am Boden zerstört. Mein Herz klopfte heftig ... Und dann, ohne Vorwarnung, war der Bildschirm plötzlich weiß. Die Zeit war um. Pech gehabt.

Und das war's. Auf Wiedersehen, GRE, auf Wiedersehen, Promotionsstudium.

Warum sind viele Amerikaner so besessen von Intelligenztests? Nicht viele Länder der Erde messen ihnen ein solches Gewicht bei. Anderswo werden Leistungstests vielleicht ebenso hoch bewertet wie in den Vereinigten Staaten oder gar höher. Aber Leistungstests messen Wissen. Warum man wissen will, was einer weiß, ist nachvollziehbar. Weniger einsichtig ist die große Bedeutung eines Tests, der mißt, was einer in Zukunft vielleicht wissen oder auch nicht wissen wird.

Wenn wir vom IQ sprechen, meinen wir eine Punktezahl, die bei unterschiedlichen Tests in Schule und Beruf erzielt wird. Mit Intelligenz meinen wir das, was jemand tatsächlich leisten und erreichen kann. Von Erfolgsintelligenz sprechen wir, wenn das, was einer tatsächlich leisten kann, etwas für ihn selbst und andere verändert und bewirkt. Erfolgsintelligenz unterscheidet jene, die etwas leisten, von denen, die Hervorragendes leisten. Menschen mit Erfolgsintelligenz und schlechten Testergebnissen kennen die Testhörigkeit unserer Gesellschaft und bemühen sich, ihre Ergebnisse durch Übung zu verbessern, damit man ihnen bessere Chancen gibt, ihre Ziele zu erreichen. Wenn es ihnen nicht gelingt, ihre Werte auf die gewünschte Höhe zu bringen, werden sie andere Mittel und Wege finden, um ans Ziel zu gelangen. *Menschen mit Erfolgsintelligenz versuchen, in ihren Leistungen nicht nur Kompetenz zu zeigen, sondern sich auch vom Durchschnitt abzuheben. Sie wissen, daß der Unterschied zwischen einer kompetenten und einer exzellenten Leistung nicht sehr groß sein muß, letztere jedoch sowohl materiell als auch ideell stets die höchste Anerkennung findet.*

Drei Traditionen
des amerikanischen Bildungswesens

Wenn Menschen aufgrund von Tests und schlechten Testwerten so oft daran gehindert werden, ihr Leistungspotential auszuschöpfen oder ihre Ziele zu verwirklichen, muß man sich dann nicht fragen, welche Denkansätze im amerikanischen Bildungswesen uns dazu gebracht haben, ihnen ein so großes Gewicht beizumessen? Historisch betrachtet sind es drei gesellschaftspolitische Traditionen Amerikas, die im Bildungswesen ihren Niederschlag gefunden haben, wobei die dritte und positivste Kraft im Kampf zwischen dem linken und dem rechten Flügel der amerikanischen Politik verlorenging. Jede dieser Traditionen, die auf die amerikanischen Verfassungsväter zurückgehen, hat einen anderen Standpunkt zur Bildungspolitik und dem Testphänomen wie auch entsprechende Auswirkungen.

Die Tradition Hamiltons

Die Vertreter des rechten Flügels in Bildung und Politik stehen in der Tradition Hamiltons, was nicht bedeutet, daß ihre Grundsätze und Überzeugungen mit denen Alexander Hamiltons gleichzusetzen wären. Sie sind aber aus dem Geiste – wenn nicht dem Buchstaben – seines Denkens geboren. Worin besteht diese Tradition? »Hamilton wollte die Macht konzentrieren ... Er fürchtete die Anarchie, Ordnung war sein oberstes Prinzip ... Hamilton war überzeugt, daß die Republik nur mit einer Führungselite gut zu regieren sei.«[2] Unter pädagogischen Gesichtspunkten ist der entscheidende Aspekt in der Hamiltonschen Tradition die Unfähigkeit der Menschen, sich selbst zu regieren, und die Notwendigkeit einer Führungselite. Herrnstein und Murray teilen diese Überzeugung, wenn sie in ihrem umstrittenen Buch *The Bell Curve* den Aufstieg einer kognitiven Elite (mit hohem IQ) für notwendig halten, die für jene verantwortungslosen Massen nicht-elitärer Menschen (mit niedrigem IQ) die Verantwortung wird übernehmen müssen, weil diese nicht für sich selbst sorgen können. Aus dieser Sicht bedürfen die geistig Minderbemittelten einer väterlichen Regierung, die sich um ihre Belange kümmert und sich ihrer annimmt, dieweil sie in ihren weitgehend separaten, doch wohlgeordneten Enklaven ihr Leben fristen. Sich selbst überlassen, würden sie, wie immer, nur Chaos schaffen.

Bücher wie *The Bell Curve* stellen lediglich eine Neuauflage dessen dar, was vom Beginn des 20. Jahrhunderts an von Carl Brigham, Henry Goddard und anderen oft ausgesprochen wurde. Viele dieser Ideen sind sogar noch älter, sie gehen nicht nur auf Hamilton, sondern sogar auf Plato und seine Idee einer Klasse intellektueller Philosophenkönige zurück, die weise und gerecht über ihre intellektuell weniger begabten Brüder herrschen.

Aber wer soll dieser geistigen Elite angehören? Wie sind diese Menschen ausfindig zu machen, und wie sollten sie erzogen und ausgebildet werden? Am besten wäre eine Art Test, der ihre Intelligenz mißt. Wer in diesem Test gut abschneidet, dem würde der Zugang zu den höheren Bildungsinstitutionen gewährt. So erhielt das Testen von Intelligenz in der Tradition Hamiltons im Laufe der Zeit seinen festen Platz im Bildungswesen allgemein sowie bei der Zulassung zur höheren Bildung im besonderen. Ironischerweise gewannen die Testwerte bei der College-Zulassung erst nach 1960 wirklich an Bedeutung, und zwar als Mittel, um die Gesellschaft vor Führungseliten zu schützen. In den fünfziger Jahren lagen die SAT-Werte in Harvard um etwa 100 Punkte niedriger als zehn Jahre später. Damals waren gute Familienverhältnisse und -verbindungen die Eintrittskarte in eine gute Universität. Vermögen, sozialer Status und Beziehungen waren ausschlaggebend. Inslee Clark begann in Yale dem SAT größeres Gewicht beizumessen, damit Studenten ohne all jene Beziehungen eine Chance auf Zulassung bekamen. Merkwürdigerweise richtete sich dies eigentlich gegen die Tradition Hamiltons. Und die Folgen?

Da sich unsere Gesellschaft immer weniger dazu bereitfand, offen zuzugeben, daß familiäre Beziehungen eine maßgebliche Rolle spielen können, brauchte man eine neue Bezeichnung für den Freischein, der den Reichen und Privilegierten die gewohnten Wege zum Erfolg öffnete. Tests erschienen am besten dafür geeignet. Warum? Man merkte sehr schnell, daß die Testwerte eine hohe Korrelation zur sozioökonomischen Klasse aufwiesen.[3] Diese Korrelation war nicht vollkommen, aber hoch genug. So konnte man – mehr oder weniger – tun, was man immer schon getan hatte, mit dem Unterschied, daß es jetzt fähigkeitsorientierte Zulassung hieß.

Allerdings waren die Testergebnisse kein perfekter Ersatz. So schnitten z.B. bei den College-Zulassungen zu viele Studenten aus New York City gut ab. Auch Studenten jüdischer und asiatischer Herkunft erzielten überproportional gute Wertungen, nicht nur hinsichtlich ihrer Gesamtpopulation, sondern auch hinsichtlich ihrer Vertreter in den höheren Gesellschaftsschichten, wo sie noch nie sehr stark repräsentiert waren.

Hier tritt der Vielfaltsgedanke auf den Plan. Als deutlich wurde, daß man die Abschlußklassen der Bronx High School of Science, der Stuyvesant High School und der Hunter High School – dreier erstklassiger New Yorker Schulen – praktisch komplett hätte übernehmen können, begannen die Universitäten von »Vielfalt« zu reden und verlangten von den Absolventen dieser Schulen viel bessere Zeugnisse und Empfehlungen als von Schülern anderer Schulen. Fügt man die immensen Summen hinzu, die der Besuch einer Elitehochschule verschlingt (Ende der neunziger Jahre waren es mehr als 30000 Dollar pro Jahr), dann ist es den Universitäten gelungen, den relativ Reichen ihre Plätze zu wahren, die Mittelschicht auszupressen und dabei noch Plätze für einige Vertreter von Minderheiten und einige relativ mittellose Bewerber offenzuhalten. Doch das ist keineswegs das Ende vom Lied. Die Universitäten hatten immer noch die Möglichkeit, sogenannten »legacies«, d. h. Sprößlingen ehemaliger Absolventen, oder »development cases«, d. h. Bewerbern mit stinkreichen Eltern, den Vorzug zu geben. Und das universitäre Zulassungssystem bot den Kindern der sozioökonomischen Elite eine relativ große Sicherheit. Nicht allen, aber genügend vielen. Die Mogulen der Gesellschaft mußten sich keine großen Sorgen machen, solange ihr Sprößling kein ausgemachter Idiot war.

Was also ursprünglich ein Versuch gewesen war, die College-Zulassung zu demokratisieren, nahm bald eine andere Richtung, obgleich die Absichten der Mitarbeiter an den Zulassungsstellen in Schulen und Universitäten größtenteils durchaus ehrenwert sind. Sie versuchen, ihr Bestes zu geben, doch gehören sie zum überwiegenden Teil selbst der Hamiltonschen Elite an und betrachten die Dinge aus ihrer eigenen Perspektive.

Die Tradition Hamiltons ist inzwischen praktisch zum Synonym für den Einsatz von Tests geworden. Sie bewahrt Privilegien und bedient sich dabei ironischerweise eines Mittels, das diese ursprünglich aufheben sollte. Die privilegierten Schichten neigen dazu, den Einsatz von Tests zu unterstützen, denn sie haben von ihnen profitiert, und auch ihre Kinder profitieren gewöhnlich davon. Deshalb steht heute nicht nur die Tradition Hamiltons, sondern auch die des Testens auf festen Füßen.

Die Tradition Jacksons

Die Vertreter des linken Flügels in Bildung und Politik stehen für mich in der Tradition Jacksons, wiederum mit der Einschränkung, daß ihre Überzeugungen nicht uneingeschränkt denen Andrew Jacksons folgen. Und worin bestanden Jacksons Überzeugungen? »Auch die Demokratie Jacksonscher Prägung teilte jene Mißachtung des Intellekts, die zu den weniger liebenswerten Eigenarten von Demokratien allerorten gehört. Zwischen der politischen Demokratie Jacksons und der philosophischen Demokratie von Männern wie Emerson gab es keine Berührungspunkte ... Die Menschen erhalten eine gewisse Bildung, der allgemeine Wissensstand erweitert sich, eine gewisse Mittelmäßigkeit breitet sich aus. Herausragende Talente und große Persönlichkeiten sind eher selten. Die Gesellschaft verliert an Brillanz und gewinnt an Wohlstand ... Der gemeine Mann erreichte aktive Partizipation an der Regierung, und zwar fast bis in die höchsten Ränge.«[4]

Jackson glaubte an die Gleichheit aller Menschen, nicht nur als menschliche Wesen, sondern auch in bezug auf ihre Fähigkeiten – d. h. einer sei so gut wie der andere, in der Regierung, in einer Geschworenengruppe und in fast jeder anderen verantwortungsvollen Position. Einem solchen Demokratieverständnis nach sind die Menschen im Grunde austauschbar. In moderne Begriffe übersetzt findet sich diese Idee bei einem bekannten Politologen, mit dem ich einmal zusammen in einem Ausschuß saß. Er sagte vor mehr als tausend Zuhörern, daß jeder Test, der bei den Mitgliedern einer Gruppe höhere Ergebnisse erziele als bei den Mitgliedern einer anderen, per definitionem voreingenommen sei. Vermutlich hätte er es begrüßt, wenn ältere und jüngere Kinder aus Gründen der Fairneß gegenüber den Jüngeren dieselben Leistungen erbrächten.

So gesehen, benötigen wir in der Schule weder Leistungsgruppen noch verschiedene Schultypen, da wir auf diese Weise nur der einen Gruppe künstliche Privilegien gewähren und sie einer anderen vorenthalten. Auch Intelligenz- und andere Befähigungstests brauchen wir nicht, denn auch sie bewirken nichts anderes. Wenn eine

Gruppe beim Zugang zu den gesellschaftlichen Ressourcen schlechter abschneidet als eine andere und wenn alle Bemühungen, ihr zur Parität zu verhelfen, fehlschlagen, dann sollte sie so lange bevorzugt behandelt werden, bis die Parität hergestellt ist, und zwar unabhängig von ihrer Leistung – die Befähigung ist dabei kein Kriterium, denn in der Tradition Jacksons sind alle nicht nur als Menschen, sondern auch hinsichtlich ihrer Fähigkeiten letztlich gleich. Entscheidend ist die Gleichheit der Resultate, nicht der produktiven Arbeit, die zu diesen Resultaten führt. Aus dieser Perspektive wird bei Gleichheit der Ergebnisse die Gleichheit der produktiven Arbeit irgendwie folgen.

Die Tradition Jacksons hatte wahrhaft verheerende Folgen für unser Bildungssystem. Im Namen der »umfassenden Integration« werden Kinder mit schweren emotionalen und körperlichen Behinderungen in Regelschulklassen aufgenommen, wo sie den Löwenanteil der Aufmerksamkeit des Lehrers und die Unterstützung einer Vollzeit-Hilfskraft in Anspruch nehmen. Für die übrigen Kinder bleibt nur ein Bruchteil der Aufmerksamkeit des Lehrers. Schüler, die hervorragende Leistungen erbringen könnten, werden gebremst, damit sie der niedrigeren Gruppennorm entsprechen, und Kinder, die kaum verstehen, was im Klassenzimmer vor sich geht, sitzen dort, um einem vagen und illusorischen Egalitätsideal Genüge zu tun. Es gibt tatsächlich Eltern, die verlangen, daß man ihre Kinder als »behindert« oder »hyperaktiv« einstuft, damit sie von schulischer Seite besondere Zuwendung erhalten. Können Sie sich ein perverseres System der Ressourcenverteilung vorstellen? Wir setzen den Anspruch in die Welt, Chancengleichheit bedeute gleichen Unterricht für alle, und wir ernten, was wir säen – ein Bildungssystem, das fast niemandem gerecht wird.

Die Tradition Jeffersons

Es gibt eine dritte Kraft im politischen und pädagogischen Denken Amerikas, die allerdings verlorengegangen ist – jedenfalls hat man ihr nie die verdiente Aufmerksamkeit geschenkt. Diese Kraft wird im politischen Denken Amerikas durch die Tradition Thomas Jeffersons repräsentiert. Auch hier ist es nicht meine Absicht, Jeffersons Überzeugungen genau wiederzugeben, sondern sie in ihrem Wesen zu erfassen. »Jefferson fürchtete die Gewaltherrschaft, die Idee der Freiheit bestimmte sein Denken ... Jefferson (glaubte), eine Republik müsse auf eine bäuerliche Demokratie gründen. Die Menschen waren in Jeffersons Augen der sicherste und tugendhafteste, wenn auch nicht immer weiseste Hort der Macht, dessen Weisheit durch Erziehung und Bildung zu vervollkommnen war ... Jefferson übernahm die idealistische Vorstellung der Neuen Welt, der die französischen Philosophen anhingen – eine Republik der milden Gesetze und der Chancengleichheit, ... die Reichtum und Macht entsagte, um Einfachheit und Gleichheit zu bewahren.«[5]

Nach Jefferson sind in der Tat alle Menschen in bezug auf ihre politischen und sozialen Rechte gleich und sollten gleiche Chancen haben. Aber sie nutzen diese Chancen nicht unbedingt auf die gleiche Weise und werden für ihre Leistungen nicht gleich belohnt. Belohnt werden sie für das, was sie – Chancengleichheit vorausgesetzt – leisten, nicht für das, was sie erreichen hätten können oder sollen. Der Versager erhält nicht den gleichen Lohn wie der Erfolgreiche, nur weil er es versucht hat.

Von diesem Standpunkt aus kann das Ziel der Erziehung nicht darin bestehen, eine Elite zu begünstigen oder zu fördern. Vielmehr muß die Erziehung den Kindern die Möglichkeit geben, ihre Fähigkeiten vollständig einzusetzen. Hier ist das Testen nicht länger mit Elitentum gleichzusetzen, denn das zu Testende wäre viel umfassender als das, was wir heute testen. So wie unterschiedliche Kinder in den Unterricht unterschiedliche Talente mit einbringen, sind auch unterschiedliche Erwachsene mit unterschiedlichen Talenten in der Arbeitswelt anzutreffen. Es ist also notwendig, Kinder zu testen, doch umfassender als das, was wir heute testen. Und ich bin davon überzeugt, daß wir heute viele Talente verlieren. Wir müssen also jedem Kind die Erziehung und Bildung geben, die am besten für es geeignet ist. Allen Kindern, die in einem bestimmten Bereich Besonderes leisten, stehen zusätzlich jene Herausforderungen zu, die sie zu Höchstleistungen anspornen.

Ich selbst stehe, was Fragen der Bildung und des Testens betrifft, in der Tradition Jeffersons. Doch der Einsatz von Tests ist heute durch die Tradition Hamiltons, der Schulunterricht durch die Tradition Jacksons bestimmt. Beim Testen bewahren wir das Hamiltonsche Elitentum, das uns vor dem befürchteten Chaos einer Demokratie à la Jackson schützen soll. Im Unterricht befleißigen wir uns eines Jacksonschen Populismus, in der falschen Hoffnung, daß eines Tages tatsächlich alle Schüler und Studenten dieselbe Leistung erbringen. Ich meine hingegen, wir sollten uns von den demokratischen Idealen Jeffersons leiten lassen und sie in Schule und Berufswelt zu verwirklichen suchen.

Erfolgsintelligenz findet in dieser Tradition ihre besten Voraussetzungen, nur sie steht mit meiner Idee der Erfolgsintelligenz in Einklang. Hamilton irrte: Es gibt Menschen mit Erfolgsintelligenz, doch ist diese nicht unbedingt von jahrelanger Schulbildung, Intellektualität, Herkunft, Klasse oder etwa ihrem IQ abhängig. Jackson irrte ebenfalls: Nicht jeder besitzt die gleiche Erfolgsintelligenz, und sei es nur, weil nicht alle ihren Verstand und dessen Möglichkeiten optimal nutzen. Jefferson hingegen hatte recht: Jeder Mensch besitzt entwicklungsfähige intellektuelle Stärken, doch nicht jeder entwickelt sie auf die gleiche Weise.

Menschen mit Erfolgsintelligenz nutzen ihre intellektuellen Stärken und kompensieren bzw. korrigieren ihre Schwächen. Eltern, Schule und Arbeitswelt sollte die Entwicklung von Erfolgsintelligenz auf jede nur erdenkliche Weise unterstützen und intellektuelle Fähigkeiten nicht als statische, festgelegte Größen, sondern als dynamisch und flexibel begreifen.

Testabhängig: Wie wir süchtig wurden

Menschen, die sich von Drogen abhängig machen, erreichen einen Punkt, wo ein Leben ohne Drogen für sie nicht mehr vorstellbar ist. Die Droge wird nicht länger ihrer angenehmen Wirkung wegen gebraucht, sondern um unangenehme Entzugserscheinungen abzuwehren. In ähnlicher Weise haben wir eine Abhängigkeit von Tests entwickelt, die anstelle von Leistungsfähigkeit statische Intelligenz messen. Wir befürchten, daß uns der Himmel auf den Kopf fallen könnte, wenn wir sie absetzen. Allerdings geschah nichts dergleichen, als das Bowdoin College auf den SAT verzichtete. Warum ist unsere Gesellschaft so süchtig nach Tests, die letztendlich Eigenschaften messen, die gar nicht so wichtig sind? Eine mögliche Erklärung wäre unsere Schwäche für die exakte Messung.

Wenn Sie Mr. Spock aus der Kultserie *Star Trek* nach der Außentemperatur fragen und andeuten, Sie hätten die Angaben lieber in Fahrenheit als in Celsiusgraden, wird er möglicherweise sofort antworten: »72,849273 Grad.« Wenn wir wissen wollen, wie heiß oder kalt es ist, geht uns nichts über Genauigkeit. Im Grunde gilt dies in unserer Gesellschaft für alle möglichen Wissensinhalte, die gemessene Intelligenz inklusive. Standardisierte Testwerte vermitteln ein geradezu überwältigendes Gefühl von Präzision und somit auch von Richtigkeit. Wir können dann sagen, daß jemand über einen IQ von 116, einen SAT-Wert von 580 oder was auch immer verfügt. Allerdings stellt sich dabei ein Problem: Intelligenz läßt sich nicht so gut messen wie Kälte oder Wärme.

Bei der Temperatur wissen wir genau, was wir messen. Nicht so bei der Intelligenz. Das einzige, was uns daran hindern könnte, Temperaturen mit der Genauigkeit eines Mr. Spock zu messen, wäre die mechanische Präzision eines Meßgeräts: Ist das Thermometer präzise genug, können wir die Temperatur fast völlig exakt messen. Beim IQ-Test jedoch ist zunehmende Meßpräzision im großen und ganzen eine Illusion, da wir gar nicht genau wissen, was wir eigentlich messen. Anders gesagt, die Schärfe des Bildes auf der

Kinoleinwand macht die abgebildeten Gegenstände um keinen Deut realer.

Unsere Vorliebe für präzise Angaben geht noch viel weiter. Wenn wir den Dow-Jones-Index der Industriewerte des Tages notieren, könnten wir angesichts so genauer Angaben meinen, den Finger am Puls des Börsenmarktes zu haben. Tatsächlich jedoch repräsentiert der Dow-Jones lediglich einen kleinen Teil der Aktien der New Yorker Börse und berücksichtigt weder die Aktien der American Stock Exchange noch die der zahlreichen nichtamerikanischen Börsenmärkte. Mehr noch: Der Durchschnittswert liefert nicht einmal einen neutralen Indikator für die Bewegungen auf dem Börsenmarkt.

Ein Beispiel: Den größten Teil des Jahres 1994 verschleierte ein starker Anstieg des Dow-Jones, in dem die Aktien großer Industriekonzerne erfaßt sind, die Tatsache, daß der Markt insgesamt nicht besonders gut abschloß. Viele Menschen zeigten sich überrascht, daß ihre eigenen Aktien trotz anhaltend guter Börsennachrichten im Radio und Fernsehen stagnierten. Beim Standard & Poor's-500-Index, der einen größeren Teil des Marktes (wenn auch nicht den gesamten) repräsentiert, bewegte sich zur gleichen Zeit nur wenig.

Erschreckend ist die Tatsache, daß viele Menschen gewichtige Entscheidungen auf der Grundlage einer pseudo-quantitativen Genauigkeit treffen – d. h. auf der Basis von Informationen, die quantitativ genau, doch begrifflich undurchsichtig sind. Ganz gewiß haben Börsenspezialisten trotz all ihrer Zahlenindexe nicht immer eine glückliche Hand, und Zufalls-Portfolios (die im wesentlichen an den Durchschnittsmarkt gebunden sind) schneiden im allgemeinen besser ab als solche, die auf der Grundlage sehr genau klingender Indikatoren zusammengestellt wurden. Tatsächlich schneiden professionell verwaltete Mutual Funds nur gelegentlich besser ab als der Gesamtmarkt.

Auch in anderen Bereichen regieren die Zahlen, z. B. auf dem Gebiet der Ölförderung. Als ich einmal vor Managern eines auf große unterirdische Ölvorkommen spezialisierten Unternehmens über das Problem pseudo-quantitativer Präzision sprach, nahm ich mit Erstaunen zur Kenntnis, daß Ölförderungsgesellschaften offenbar mit denselben Problemen konfrontiert sind wie Tester bei psychologischen Meßverfahren. Sie können nicht mit Sicherheit sagen, ob in einem bestimmten Gebiet Öl zu finden ist. Sie können nur Schätzungen bezüglich der Wahrscheinlichkeit von Ölvorkommen abgeben. Da erfolglose Probebohrungen überaus kostspielig sind, wollen die Ölgesellschaften natürlich nur dort bohren, wo es tatsächlich Öl gibt. Wie ich von den Managern hörte, ziehen sie für gewöhnlich genaue Informationen in Form von Zahlen den weniger quantifizierbaren vor, obwohl sich diese weniger genau erscheinenden Informationen in der Vergangenheit als die besseren erwiesen haben. Insofern begehen Ölförderer die gleichen Fehler wie Psychologen und Pädagogen, wenn sie über ihre »Gewinner« entscheiden. Sie geben den »harten Daten« den Vorzug, auch dann, wenn ihnen die Zahlen ein wenig suspekt erscheinen.

Es steht außer Zweifel, daß solche Fehler unterlaufen. In Yale treffen wir nicht selten auf Studenten, deren Leistungen in den Seminaren weit von ihren gigantischen Testwerten entfernt sind. Zuweilen begegnet man sogar Leuten, die es während der ersten fünf Minuten eines Gesprächs schaffen, ihren IQ, ihre SAT-Punkte, ihren Miller Analogies Test oder was auch immer in die Debatte mit einfließen zu lassen. Nach wenigen weiteren Minuten ist jedoch absehbar, daß die guten Testwerte ihre letzte größere Leistung darstellen. Werden Leute aufgrund ihrer Testergebnisse in Ausbildungsprogramme mit starkem Konkurrenzdruck aufgenommen, beschränkt sich die Aussagekraft dieser Tests häufig darauf, daß sie in ähnlichen Tests ähnliche Werte erzielen werden.

Auch wenn der IQ und vergleichbare Werte mit pseudo-quantitativer Präzision Prognosen über die College-Zensuren von Studenten ermöglichen, sind sie dennoch kein Maßstab für Intelligenz, jene geistigen Qualitäten, die solche Zensuren und andere Leistungen tatsächlich hervorbringen. Und sie geben keinen Aufschluß über Erfolgsintelligenz, jene geistigen Eigenschaften, die zu herausragenden Leistungen führen.

Gleich und gleich gesellt sich gern

Die Tatsache, daß die Leute auf präzise klingende Zahlen fixiert sind und den Tests zuviel Gewicht beimessen, ist jedoch beileibe nicht der einzige Faktor, dem wir die falsche Vermessung von Intelligenz verdanken. Hinzu kommt, daß sie sich gerne mit ihresgleichen zusammentun. Gleich und gleich gesellt sich gern, heißt es, und daran ist nicht zu rütteln. Nur wenige Erkenntnisse sind in der psychologischen Fachliteratur gründlicher verifiziert als die Tatsache, daß wir uns zu Menschen, die uns ähnlich sind, eher hingezogen fühlen als zu denen, die es nicht sind. Unsere Freunde neigen dazu, uns ähnlich zu sein, unsere Lebenspartner sogar noch mehr. Und psychometrisch gemessene Intelligenz gehört zu den wichtigsten Attributen bei der Gattenwahl – unserer Neigung, Menschen zu heiraten, die uns ähnlich sind.

Dieser Faktor ist ohne Zweifel auch in den universitären Zulassungsstellen wirksam. Wenn wir Voraussagen darüber machen wollen, zu wem sich die Angestellten dort hingezogen fühlen, sollten wir fragen, wie sie selbst beschaffen sind. Es besteht die hohe Wahrscheinlichkeit, daß sie sich – wie alle anderen auch – zu Menschen hingezogen fühlen, die ihnen ähnlich sind.

Eine erstklassige Universität wird bei der Besetzung ihres Zulassungsbüros vermutlich keine Absolventen aus Hintertupfingen einstellen. Höchstwahrscheinlich wird man bemüht sein, eigene ehemalige Studenten zu finden, die den Hochschulbetrieb kennen und die künftige Studienanfänger über dessen Vorzüge aufzuklären in der Lage sind. Eine Alternative wären Absolventen einer vergleichbaren, möglicherweise sogar konkurrierenden Institution, die davon berichten könnten, um wieviel besser diese Hochschule im Vergleich zu jener überschätzten Einrichtung abschneidet, an der sie selbst ihren Abschluß gemacht haben.

Abgesehen von ihrer jeweiligen Alma mater werden die Mitarbeiter in den Zulassungsbüros noch etwas miteinander gemeinsam haben: hohe oder zumindest recht gute standardisierte Testwerte. Warum? Weil bereits für die Zulassung zum College, an dem sie ihren Abschluß gemacht haben, Tests die Voraussetzung waren und sie ohne entsprechend gute Werte vermutlich gar nicht zugelassen worden wären.

Mitarbeiter in Zulassungsbüros befinden sich in einer Machtposition. Sie entscheiden über Wohl und Wehe der Bewerber, zumindest haben sie bei der Entscheidung, wer zu einem College oder Promotionsstudium zugelassen wird, ein gehöriges Wörtchen mitzureden. An den führenden Schulen des Landes stellen sie eine Art Elitetruppe dar, die sich durchaus auf der Erfolgsstraße des Lebens wähnen darf. Sie werden jenen Kandidaten die Zulassung gewähren, die so wie sie den Erfolgskurs eingeschlagen haben oder zumindest Anzeichen dafür an den Tag legen. Und weil ihre Testwerte zu jenen Faktoren gehören, die sie so weit gebracht haben, und weil die Menschen nun einmal dazu neigen, sich zu ihresgleichen hingezogen zu fühlen, suchen sie nach Kandidaten … mit hohen Testwerten.

Wahrscheinlich müßten wir niemanden dringender über das Wesen der Erfolgsintelligenz aufklären als die Mitarbeiter in den Zulassungsbüros, die die Zugangswege zum Universitätssystem unseres Landes kontrollieren. Sie sind jedoch besonders schwer zu erreichen. Zum einen, weil sie über unzählige Colleges und Universitäten im ganzen Land verstreut sind, und zum anderen, weil sie diesen Beruf meist nicht sehr lange ausüben. Meist handelt es sich um einen Übergangsjob, so daß die meisten von ihnen dann, wenn sie ihre eigenen Gedanken und Ideen zu entwickeln beginnen, anstatt die anderer zu übernehmen, das System gerade wieder verlassen. Drittens sind sie nicht der Gesellschaft ingesamt, sondern nur gegenüber der jeweiligen Universität verantwortlich. Es ist eine vielleicht traurige Tatsache, daß die meisten Mitarbeiter der College-Zulassungsstellen in dem Studenten mit den hohen SAT-Punkten eben jenen Typus sehen, den die Professoren haben wollen: gutes Gedächtnis, akademische Kompetenz und testsicher. Was dazu führt, daß sie unter dem beträchtlichen Druck, die Professoren zufriedenzustellen, diesen schließlich geben, was sie verlangen.

Das soll nicht heißen, daß sie immer nach Studenten suchen, die in den oberen Bereichen der IQ-, SAT- oder ACT-Wertung liegen. Vermutlich waren sie selbst keine Spitzenstudenten mit einer Punktezahl um die 800 in den SATs oder bei 34 in ihren ACTs. Wenn dem so gewesen wäre, würden sie heute vermutlich nicht in einem Zulassungsbüro sitzen, sondern an einer medizinischen, juristischen oder anderen Fakultät studieren. Wie ich selbst bei meiner Arbeit an der Zulassungsstelle von Yale erfahren habe, sind die Angestellten in den Zulassungsbüros in der Tat von Teststars nicht besonders angetan, doch das gleiche gilt aus denselben Gründen auch für Studenten mit schlechten Testergebnissen. Sie identifizieren sich weder mit der einen noch mit der anderen Gruppe. Aus diesem Grund befinden sich die Teststars häufig in der merkwürdigen Lage, ihre sehr hohen Testwerte kompensieren zu müssen – d. h. sie müssen zeigen, daß sie keine intellektuellen Eierköpfe, Spießer oder ganz einfach miese Typen sind.

Wenn diese Testsieger während ihrer Schulzeit gut beraten wurden, sind sie verschiedenen außerlehrplanmäßigen Aktivitäten nachgegangen, die bei ihrer College-Zulassung als Hinweis auf eine allseits entwickelte, abgerundete Persönlichkeit gelten dürfen. In einigen Hochschulen – wohl eher in den staatlichen – müssen sich die Testsieger keine Sorgen machen, weil die Zulassung nach festen Formeln vergeben wird: Höhere Punktzahlen wirken sich immer zugunsten des Studenten aus. Doch die ehrwürdigen Ivy-League-Colleges – unter anderen – wollen eine vielseitige Studentenschaft, weshalb die Testpunktquote hoch sein muß, wenn auch nicht unbedingt in den obersten Regionen.

Für alle, die in Tests nicht gut abschneiden, ist der weitere Verlauf der Geschichte vermutlich nicht von Belang. Alles ist gelaufen, weil sie in einem der begehrteren Colleges vermutlich Probleme haben werden, es sei denn, sie gehören einer Gruppe mit besonderem Status an (als Kinder ehemaliger Absolventen, Kinder sehr wohlhabender und somit spendenträchtiger Eltern, als Superathleten oder Mitglieder von Gruppen, für die eine Art Quotenregelung gilt). Und selbst dann werden sie höchstwahrscheinlich keine Zulassung bekommen, wenn ihre Testwerte unterhalb einer bestimmten, offiziell meist nicht bekanntgegebenen Grenze liegen. Solche Zulassungsschwellen können sowohl explizit als auch implizit sein. Meistens gibt es bei Tests keine ausdrücklich genannte Mindestpunktzahl für die Zulassung. Dafür gibt es implizite Grenzwerte. Und in vielen Schulen ist es ein offenes Geheimnis, daß diese impliziten Grenzwerte variieren – je nach ethnischer Gruppe, dem Bundesstaat, aus dem der Bewerber stammt (ein Student aus New York City benötigt im allgemeinen wesentlich höhere standardisierte Testwerte als ein Student aus Mobile, Alabama), oder der Highschool, die er besucht hat, usw. Liegt man zu weit jenseits des impliziten Grenzwertes, fällt man durch die Maschen.

Das gesamte universitäre Zulassungssystem ist ein gutes Beispiel für den Unterschied zwischen statischer Intelligenz und Erfolgsintelligenz. Ich lese viele Zulassungsanträge für unseren Promotionsstudiengang. Dabei spielt der einzureichende Essay eine wichtige Rolle, weil er dazu beitragen soll, die ernstzunehmenden Studenten von den orientierungslosen zu unterscheiden. Manche der akademisch brillantesten Studenten machen ihre Zulassungschancen mit Essays zunichte, die auch die unbedeutendste Universität nicht akzeptieren würde, während sich akademisch weniger begabte Studenten durch ansprechende Essays die Türen zur Fakultät ihrer Wahl öffnen. Studenten mit Erfolgsintelligenz reichen »maßgeschneiderte«, ihren Zielen entsprechende Essays und Präsentationsunterlagen ein. Studenten mit hoher statischer Intelligenz formulieren unter Umständen fehlerlose Sätze, die sie jedoch keinen Schritt weiterbringen.

Erfolgsintelligenz entspricht zumindest teilweise dem, was wir einen guten Geschäftssinn nennen. Und zwar in dem Sinne, daß man seinen »Kunden« kennt. Diesen »Sinn« mißt der IQ überhaupt nicht. Tatsächlich scheinen sich viele Menschen mit hohem IQ der Tatsache nicht bewußt zu sein, daß sie Kunden haben bzw. daß diese Kunden wichtig sind. Denn manche produzieren nichts, was den Verkauf wert wäre. Sie verhalten sich eher wie Konsumenten, die ihr Wissen aus der Schule herausholen, doch nicht viel zurückzugeben haben.

Tatsache ist: Wenn es Produkte gibt, gibt es auch »Kunden«, von den Lehrern in der Grundschule bis zu den Bossen im Betrieb. Manch einer verfügt über ein hohes Maß an statischer Intelligenz, doch über keinerlei Vorstellung von der Bedeutung des Kunden. Menschen mit ausgeprägter Erfolgsintelligenz erkennen hingegen, daß sie ihre Präsentation und ihre Produkte auf einen bestimmten Kundenkreis hin abstimmen müssen (Lehrer, Mitarbeiter in Zulassungsstellen, Chefs), wenn sie ihre Ziele erreichen wollen. Dennoch wird in vielen Unternehmen – in dem falschen Glauben, statische Intelligenz sei für die Leistung am Arbeitsplatz entscheidend – von Tests ungefähr gleich viel Gebrauch gemacht wie auf Universitäten. Das Ziel ist, Menschen ausfindig zu machen, die sich für bestimmte Jobs besonders eignen. Auch das Militär verwendet solche Tests. Mit dem Testgeschäft ist viel Geld zu machen. Die Tests bestimmen die Entscheidung, wer die besseren Jobs bekommt oder wer für die entsprechenden Ausbildungsgänge zugelassen wird. Anstelle der für den Erfolg tatsächlich ausschlaggebenden Erfolgsintelligenz liegt diesen Entscheidungen jedoch die IQ-Intelligenz zugrunde.

Eins, zwei, drei, und du bist raus

Es war nie einfach, einen Job zu bekommen. Ihn zu behalten ist in den letzten Jahren noch viel schwerer geworden. Aufgrund wirtschaftlicher Schwankungen und der neuerdings sehr verbreiteten Einstellung, daß man zum Zwecke der Unternehmenssanierung Leute entlassen darf, verbringen die Menschen inzwischen mehr Zeit damit, sich abzusichern, als ihre Arbeit zu tun. Und was sind die Folgen eines solchen Verhaltensmusters für all diejenigen, die über die Universitätszulassung oder die Einstellung eines neuen Mitarbeiters zu entscheiden haben? Ihr Job – nicht selten ihr einziger – besteht darin, für die angebotenen Positionen die geeignetsten Personen auszuwählen. Wenn sie sich zu oft irren, müssen Sie ihren Platz räumen. So sollte es jedenfalls sein. Schließlich werden sie nicht dafür bezahlt, Nieten zu ziehen.

Woran erkennt man die zukünftigen Gewinner? Bei Pferden würde man sich vermutlich an den Siegerlisten orientieren. Worauf kann man sich sonst noch stützen? Bei Aktien würde man die bisherige Erfolgskurve in Betracht ziehen. Bei Entscheidungen über die Zulassung zur Universität oder eine Stellenvergabe wird man vermutlich ebenfalls nach Personen Ausschau halten, die solche »Siegerlisten« mitbringen. Und in unserer Gesellschaft bedeutet dies hohe Testwerte, weil sie trotz aller Unzulänglichkeiten tatsächlich etwas über Leistungen in Schule und Beruf aussagen; wenn auch nur in sehr bescheidenem Maße.

Leider wird diese geringe Aussagekraft bei den Entscheidungen über Zulassung und Einstellung nicht berücksichtigt. Warum? Betrachten wir das Ganze einmal vom Standpunkt desjenigen, der diese Entscheidung zu treffen hat (egal ob an einer Universität oder in der Industrie). Angenommen, es gibt zwei Kandidaten – Tweedledum und Tweedledee. Tweedledum hat großartige Testwerte, obwohl die »weicheren« Indikatoren – z.B. Empfehlungsschreiben oder außerberufliche Aktivitäten – nicht weiter bemerkenswert sind. Tweedledees Testergebnisse sind durchschnittlich, doch seine weichen Indikatoren erweisen sich als sehr beeindruckend – begeisterte Empfehlungsschreiben und ungewöhnliche Freizeitaktivitäten wie z.B. die erfolgreiche Besteigung des Mount Everest bei schlechtem Wetter. Leider sind Ihre Möglichkeiten begrenzt, und Sie können nicht beide Bewerber nehmen. Sie müssen sich für einen entscheiden.

Auf welchen der beiden setzen Sie? Menschen, die um ihren Arbeitsplatz fürchten, entscheiden häufig nach der sogenannten »Minimax-Strategie«, d.h. sie versuchen, den größtmöglichen Verlust möglichst gering zu halten. Aus Tweedledums Testwerten läßt sich schließen, daß er zumindest ein guter Student bzw. Arbeiter sein wird. Tweedledee macht zwar den interessanteren Eindruck, stellt aber auch das größere Risiko dar. Und in schweren Zeiten geht man Risiken nur ungern ein.

Blicken wir jetzt im Schnellvorlauf in die Zukunft: Wie sichert man sich ab, wenn Tweedledum versagt? Kein Problem! Mit dem Hinweis auf seine hohen Testwerte weist man jede Verantwortung für Tweedledums Versagen weit von sich. Er hatte doch diese guten Testergebnisse. Die objektiven Indikatoren sprachen alle für ihn. Niemand kann Ihnen die Schuld geben; wenn hier jemandem eine Schuld zuzuweisen ist, so sind es die Urheber eines Tests, der keine genauen Prognosen erlaubt.

Und wie steht es mit Tweedledee? Angenommen, Sie haben sich für ihn entschieden und er versagt. Ihre Lage sieht nun schon etwas problematischer aus. Ihr Chef weist Sie darauf hin, daß Tweedledee außer seiner Bergsteigerei ziemlich schlechte Testwerte mitbrachte. Wie konnten Sie auf die Idee kommen, ihn zu nehmen? Was ist los mit Ihnen? Das hätten Sie besser wissen müssen. Nun befinden Sie sich in der unangenehmen Lage, selber schlecht dazustehen. In den Augen Ihres Chefs haben Sie versagt, nicht Tweedledee. Sie hätten ihn gar nicht erst einstellen sollen. Früher durfte man sich dreimal irren, heute vielleicht zweimal, und manchmal ist sogar einmal schon zuviel.

Die konservative Strategie hält sich an die harten Daten, denn damit kann man sich immer aus der Schußlinie halten. Bei Unsicherheiten wird man sich eher auf die offenbar »harten Indikatoren« stützen, mit dem Ergebnis, daß alle, die nicht mit entsprechenden Zahlen aufwarten können, aussortiert werden. Und das vermutlich bei einer ganzen Reihe von Universitäten oder Firmen. Wenn wir etwas verändern wollen, müssen wir – im Bildungssektor und in der Wirtschaft – dafür sorgen, daß risikofreudige Personalchefs, die bereit sind, auf Erfolgsintelligenz statt auf IQ-Werte zu achten, nicht betraft, sondern belohnt werden. Vielleicht erscheint es Ihnen ungerecht, einen Bewerber mit guten Testwerten abzulehnen und dafür jenen mit den interessanteren Empfehlungen zu akzeptieren. Doch die wirklich herausragenden Universitäten und Unternehmen haben das schon immer getan. Darüber hinaus wird der Bewerber mit den guten Testwerten auch anderswo eine gute Stelle finden, während jener mit den interessanteren Empfehlungen eine solche Chance ironischerweise nie bekommen wird, wenn sich niemand für etwas anderes als Zahlenwerte interessiert.

Vor einigen Jahren habe ich mich nachdrücklich für einen Kandidaten für unser Promotionsstudium eingesetzt, der weder die höchsten Testwerte noch das für die Zulassung typische Persönlichkeitsprofil besaß. Er hatte jedoch bedeutende literarische Werke geschrieben. Das ist die besondere Art von Risiko, zu der wir unsere Personalchefs ermutigen sollten. Wenigstens zu einem gewissen Risiko. Der Bewerber wurde angenommen und hat sich hervorragend entwickelt. Auf dem Papier hat er freilich nicht so gut ausgesehen, und in unserer Gesellschaft hat Papier großes Gewicht.

Die Jagd nach dem Papier

Hat Ihnen jemals eine Putzfrau, ein Babysitter oder ein Handwerker erklärt, er wolle keinen Scheck, sondern Bargeld? Natürlich bewegt manche die Furcht, der Scheck könnte nicht gedeckt sein, doch sehr viel häufiger steckt die Absicht dahinter, das Geld »schwarz« zu verdienen, und das geht am besten, wenn man keine »Papierspur« hinterläßt. Diese Papierspur läßt sich jedoch nicht in jedem Geschäft vermeiden. Wenn man z.B. in einer Bank arbeitet, ist alles dokumentiert. Oder nicht?

Vor nicht allzu langer Zeit ist es einem Angestellten einer großen japanischen Bank gelungen, Verluste von über einer Milliarde Dollar zu verbergen. Er hatte anfangs lediglich versucht, ein paar hunderttausend Dollar zurückzugewinnen, die er bei unglücklichen Transaktionen verloren hatte. Eine britische Bank wurde durch einen ihrer Angestellten und seine katastrophalen Transaktionen in Singapur ruiniert. Beiden Bankangestellten war es gelungen, ihre Verluste zu verschleiern.

Merkwürdigerweise sind schlechte Testwerte heute um einiges schwerer zu verbergen als Bankverluste. Testwerte stehen unter ständiger Beobachtung. Viele Privatschulen und Colleges geben ihre Durchschnittstestwerte bekannt, und wenn nicht, werden sie von Verlagen wie Barron oder Peterson, die College-Führer verkaufen und diese Werte darin veröffentlichen, dazu aufgefordert. Die Zulassungsstellen geraten dadurch ganz erheblich unter Druck. Sie müssen Studenten mit hohen Testwerten annehmen, damit ihre Universitäten in den Augen der Öffentlichkeit konkurrenzfähig bleiben. Wenn Yale damit beginnt, Studenten mit niedrigen Werten anzunehmen, werden die Leute mit einem Blick auf die Durchschnittswerte sagen, bisher hätten sie nur geglaubt, Yale befinde sich auf dem absteigenden Ast, doch jetzt hätten sie es schwarz auf weiß. Auch die öffentlichen Grundschulen und Gymnasien sind diesem Druck ausgesetzt. In meinem Heimatstaat Connecticut etwa werden die Durchschnittswerte der Mastery Tests für jeden Schulbezirk in den Zeitungen veröffentlicht. Auch in anderen Bundesstaaten gibt es vergleichende Daten über die verschiedenen Schulbezirke, die somit genötigt sind, gute Ergebnisse zu produzieren. Lehrer, deren Schüler schlecht abschneiden, werden für deren Unzulänglichkeiten verantwortlich gemacht; man lastet den Schulen die Unzulänglichkeiten ihrer Schüler und Lehrer an; und die Schulbezirke müssen sich mit der Tatsache auseinandersetzen, daß man ihnen die Unzulänglichkeiten ihrer Verwaltungsangestellten zum Vorwurf macht. Testwerte sind in der leistungsorientierten Welt der Bildungseinrichtungen inzwischen zu barer Münze geworden.

Auf dem Immobilienmarkt verwandeln sich Testwerte tatsächlich in bare Münze. Vor kurzem habe ich im ländlichen Norden von Illinois Häuser gesehen, die in den Vorstadtbezirken von Nord-Illinois oder im Süden Connecticuts etwa drei- bis viermal so teuer wären. Die Immobilienpreise werden von vielen Faktoren bestimmt, aber Testwerte sind auf dem besten Wege, zu einem der wichtigsten zu werden. Sie gelten als Maßstab für die Qualität eines Schulbezirks, und Immobilien in einem Gebiet, das gute Testwerte vorweisen kann, sind sehr begehrt. Ein Haus im New Trier School District im Vorstadtgebiet von Chicago kostet viel mehr als ein Haus in einem Nachbarviertel.

Die Wirtschaft mit ihrem Produktivitätsdrang macht da keine Ausnahme. Testwerte mögen als vertrauliche Informationen gelten,

Produktivität im allgemeinen nicht, zumindest nicht in Unternehmen der öffentlichen Hand. Firmen müssen in möglichst absehbarer Zeit ihre Produktivität steigern, um zu überleben. Für die Personalabteilungen steht die Produktivität eines Arbeitnehmers häufig mit hohen Testwerten in Zusammenhang. Daraus resultiert ein gewisser Druck, weil bei den Einstellungstestverfahren hohe Werte erzielt werden müssen. Einige der besten Bewerber werden nicht angenommen, weil ihnen auf einem äußerst konkurrenzintensiven Arbeitsmarkt die entsprechende Punktzahl fehlt. Die Frage ist allerdings, ob hohe Testwerte wirklich die entscheidende Rolle spielen sollten oder ob das Vertrauen in solche Zahlen nicht eher einem Aberglauben, wie etwa dem Regentanz, gleichkommt.

Regentänze, Aufzugsknöpfe und Amulette

Immer wieder bekomme ich Einladungen, so faszinierende Gegenden wie den Südwesten Amerikas oder den Nahen Osten zu besuchen, und natürlich möchte ich sämtliche Sehenswürdigkeiten besichtigen. Leider habe ich nicht die Zeit dazu und hoffe also, daß man mich wieder einlädt. Das Problem ist nur, daß ich dann meine Vorträge über Intelligenz, Kreativität und dergleichen bereits gehalten habe, weshalb man mich vermutlich kein zweites Mal einladen wird. Also muß ich mir etwas anderes einfallen lassen.

Und schon habe ich eine Idee: Um eingeladen zu werden, muß ich ein Bedürfnis befriedigen. Woran besteht im Nahen Osten größerer Bedarf als an Wasser? Es regnet dort ja so gut wie nie. Angenommen, ich biete an, Regen zu machen. Nein, ich garantiere es – und zahle die doppelte Summe zurück, wenn ich es nicht schaffen sollte. In ihrer großen Verzweiflung laden sie mich ein, und am ersten Morgen nach meiner Ankunft tanze ich einen Regentanz. Regnet es? Natürlich nicht. Sie verlangen die doppelte Summe zurück. Ich sage:»Sie belieben zu scherzen! Das ist der Nahe Osten. Nichts wird hier sofort erledigt. Sie können nicht erwarten, daß es innerhalb eines Tages regnet.«

Also tanze ich jeden Morgen um neun Uhr einen Regentanz, den Rest des Tages verbringe ich mit dem Besuch von Sehenswürdigkeiten. Irgendwann wird es dann natürlich regnen, ich danke meinen Gastgebern für ihre Gastfreundschaft und mache mich auf den Heimweg.

Warum erzähle ich das? Tatsache ist, daß die Menschen seit Urzeiten an Regentänze glauben, und wenn sie sie immer wieder tanzten, hat es irgendwann geregnet. Vielleicht glauben Sie nicht an Regentänze, aber wahrscheinlich halten Sie an einem vergleichbaren Aberglauben oder einer ähnlichen Gewohnheit fest. Sie sind in Eile und warten auf den Aufzug. Es steht bereits jemand da, und der Aufzugknopf leuchtet. Sie drücken ihn trotzdem. Warum? Weil man immer belohnt wird, wenn man einen Knopf drückt.

Ich würde so etwas natürlich nicht tun. Doch habe ich zum Beispiel ein Amulett, das ich fast immer um den Hals trage. Bringt es mir Glück? Keine Ahnung. Aber warum sollte ich das Risiko eingehen, es abzunehmen? Ich nehme es nur ab, wenn meine Lunge geröntgt wird. Jeder weiß allerdings, daß Röntgenstrahlen in hohen Dosen Krebs verursachen. Also assoziiere ich meinen abgelegten Glücksbringer mit Krebs. Warum sollte ich das Risiko eingehen, Krebs zu bekommen? Ich gebe mir nie wirklich die Chance, meine alten Überzeugungen zu revidieren.

Versuchen Sie einmal, eine Organisation – eine Grundschule, eine Universität, ein Unternehmen –, die fest davon überzeugt ist, daß ein bestimmter Test die Zukunft voraussagen kann, davon abzubringen, diesen Test zu benutzen. Das ist sehr schwer, denn wenn diese Organisation nur Studenten zuläßt bzw. Leute einstellt, die in ihren Tests mehr als eine bestimmte Punktzahl erreichen, dann werden alle erfolgreichen Menschen in der Organisation (Sie haben richtig gelesen: alle) Werte oberhalb des maßgeblichen Grenzwertes haben. Mit anderen Worten: Diese Organisation befindet sich

in derselben Lage wie Regentänzer, Aufzugszauberer und Glücksbringer. Ist das System erst einmal etabliert, dürfen ihre Überzeugungen nur noch bestätigt werden. Es wird nichts zugelassen, was
diesen Überzeugungen widerspricht.

Und es kann noch schlimmer kommen. Angenommen, Sie akzeptieren einmal, oder vielleicht zweimal, einen Kandidaten, dessen
Punktzahl unterhalb des Grenzwertes liegt – als Testfall. Gewöhnlich wissen alle, um wen es sich dabei handelt. Vielleicht hat er die
»falsche« Hautfarbe, Kleidung, Herkunft oder den falschen Akzent.
Wird er so gut sein wie die anderen, da doch für alle die gleichen Bedingungen gelten? Wer weiß, denn die Bedingungen sind in Wahrheit nie für alle gleich. Sicher werden solche Kandidaten nicht als
gleichrangig, sondern als Sonderfälle oder Experimente behandelt.
Sie sind anders und werden demnach anders behandelt. Auch die an
sie gerichteten Erwartungen sind nicht dieselben, es sollte also niemanden überraschen, wenn sie die Erwartungen erfüllen. Oft ist für
sie die Rolle des Versagers vorgesehen, und ihr werden sie dann
auch gerecht. Sie haben es geschafft, zum Versager zu werden. Warum also ein solches Risiko eingehen? Die Menschen verfügen über
enorme Möglichkeiten, Erfolgsintelligenz zu entwickeln und in ihr
Handeln einzubringen; ist es nicht merkwürdig, daß wir es ihnen
so selten gestatten?

Geld regiert die Welt

Schließlich gibt es noch einen letzten Faktor, der den Testwerten in
unserer Gesellschaft so große Bedeutung verschafft: das liebe Geld.
In unzähligen Untersuchungen werden Tests heute als valide Pro-
gnoseinstrumente für berufliche Leistungsfähigkeit bestätigt, und
all diesen Studien liegt die Frage zugrunde, wieviel Geld die amerikanische Industrie bei allgemeinem Einsatz von Eignungstests
sparen könnte. Die Antwort lautet: Millionen.

Ich habe durchaus nichts dagegen, daß die amerikanische Industrie Dollarmillionen einspart, vor allem dann nicht, wenn sich dies sowohl in höherer Produktivität als auch in einem höheren Lebensstandard für alle niederschlägt. Allerdings sind bei Tests, die einem ökonomischen Gesichtspunkt dienen, drei wichtige Dinge zu beachten. Erstens: Der Wert der Tests wird finanziell bemessen. Wer solche Tests einsetzt, interessiert sich eher dafür, wie sich Testwerte in Dollars umrechnen lassen, als für menschliche Werte. Tatsächlich könnte man sich andere Tests vorstellen, mit deren Hilfe zusätzliche Einsparungen ohne Verlust an menschlichen Talenten möglich wären.

Zweitens: Bei der Übersetzung von Testwerten in ökonomische Begriffe wird von den unterschiedlichsten Voraussetzungen ausgegangen, über die man sich freilich nur selten ganz im klaren ist. Ein Beispiel: Angenommen, sämtliche Organisationen benutzen in ihren Einstellungsverfahren einheitliche Tests. Das Resultat wäre, daß aufgrund ihres schlechten Abschneidens in diesem Test immer dieselben Leute den Job nicht bekommen. Sie werden irgendwann arbeitslos oder unterbeschäftigt sein. Wieviel Geld wird die Gesellschaft diese Arbeitslosigkeit bzw. Unterbeschäftigung kosten? Eine ganze Menge.

Drittens: Der Wert des Tests bemißt sich ausschließlich an den Profiten, die Unternehmen oder andere Institutionen zu erwarten haben. Unternehmen sollen Gewinne machen, doch bleibt dabei die individuelle Perspektive der Testperson gänzlich unberücksichtigt. Für den einzelnen ist es hart, wenn er aufgrund solcher Tests ständig disqualifiziert wird. Die Unternehmen sind letztendlich immer die Gewinner, auch wenn bestimmte Leute ständig den kürzeren ziehen. Auch wird die Frage, was die Angestellten dieser Unternehmen durch die Tests gewinnen bzw. verlieren, nicht bedacht. Es gibt einen ökonomischen Aspekt bei der Testfrage, doch nicht für den einzelnen Arbeitnehmer, sondern nur für die Unternehmen. Sicherlich sind jedoch beide Standpunkte wichtig.

Ironischerweise haben wir es hier mit einer Situation zu tun, in der das, was dem einzelnen nützt, auch für das Unternehmen letztlich besser ist. Von einem breiteren Fähigkeitsspektrum würden nicht nur die entsprechend begabten Individuen, sondern auch die Unternehmen profitieren. Am Ende würde man nicht unbedingt die Bewerber mit dem höchsten IQ, sondern möglicherweise die mit der größten Erfolgsintelligenz einstellen, was sich schließlich als die bessere Investition erweisen dürfte. Wenn man nicht das Gesamtunternehmen *und* den einzelnen im Auge behält, werden die Resultate für niemanden optimal sein.

Die verborgenen Kosten des Testens müssen ebenso ins Kalkül einbezogen werden wie seine offenkundigen Vorteile – ein Gedanke, der den eifrigsten Testbefürwortern nicht immer präsent zu sein scheint. Doch was befürworten sie nun eigentlich? Sie vertreten die Ansicht, daß individuelle Intelligenzunterschiede eine mehr oder weniger feste Größe sind. Meine Vorstellung von Erfolgsintelligenz unterscheidet sich jedoch erheblich von der konventionellen IQ-Intelligenz. Im folgenden nur die zwölf wichtigsten Unterschiede:

1. Konventionelle Intelligenztests messen nur einen kleinen Teil der Gesamtintelligenz, nicht den überwiegenden Teil und keinesfalls das Ganze. Sie konzentrieren sich auf die statische, akademische Intelligenz, nicht auf die aktive Erfolgsintelligenz.

2. Meinem Verständnis nach hat Erfolgsintelligenz einen analytischen, einen kreativen und einen praktischen Aspekt. Die analytische Seite wird benötigt, um Probleme zu lösen, die kreative Seite hilft bei der Entscheidung, welche Probleme einer Lösung zugeführt werden sollen, und die praktische Seite trägt dazu bei, diese Lösungen wirklich effektiv umzusetzen. Diese drei Aspekte sind relativ unabhängig voneinander. Konventionelle Intelligenztests messen nur den analytischen Aspekt der Intelligenz, und diesen nicht einmal vollständig.

3. Intelligenz ist als veränderbare Größe anzusehen. Man wird keineswegs mit einer bestimmten, unveränderlichen Intelligenz geboren. Intelligenz läßt sich steigern – und verringern. Erfolgsintelligenz ist für Veränderungen ganz besonders anfällig.

4. Intelligenz in einem umfassenden Sinne ist mit Multiple-choice-Tests allein nicht zu messen. Erfolgsintelligenz wird von solchen Tests überhaupt nicht erfaßt. Demnach müssen Multiple-choice-Tests durch Tests mit anderen Antwortformen ergänzt werden. Un-

terschiedliche Menschen profitieren von unterschiedlichen Tests. Es ist also wichtig, eine Vielfalt an Testinstrumenten einzusetzen.

5. Intelligenz ist nicht in erster Linie eine Frage der Quantität, sondern des Gleichgewichts, d. h. man muß wissen, wann und wie man seine analytischen, kreativen und praktischen Fähigkeiten einsetzt. Immer wenn wir ein Ziel zu erreichen suchen, ist unsere Intelligenz mit im Spiel. Erfolgsintelligenz benötigen wir, um das optimale Gleichgewicht unserer Kräfte im Hinblick auf ein bestimmtes Ziel zu finden.

6. Menschen, die allzuviel Gebrauch von ihren analytischen Fähigkeiten machen, agieren im Leben oft weniger effektiv als andere, die diese Seite ihres Verstandes nur dann nutzen, wenn es die Umstände erfordern.

7. Weil Intelligenztests weder kreative noch praktische Fähigkeiten messen und diese Fähigkeiten nur eine schwache bzw. unbedeutende Korrelation zu konventionellen Tests aufweisen, müssen auch diese Aspekte der Intelligenz gemessen werden. Sie prognostizieren Erfolge in Schule und Beruf mindestens ebenso gut, wenn nicht besser als konventionelle Intelligenztests. Auch die analytischen Fähigkeiten sollten umfassender gemessen werden als bisher.

8. In unseren Schulen werden häufig Fähigkeiten gefördert, die später im Leben keine große Rolle spielen. Dies führt dazu, daß vielen der Mut genommen wird, ihren Stärken zu vertrauen, und andere ermutigt werden, sich Bereichen zuzuwenden, für die sie später nur begrenzt kompetent sein können. Wir müssen die schulischen Anforderungen den sonstigen Anforderungen des täglichen Lebens annähern.

9. Intelligenz ist teils vererbt, teils umweltbedingt, doch es ist außerordentlich schwierig, diese beiden Ursachen für Unterschiede voneinander zu trennen, wenn es um Unterschiede bei der Intelligenz geht, weil sie auf vielfältige Weise miteinander interagieren. Dem Erblichkeitsfaktor einen Durchschnittswert zuzuordnen, ist ungefähr so, als spräche man über die Durchschnittstemperatur von Minnesota. Dort ist es im Sommer mitunter so heiß wie am Äquator und im Winter kalt wie am Nordpol. Die Vererbbarkeit von Intelligenz hängt von verschiedenen Faktoren ab. Die Vererbbarkeit

von Erfolgsintelligenz ist noch nicht untersucht worden, daher können wir nichts darüber aussagen, welche Rolle – wenn überhaupt – sie dabei spielt.

10. Rassische und ethnische Unterschiede im IQ spiegeln lediglich einen kleinen Bereich der Intelligenz wider. Die besten Studien legen nahe, daß sie weitgehend bzw. gänzlich sozialen Ursprungs sind.

11. Flexibilität ist ein wichtiger Bestandteil der Intelligenz. Wir müssen daher unsere Kinder lehren, Probleme von verschiedenen Standpunkten aus zu sehen und insbesondere zur Kenntnis zu nehmen, wie andere Kulturen die Probleme und Fragen der Welt betrachten.

12. Menschen mit Erfolgsintelligenz erkennen ihre Schwächen und Stärken, sie finden Wege, ihre Stärken zu nutzen – d. h. das Beste aus dem zu machen, was sie gut können – und ihre Schwächen zu korrigieren oder zu beheben – d. h. alternative Möglichkeiten zu finden oder die eigenen Fähigkeiten zu erweitern.

Dies sind einige Elemente eines neuen Intelligenzbegriffs, der in unseren Schulen, Universitäten und in der Wirtschaft dringend nötig ist. Er wird keine *self-fulfilling prophecies* bei niedrigen IQ-Testwerten mehr zur Folge haben und das vermeintlich risikofreue Vertrauen in jene Tests erschüttern, die eine traditionell verstandene Intelligenz mit bestenfalls pseudowissenschaftlicher Präzision messen. Diese neue Sichtweise der Intelligenz ist weniger einseitig, wesentlich demokratischer und wird breitere Anwendung in der Wirklichkeit unseres täglichen Lebens finden. Nicht zuletzt erfaßt sie die Intelligenz in all ihren Aspekten – dem analytischen, kreativen und praktischen –, die einzusetzen sich als überaus lohnend erweisen wird.

Teil II

Der IQ
läßt sich messen,
aber
er zählt nicht

2

Was uns der IQ verrät

Was sind eigentlich IQ-Tests, worin bestehen ihre Grundlagen? Diese Fragen muß man beantworten, wenn man in intelligenter Form über Intelligenztests sprechen will. Als erstes muß erwähnt werden, daß es innerhalb der Intelligenzforschung zwei Traditionen gibt.

Francis Galton: Mit Hand und Fuß, doch ohne Verstand

Über die Entstehung der Arten (1859) von Charles Darwin gehört zweifellos zu den einflußreichsten Büchern aller Zeiten. Darwin stellte darin die These auf, die Evolution der Arten und die Entwicklung des Menschen seien auf einen evolutionären Prozeß der natürlichen Auslese zurückzuführen. Das Buch hat großen Einfluß auf viele verschiedene Formen wissenschaftlicher Forschung ausgeübt, nicht zuletzt auf die Erforschung der menschlichen Intelligenz und ihrer Entwicklung. Schließlich behauptete Darwin in seinem Buch, daß es einen gewissen Zusammenhang zwischen den Fähigkeiten des Menschen und denen niederer Tiere gebe. Worin bestand dieser?

Darwins Cousin Sir Francis Galton war vermutlich der erste, der den Auswirkungen der Darwinschen Lehre auf das Studium der menschlichen Intelligenz auf den Grund ging. Er meinte, daß sich intelligente Menschen von weniger intelligenten durch zwei Eigenschaften unterschieden. Die erste sei Energie bzw. die Fähigkeit, zu arbeiten. Galton behauptete, daß sich intellektuell begabte Menschen in vielen verschiedenen Bereichen durch ein bemerkenswertes Energiepotential auszeichneten. Die zweite Eigenschaft sei Sensibilität. Je intelligenter wir sind, meinte Galton, desto empfänglicher seien wir für die uns umgebenden Reize. Das klingt wissenschaftlich, doch Galtons frühe Ausflüge in das Studium der Intelligenz litten an eben jener Verwechslung von Wissenschaft und Vorurteil, die diese Disziplin bis heute prägt. Ein Beispiel: »Das Unterscheidungsvermögen von Geistesschwachen ist erstaunlich gering; sie können kaum zwischen Hitze und Kälte unterscheiden, und ihre Schmerzempfindung ist so dumpf, daß die Schwachsinnigeren unter ihnen sie fast überhaupt nicht zu kennen scheinen. In ihrem stumpfsinnigen Leben mag der Schmerz, soweit er ihnen überhaupt beigebracht werden kann, buchstäblich als angenehme Überraschung begrüßt werden.«[1]

Sieben Jahre lang – von 1884 bis 1890 – konnte man sich für ein kleines Entgelt im Londoner South Kensington Museum von Galton auf seine Intelligenz untersuchen lassen. Problematisch daran war nur die Tatsache, daß die dabei zum Einsatz gebrachten Tests, milde ausgedrückt, ein merkwürdiges Durcheinander darstellten, in dem zwar eine Menge verschiedener Dinge gemessen wurden, doch sicher nicht die Intelligenz im engeren Sinn. So hatte sich Galton etwa ein Instrument ausgedacht, mit dem er den höchsten Ton ermitteln konnte, den seine Versuchsperson zu hören in der Lage war: ein passabler Hörtest, der mit Intelligenz jedoch wenig zu tun hatte. Und wenn doch, so können Sie sicher sein, daß Ihre Katze oder auch jede andere intelligenter ist als Sie.

In einem anderen Test kamen diverse Patronenschachteln zum Einsatz, die entweder mit Schrotkugeln, Wolle oder Watte gefüllt waren. Die Schachteln waren äußerlich identisch und nur dem Gewicht nach verschieden. Es ging darum, die leichteren von den schwereren zu unterscheiden. Ein Test Ihrer Fähigkeit, verschiedene Gewichte voneinander zu unterscheiden? Mag schon sein. Ein Test Ihrer Intelligenz? Wohl kaum. Dasselbe galt auch für Galtons Rosendufttest. Offensichtlich ein Intelligenztest, dem man bei Erkältung oder Rosenallergie tunlichst aus dem Wege ging.

Man möchte meinen, Galton habe sich mit seinen Ideen zum allgemeinen Gespött gemacht. Ganz im Gegenteil! Den Adelstitel bekam er nicht für sein komisches Talent. Sir Francis Galton wurde sehr ernst genommen und hat, soweit wir das feststellen können, an seinen Tests auch gut verdient. Aber nicht nur die an einer wissenschaftlichen Beurteilung ihrer selbst interessierten Museumsbesucher nahmen ihn ernst. Der berühmte Psychologe James McKean Cattell war so beeindruckt, daß er Galtons Ideen in die Vereinigten Staaten importierte.

Cattell entwickelte 1890 seinen eigenen Test, der aber im wesentlichen aus Versatzstücken des Galtonschen Tests bestand. Zum Beispiel mußte in einem Dynamometer-Druck-Test ein Gegenstand möglichst fest zusammengepreßt werden, wobei die Stärke des ausgeübten Drucks einer von vielen Meßwerten für die Intelligenz des Probanden war. In einem anderen Test stelle man fest, ab welcher Stärke Druck als schmerzhaft empfunden wurde – eine der wenigen Gelegenheiten, bei denen sich Wehleidigkeit in Form eines höheren Intelligenzwertes auszahlte.

Wie zu erwarten war, erwiesen sich sämtliche Messungen als problematisch. Es paßte einfach nichts zusammen. Das endgültige Aus kam von seiten eines der Studenten Cattells mit Namen Wissler. Er stellte fest, daß die in Cattells Tests ermittelten Werte weder untereinander noch zu den Abschlußzensuren der Universität in Beziehung standen, an der sie beide arbeiteten. Wisslers Studie war kein Glanzstück wissenschaftlicher Forschung, konnte aber auf überzeugende Weise verdeutlichen, daß Cattells Ansatz nichts taugte.

Unglücklicherweise erwies sich der Blindgänger als Zeitbombe. Wie schon der Philosoph George Santayana bemerkte, ist, wer nicht aus der Geschichte lernt, dazu verdammt, sie zu wiederholen. Heute hat eine Gruppe von Neo-Galtonianern die Werke Galtons und Cattells ausgegraben und uns eine Art Nacht der lebenden Toten beschert. Mit simplen Messungen wie Reaktionszeiten (wie schnell können Sie einen Knopf drücken, nachdem ein Licht aufleuchtet, und wie schnell sind Sie in der Lage, zu erkennen, welche von zwei Linien die längere ist) versuchen sie, Intelligenz zu messen. Im Intelligenzgeschäft darf man nicht glauben, eine einmal zu Grabe getragene Idee sei für immer vom Tisch. Es ist gut möglich, daß sie wiederaufersteht, um uns heimzusuchen.

Die von Darwins Evolutionstheorie inspirierten Ideen Galtons ergaben einen gewissen Sinn. Tiere mit sensorischen Defiziten leben in der Regel nicht sehr lange; Tiere mit ungewöhnlich scharfen Sinnen haben hingegen bessere Chancen. Vielleicht hatten unsere menschlichen Vorfahren der grauen Vorzeit einen selektiven Vorteil, wenn sie höhere sensorische Fähigkeiten besaßen. Allerdings ist häufig das, was zu einem bestimmten Zeitpunkt einen selektiven Vorteil bedeutet, zu einem anderen Zeitpunkt nicht mehr nützlich. So werden etwa dunkel bzw. hell gefärbte Nachtfalter in den Städten durch unterschiedliche Luftverschmutzungsgrade unterschiedlich begünstigt bzw. benachteiligt: Dunkle Nachtfalter sind in Zeiten hoher Luftverschmutzung wegen ihrer rauchartigen Färbung weniger gut sichtbar, während helle Nachtfalter zur selben Zeit viel deutlicher wahrzunehmen sind. In Zeiten niedriger Luftverschmutzung kehren sich die relativen Vor- bzw. Nachteile um. Größere sensorische Fähigkeiten spielen heute als günstige Voraussetzungen bei der Erhaltung der Art oder im Überleben allgemein keine große Rolle mehr. Einige Theorien sind ihrer Zeit weit voraus. Galtons Theorie kam freilich viele tausend Jahre zu spät.

Alfred Binet: Die Bewunderung des akademischen Denkens

Im Jahre 1904 rief der französische Erziehungsminister in Paris eine Kommission ins Leben, die eine Methode entwickeln sollte, Kinder mit geistigen »Defiziten« von solchen, die aus anderen Gründen in der Schule versagten, zu unterscheiden. Sie sollte sicherstellen, daß ein Kind nur dann in eine Sonderklasse von geistig Behinderten versetzt wurde, wenn es »unfähig war, in einem dem Durchschnitt entsprechenden Maße von dem in normalen Schulen angebotenen Unterricht zu profitieren«.[2] Alfred Binet und sein Kollege Théodore Simon entwickelten Tests, mit deren Hilfe sie dieses Zuordnungsproblem lösen wollten.

Man beachte, daß Binets Arbeit dem Wunsch entsprang, Kindern zu helfen, sie zu schützen, nicht zu bestrafen. Lehrer mit unliebsamen Schülern verfügten damals über ein Mittel, das sie als große Erleichterung empfinden mußten: sie konnten die Empfehlung aussprechen, solche Kinder in Sonderklassen für geistig Behinderte zu versetzen. Dabei waren diese Lehrer keine gemeinen Schurken, die sich ihr Dasein erleichtern wollten, obwohl der eine oder andere zweifellos auch daran gedacht haben mag. Es gab im Bewußtsein der Menschen einfach keine klare Trennung zwischen Kindern mit Verhaltensstörungen und geistig behinderten Kindern. Daher wurden verhaltensauffällige Kinder wie Geistesschwache behandelt.

Binets und Simons Vorstellung von Intelligenz und wie sie zu messen sei, unterscheidet sich deutlich vom Intelligenzbegriff Galtons und Cattells, deren Tests sie als »Zeitverschwendung« bezeichneten. Für Binet und Simon war der Kern der Intelligenz »Urteilsfähigkeit, auch gesunder Menschenverstand genannt, praktisches Denken, Initiative, die Fähigkeit, sich den Umständen anzupassen. Richtig zu beurteilen, zu verstehen und zu argumentieren, das sind die wesentlichen Tätigkeiten der Intelligenz.«[3]

Blicken wir den Tatsachen ins Auge: Binets Ideen waren viel sinnvoller als die Galtons. Binet nannte als Beispiel Helen Keller, deren Werte in einem Hör- und Sehtest miserabel gewesen wären, an deren – wie jeder weiß: überragender – Intelligenz jedoch nicht zu zweifeln war. Er entwickelte einen Test, in dem auch körperlich Behinderte gute Werte erzielen konnten. Für ihn war Intelligenz abhängig von intellektuellem Urteilsvermögen und nicht von hohen sensorischen Qualitäten.

Binet ist den meisten nur wegen seines Tests bekannt, obwohl er auch eine vorzügliche Theorie der Intelligenz entwickelte. Er vertrat die These, intelligentes Denken setze sich aus drei Elementen zusammen, die er Richtung, Anpassung und Kritik nannte. Richtung *(direction)* bedeutet, zu wissen, was getan werden muß und wie. Anpassung *(adaptation)* bezieht sich auf die zur Lösung einer Aufgabe entwickelte Strategie, das Verfolgen dieser Strategie und die im Laufe der Durchführung notwendigen Anpassungen. Kritik *(criticism)* bezeichnet die Fähigkeit, die eigenen Gedanken und Handlungen kritisch zu betrachten. Angenommen, Sie wollen ein neues Auto kaufen. Eine Richtung benötigen Sie, um herauszufinden, was Sie über Autos wissen müssen und wie Sie diese Information in die tatsächliche Auswahl des Autos einbringen. Anpassung wäre im Spiel, wenn Sie die Autohäuser aufsuchen, Entscheidungen treffen, Ihre Strategie möglicherweise revidieren – und z.b. beschließen, daß Sie doch keinen Fernseher für die Mitfahrer auf dem Rücksitz brauchen. Kritik käme zum Einsatz, wenn Sie Ihren eigenen Entscheidungsprozeß beurteilen und sich die Frage stellen, ob Sie die richtigen Strategien für einen Autokauf entwickelt haben.

Auch Binets Ideen landeten in den Vereinigten Staaten, allerdings kamen sie nicht in New York, sondern in Kalifornien an. Lewis Terman, Psychologieprofessor an der Stanford University, entwickelte eine amerikanische Version des Binetschen Tests. Was danach kam, ist, wie man so sagt, Geschichte. Der Stanford-Binet-Test ist noch heute marktführend im Geschäft mit der Intelligenz.

Binets Ideen waren im Kontext ihrer Entstehung durchaus sinnvoll, nämlich als Prognoseinstrument für akademischen Erfolg. Unglücklicherweise teilen sie das Schicksal so vieler guter Ideen: sie wurden in Bereichen angewendet, in denen sie nichts zu suchen hatten. Tests wurden zur Feststellung akademischer Fähigkeiten auch in nichtakademischen Bereichen eingesetzt. Darüber hinaus wiesen diese Tests – und weisen noch immer – Mängel auf, die ihre Resultate sogar in manchen akademischen Zusammenhängen fragwürdig machen.

Tests auf der Basis von Binets Theorie

Welche Arten von Fragen werden denn nun in IQ-Tests gestellt? Viele von uns haben von solchen Tests gehört, und viele haben irgendwann einmal in ihrem Leben einen oder mehrere solcher Tests absolviert, doch vielleicht erinnern wir uns nur mit großer Mühe an konkrete Fragen. In der Tat reden viel zu viele Leute über IQ-Tests, ohne genau zu wissen, worin sie bestehen und was sie so problematisch macht. Ein Großteil dieser Sprachgewitter gründet nicht so sehr auf Fakten, sondern auf politischen oder sozialen Überzeugungen. Es ist keineswegs falsch, politische oder soziale Implikationen aus diesen Tests abzuleiten – auch ich tue das –, doch zuerst muß man die Tests und das, was richtig und was problematisch an ihnen ist, verstehen. Ich möchte daher einen der beiden meistverbreiteten Tests ein wenig detaillierter vorstellen. Es handelt sich um den Stanford-Binet-Test, der auf der Grundlage von Alfred Binets Tests entwickelt wurde.

Die Stanford-Binet Intelligence Scale, vierte Version (SB IV), ist die jüngste Version eines Tests aus dem Jahre 1905.[4] Die erste Revision (d. h. die zweite Version) des Stanford-Binet-Tests erschien 1937, die dritte 1960. Der Test ist für Kinder ab dem dritten Lebensjahr geeignet und hat nach oben hin keine Altersgrenze, obwohl die Probanden der Testproben (man nennt dies *Standardisierung*) nicht älter als dreiundzwanzig Jahre waren.

Worin besteht dieser Test? Wie sieht ein »Stanford-Binet« aus? Es gibt insgesamt fünfzehn Subtests, von denen allerdings nur sechs dem gesamten Altersspektrum vorgelegt werden. Diese Subtests sind in vier Kategorien unterteilbar: sprachliches Denken, quantitatives Denken, figürlich-abstraktes Denken und Kurzzeitgedächtnis. Betrachten wir einige Beispiele dieser fünfzehn Subtests:

1. *Wortschatz*. Die Testperson wird aufgefordert, die Bedeutung eines Wortes anzugeben. Auf den niedrigeren Testebenen werden die Wörter durch Bilder dargestellt. Später erscheinen sie in geschrie-

bener Form. So lautet eine Aufgabe etwa, das Wort *prätentiös* zu definieren. Wortschatzfragen werden Testpersonen sämtlicher Altersstufen vorgelegt. Sie sind Bestandteil vieler Intelligenztests und vergleichbarer Prüfungen, wie etwa »scholastic aptitude tests« (wissenschaftliche Eignungstests). Angesichts solcher Testaufgaben versteht man, wieso manche Psychologen und Pädagogen die Bezeichnung *Intelligenztests* problematisch finden.

Zunächst muß man erkennen, daß die altehrwürdige Unterscheidung zwischen *Intelligenztests* einerseits und *Leistungstests* andererseits ein Mythos ist. Intelligenztests messen typischerweise Leistungen, von denen man annimmt, daß sie die Person in den Jahren zuvor erbracht hat. Intelligenztests messen offensichtlich Leistungen – was sonst soll der erworbene Wortschatz sein? Niemand, nicht einmal der nativistischste Vererbungstheoretiker, würde behaupten, daß wir mit einem in unserem Gehirn gespeicherten Wortschatz geboren werden. Auch Leistungstests erfordern Intelligenz (will man sie erfolgreich bestehen): zumindest die zur Aneignung des im Test geforderten Wissens notwendige Intelligenz.

Zweitens: Wenn man den Wortschatz testet, darf man sämtliche Vorstellungen von kultureller Fairneß getrost über Bord werfen. Ein englischer Wortschatztest dürfte bei Kindern, die mit Spanisch, Vietnamesisch oder Japanisch aufgewachsen sind, kaum dasselbe messen wie bei Kindern, die in einer englischsprachigen Umgebung groß geworden sind. Der Gesamtwortschatz des zweisprachigen Kindes kann durchaus größer sein als der eines einsprachigen. Problematisch ist die Tatsache, daß der Test nur die Kenntnis des englischen Wortschatzes wertet und somit dem Kind, dessen Muttersprache Englisch ist, einen offenkundigen Vorteil gewährt.

Erstaunlicherweise werden Intelligenztests, die in einem anderen als ihrem Entstehungsland (das meistens Amerika heißt und der weltweit größte Produzent und Konsument solcher Tests ist) eingesetzt werden sollen, häufig in die jeweilige Landessprache übersetzt. Man geht dabei davon aus, daß sich Wörter ein-deutig übersetzen lassen; daß diese Wörter, unabhängig von ihrer Übersetzbarkeit, denselben Schwierigkeitsgrad und dieselbe Gewichtung haben wie in der Originalsprache; und daß es auch in anderen Kulturen üblich ist, abstrakte Begriffe so zu definieren wie in der amerikanischen Kultur. Keine dieser Annahmen dürfte richtig sein, doch hindert das niemanden daran, letztendlich gedankenlose Übersetzungen amerikanischer oder anderer Test anzufertigen.

Drittens: Die Art und Weise, wie der Wortschatz getestet wird, ist nur ein Beispiel für ein Problem, das im Laufe dieses Buches immer wieder zur Sprache kommen wird, da Intelligenztests eine akademische, aus dem Kontext gelöste Intelligenz messen. Bedenken Sie, was Wortschatztests unserem Bildungssystem angetan haben! Warum lernen Schüler eines Gymnasiums Wortbedeutungen auswendig? Auf diese Weise kann man weder lesen noch schreiben, sprechen oder zuhören lernen. Natürlicherweise eignet man sich Wörter im Kontext an – z.B. beim Lesen oder Zuhören. Und letztlich kommt es im Leben darauf an, daß man gut lesen, schreiben, zuhören und sprechen kann, und nicht darauf, ob man je nach Bedarf Definitionen auszuspucken vermag. Es ist nicht nur unnatürlich, auf diese Weise Wörter auswendig zu lernen, meist bleiben sie dem Gedächtnis nicht lange erhalten. Weil sie außerhalb eines sinnvollen Kontextes gelernt wurden, sind sie – wie in Großteil des Stoffes, den wir für die Schule einpauken – rasch wieder vergessen. Weil aber die wissenschaftlichen Eignungstests in Gymnasien verschiedene, äußerst unnatürliche Formen von Wortschatzprüfungen vorsehen, zwingen Lehrer Millionen von Schülern, wertvolle Zeit mit dem Pauken von Wörtern zu verschwenden, die sie vermutlich nicht zu gebrauchen wissen und überdies auch bald wieder vergessen. Lehrer richten ihren Unterricht auf die Tests aus, die nicht das messen, was Kinder und Erwachsene wissen müssen.

2. *Verstehen.* Hier muß die Testperson ihr Verständnis sozialer und kultureller Normen unter Beweis stellen – z.B. indem sie erklärt, warum Menschen Geld borgen oder ihr Wahlrecht wahrnehmen. Auf den ersten Blick scheint es so, als ob ein solcher Test Intelligenz in einem realistischen Kontext messe. Doch wird hier tatsächlich ein Verständnis der Realität gemessen, oder nur eine Verständniskarikatur – eine Geschichte, die wir uns gerne erzählen, über die Gesellschaft, in der wir gerne leben würden?

Ein Beispiel: Warum leihen sich Menschen Geld? Offenbar, weil sie Geld brauchen, um etwas zu bezahlen, dessen Preis ihre derzeitigen Mittel übersteigt. Doch was ist der *wirkliche* Grund? Manchmal gibt es dafür, wie beim Hauskauf zum Beispiel, steuerliche Gründe, manchmal geht es um Luxusgegenstände – Autos, Schiffe, ein Herrenhaus –, die sie im Grunde nicht nur nicht kaufen können, sondern auch nicht kaufen sollten. Manchmal benötigt jemand zusätzliches Bargeld, das er gar nicht zurückzuzahlen beabsichtigt, und kauft sich Drogen, die ihn irgendwann umbringen werden. Und manchmal trifft natürlich auch zu, was im Lösungsschlüssel des Tests steht.

Warum gehen die Menschen zur Wahl? In einem Land, in dem 96,6 Prozent des Volkes für den herrschenden Diktator stimmen (der im Grunde kaum verwunderliche letzte Wahlerfolg Saddam Husseins), lautet die Antwort: Weil sie für den von der Regierung bestimmten Kandidaten stimmen müssen. Andere gehen zur Wahl, um ihrer Unzufriedenheit mit allen auf der Wahlliste genannten Kandidaten Ausdruck zu verleihen (wenn z.B. ein US-Bürger von seinem Recht Gebrauch macht, einen eigenen Kandidaten auf die Liste zu setzen); manchmal gehen die Menschen zur Wahl, weil sie dafür bezahlt werden. Zuweilen wählen sie natürlich auch, um in einem Akt freier Meinungsäußerung ihre politischen Überzeugungen zum Ausdruck zu bringen, so wie der Test es gerne hätte. Doch dann ist diese Frage wieder ohne jede Bedeutung, weil viele Menschen in weiten Teilen der Welt nicht zur Wahl gehen und es auch niemals tun werden.

Ein Verständnistest spiegelt nicht das wider, was Menschen für wahr halten, sondern das, von dem sie annehmen, der Punktrichter wolle es hören. Um herauszufinden, wie gut jemand das Testspiel beherrscht, scheint mir ein solcher Test das geeignete Mittel zu sein. Möglicherweise korreliert dies sogar mit der Antwort auf die Frage, wie gut der Proband dieses Spiel bereits in der Schule durchschaut hat. Auf gar keinen Fall funktioniert der Test jedoch als Meßinstrument für Erfolgsintelligenz, besonders dann nicht, wenn die Testpersonen nicht lernen mußten, das Testspiel zu verstehen. Merkwürdigerweise ist dieser scheinbar so kulturabhängige Test im Grunde nicht an die Kultur gebunden, in der die Menschen leben. Er hat viel mehr mit Gretchen Müllers und Hänschen Meiers Vorstellung davon zu tun und damit, wie sich diese Kultur gerne selbst sieht.

3. *Absurditäten.* In diesem Test werden Bilder präsentiert, die von der Testperson zu entdeckende Unstimmigkeiten aufweisen. Eine Aufgabe bestünde etwa darin herauszufinden, daß Eishockeyspieler nicht auf einem See spielen, von dessen Ufer aus Badende ins Wasser springen. Doch was weiß ein Kind, das in tropischen Gefilden lebt, über Eishockey? Würden Sie Unstimmigkeiten in Bildern von Sportarten wie Rugby oder Kricket entdecken, die nicht einmal besonders exotisch sind? Wie wäre es mit Go? Eine Absurdität kann man nur erkennen, wenn man mit dem Inhalt des Bildes vertraut ist.

4. *Wortbeziehungen.* Hier muß angegeben werden, was die ersten drei Wörter einer Wortgruppe aus vier Wörtern miteinander gemeinsam haben. Was ist zum Beispiel das gemeinsame Merkmal eines Apfels, einer Banane und einer Orange, das die drei von einer Tasse unterscheidet? Klingt ganz einfach, doch wenn man in einer Umgebung aufgewachsen ist, in der all diese Früchte vorkommen, wird man das Problem eher lösen. Wissen Sie, was eine Guayaba ist? Es gibt einige Länder auf der Erde, wo sogar die Jüngsten diese Frage ohne Zögern beantworten können. Oft werden Tests, die sprachliches Denken messen sollen, zu reinen Wortschatztests. Als sich meine Kinder dem Preliminary Scholastic Assessment Test unterzogen, meinten sie hinterher beide, nicht die Wortanalogien hätten ein Problem für sie dargestellt, sondern die Tatsache , daß sie die Bedeutung mancher Wörter nicht kannten. So kommt es, daß ein Test, der etwas zu messen vorgibt (sprachliches Denken), in Wirklichkeit etwas anderes testet (in diesem Fall den Wortschatz). Das Schlimme an diesen Tests ist, daß sie den Testwertinterpreten zu falschen Schlußfolgerungen verleiten. Ist der Testperson die Bedeutung der abgefragten Wörter nicht bekannt, wird der Interpret vermutlich annehmen, daß die Testperson unter mangelndem

Denkvermögen leidet. In Wahrheit kennt sie nur die Bedeutung selten vorkommender Wörter nicht. Zumindest angehenden Literaturwissenschaftlern sollte dies bekannt sein. Andererseits vermute ich, daß viele Menschen gut, ja sogar enorm erfolgreich im Leben zurechtkommen, ohne die Bedeutung seltener Wörter zu kennen.

5.–6. Musteranalyse und Kopieren. In den Musteranalyse-Tests reproduziert der Proband zweidimensionale schwarzweiße Muster mit Hilfe von Bausteinen, um verschiedene geometrische Formen zusammenzusetzen. Beim Kopieren geht es darum, geometrische Linienzeichnungen zu reproduzieren.

Vielleicht zeigen diese beiden Subtests deutlicher als alle anderen die Begrenztheit des gängigen Intelligenzbegriffs. Schon das Wort »Kopieren« spricht Bände. Im Grunde wird man dafür belohnt, die Arbeit eines anderen zu kopieren. Welcher Vorstellung von Intelligenz entspricht dies? Da könnte man den Kopisten, die den ganzen Tag in den Museen mit dem Kopieren großer Meister zubringen, überragende künstlerische Fähigkeiten bescheinigen. Dementsprechend überrascht es nicht, daß Tests wie der Stanford-Binet schulische Leistung prognostizieren, die sich in vielen Fällen darauf beschränkt, die Worte des Lehrers zu notieren und gegebenenfalls wieder nachzubeten. Machst du deine Sache gut, bekommst du eine Eins. Gelingt es dir nicht – vielleicht weil es dir für ein derartiges mechanisches Tun an Motivation fehlt –, wird deine Intelligenz in Frage gestellt. Ich selbst habe es als ein Privileg des Erwachsenendaseins empfunden, keine Malbücher mehr mit den »richtigen« Farben – ohne über die Linie hinauszumalen – füllen zu müssen. Bei solchen Tests wären Malbücher ein ausgezeichnetes Instrument zur Intelligenzmessung.

7. Matrizen. In diesem Subtest werden Matrizen vorgelegt, in denen ein Teil fehlt. Die Testperson muß nun unter verschiedenen Formen diejenige heraussuchen, die auf die Leerstelle paßt. Matrizen haben eine lange Geschichte im IQ-Test-Geschäft. Einige halten die ausschließlich aus figurativen Matrixproblemen bestehenden Raven Progressive Matrices für die reinste Form, allgemeine Intelligenz zu messen; sie gelten als das Musterbeispiel kultureller Neutralität, weil sie ohne Sprache auskommen und ihre Befürworter in ihnen eine Möglichkeit sehen, kulturspezifische Inhalte zu transzendieren.

Sie haben nun eine Vorstellung von den Fragen, die in einem individuellen Intelligenztest auftauchen können. Betrachten wir jetzt eine Reihe weiterer Fragen bezüglich der Auswertung und Interpretation der Ergebnisse.

Im Stanford-Binet-Standardisierungstest – jener Testprobe, die dazu diente, ein Konversionssystem zwischen der Anzahl richtiger Antworten und dem IQ zu entwickeln – bestand ein Altersunterschied von zweiundzwanzig Jahren zwischen dem jüngsten und dem ältesten Probanden, was ziemlich viel ist. Das Standardisierungssample dient als Vergleichsgruppe für die Bestimmung der Werte all jener Personen, die den Test absolvieren. Wie viele Personen, glauben Sie, wurden getestet, um aus der Zahl richtiger Antworten (dem *raw score*) das Testergebnis (den sogenannten IQ, über den später noch mehr zu sagen sein wird) zu ermitteln? Legen wir z.b. die derzeitige Bevölkerungszahl der Vereinigten Staaten zugrunde, etwa 250 Millionen. Würden Sie meinen, die Standardisierungsgruppe könnte etwa 500 000 oder vielleicht 50 000 Personen umfaßt haben? Wie wäre es mit 5 000? Die tatsächliche Anzahl lag bei 5 013. Nicht eben viele, bedenkt man, daß lebenswichtige Entscheidungen von der Genauigkeit dieser Wertungen abhängen. Und vergessen Sie nicht, daß diese 5 000 Menschen eine Altersspanne von zweiundzwanzig Jahren repräsentieren, das sind im Durchschnitt weniger als 250 Menschen pro Lebensjahr.

Einerseits ist eine Altersspanne von zweiundzwanzig Jahren beeindruckend, andererseits überhaupt nicht beeindruckend. Sie macht deutlich, daß hier akademische Fähigkeiten getestet werden. Das Sample entsprach genau jenem Lebensabschnitt, in dem die Amerikaner zur Schule gehen. Nach dem zweiundzwanzigsten Lebensjahr geht es jedoch im allgemeinen weiter; es folgt der Eintritt in die Arbeitswelt. Die Fähigkeiten, die zum Erfolg führen, ändern sich; nicht so die Tests. Insofern haben wir es hier mit einem Test zu tun, der nicht nur für eine altersmäßig höchst unausgewogene Bevölkerungsgruppe konzipiert, sondern auch anhand dieser Gruppe standardisiert wurde. Dieses Schreckensdilemma zeigt sich in seiner ganzen Dimension, wenn gelegentlich jemand entscheidet, noch einmal die Schulbank zu drücken, und sich plötzlich mit Tests konfrontiert sieht, die eher der Realität eines Jugendlichen als der eines Erwachsenen angemessen sind. Er verschwendet seine Zeit damit, Geometrie und anderes mehr zu pauken, was er seit vielen Jahren nicht mehr gebraucht hat und vermutlich auch in Zukunft nicht brauchen wird, Testsituationen ausgenommen.

Obgleich man den Versuch unternommen hat, die Stichprobe der (nach Altersgruppen uneinheitlichen) amerikanischen Bevölkerung anzupassen, waren die Bemühungen nicht von Erfolg gekrönt. Eine Gruppe war hinsichtlich ihres Anteils an der Gesamtbevölkerung zu stark vertreten. Welche könnte das gewesen sein? Es war jene, die in fast allen psychologischen Studien überrepräsentiert ist, besonders dann, wenn es um Intelligenz geht: die Angehörigen der oberen Mittelschicht. Also versuchte man, dieses Problems mit Hilfe statistischer Korrekturen Herr zu werden. Doch solche Korrekturen sind Schätzungen und nicht geeignet, das Vertrauen in die Richtigkeit der Endergebnisse zu stärken.

Vergleiche mit anderen Tests, darunter auch ältere Versionen des Stanford-Binet-Tests, zeigen, daß die Werte zwar in etwa vergleichbar sind, doch für die Hochbegabten und die geistig Zurückgebliebenen jeweils niedriger als bei den älteren Versionen und beim Hauptkonkurrenten, dem Wechsler-Test, liegen. Da man am unteren Ende von »geistig Zurückgebliebenen« und am oberen Ende von »Hochbegabten« sprechen kann, beeinträchtigt eine solche systematische Unvereinbarkeit der Wertungen einmal mehr die Vertrauenswürdigkeit eines Tests von so lebensentscheidender Bedeutung.

Doch da gibt es noch zusätzliche Probleme. Zum Beispiel bekommen verschiedene Altersgruppen individuelle Subtests *(tasks)* vorgelegt. Somit läßt sich nur schwer sagen, ob eine bestimmte Punktzahl in der einen Altersgruppe mit der gleichen Punktzahl in der anderen Altersgruppe verglichen werden kann. Hinzu kommt, daß die höchste erreichbare Punktzahl in den diversen Altersgruppen, Subtests und Subtestgruppen verschieden ist. Dies macht es schwierig, nicht nur die Wertungen altersgruppenübergreifend, sondern auch hinsichtlich einzelner Fähigkeitsbereiche miteinander zu vergleichen (z.B. das Stärken- und Schwächenprofil einer Testperson zu bestimmen).

Das größte Problem bei diesen Tests ist allerdings die Tatsache, daß die statistischen Analysen der Teststruktur (die sogenannten *Faktorenanalysen*) nicht mit den im Test angelegten Teilwertungen in Einklang zu bringen sind. Anders ausgedrückt: Die Wertungen korrespondieren nicht mit der in den statistischen Analysen ermittelten tatsächlichen Denkweise der Probanden. Es ist also gut möglich, daß man schließlich über eine Reihe von numerischen Werten verfügt, die über die Denkprozesse eines Menschen nichts Bestimmtes aussagen, wie etwa, was denn nun ein Mensch mit hochentwickeltem räumlichen Denken besonders gut kann?

Eine Alternative zum Stanford-Binet sind die von allen Intelligenztests am häufigsten benutzten *Wechsler Scales*. Sie basieren auf demselben Intelligenzbegriff wie der Stanford-Binet. Den »Wechsler« gibt es in drei Varianten: die »Wechsler Adult Intelligence Scale-Revised« (WAIS-R), die dritte Auflage der »Wechsler Intelligence Scale for Children« (WISC-III) und die »Wechsler Preschool and Primary Scale of Intelligence« (WPSSI).

Der Wechsler-Test vermittelt drei Wertungen: eine aus dem sprachlichen Teilbereich, eine zweite aus dem Performance-Bereich und eine Gesamtwertung. Die Sprachwertung kann z.B. über den *Wortschatz* und das *Erkennen verbaler Ähnlichkeiten* ermittelt werden, wobei die Testperson anzugeben hat, inwiefern zwei Gegenstände ähnlich sind. Die Performance-Wertung basiert z.B. auf *Bildergänzungsaufgaben*, d.h., der fehlende Teil im Bild eines Objektes muß identifiziert werden, sowie auf solchen, bei denen Bilder zu ordnen sind; z.B. muß eine ungeordnete Reihe comicartiger Bilder in die richtige Reihenfolge gebracht werden, damit eine zusammenhängende Geschichte entsteht. Die Gesamtwertung ergibt sich aus den beiden vorgenannten Wertungen.

Wie beim Stanford-Binet gibt es auch beim Wechsler-Test inhaltliche Probleme. So erhält man beim Erkennen verbaler Ähnlichkeiten mehr Punkte, wenn man kategoriale (z.B.»beide gehören zur Klasse X«) und keine funktionalen Ähnlichkeiten (wie z.b.»das erste benutzt das zweite«) angibt. Dabei ist die Erkenntnis, daß der erste Antworttyp»besser« sei als der zweite, nicht so sehr auf eine höhere kognitive Entwicklung als vielmehr auf die Einsicht in den Testprozeß zurückzuführen. Es ist jedoch durchaus vorstellbar, daß jemand in der Lage ist, eine kategoriale Beziehung zu erkennen, aber nicht weiß, daß diese Antwort im Test bevorzugt wird. Im Bildergänzungstest wird die Fähigkeit, den Inhalt der Bilder zu»lesen«, vorausgesetzt. Das Ordnen von Bildern wird vermutlich jenen leichter fallen, die es gewohnt sind, chronologisch angeordnete Bilder – wie z.b. Comics – zu betrachten.

Wie Intelligenztests zustande kommen

Wie gehen die Autoren und Herausgeber von Intelligenztests bei der Konstruktion dieser Meßinstrumente vor? Es gibt dabei grundsätzlich zwei verschiedene Ansätze, von denen der eine viel öfter zur Anwendung kommt.

Der empirische Ansatz

Hier werden zunächst Menschen beobachtet, die in einem bestimmten Umfeld – etwa in der Schule – erfolgreich sind. Anschließend versucht man mit Hilfe entsprechender Fragen, die mit den größten Erfolgsaussichten von jenen mit nur wenig Aussicht auf Erfolg zu trennen. Noch einfacher wäre es, Testaufgaben zu wählen, die von älteren Kindern eher bewältigt werden können als von jüngeren. Dies entspricht im wesentlichen der Methode Binets. Er wählte Aufgaben, die zwischen älteren und jüngeren Kindern un-

68

terschieden. Diese Methode mag durchaus vernünftig erscheinen, denn schließlich werden Kinder im allgemeinen um so klüger, je älter sie sind, doch sie bringt eine Reihe gewichtiger Probleme mit sich, die uns noch heute beschäftigen.

Die erste Schwierigkeit besteht darin, daß sich die den Tests zugrunde liegenden Stichproben tatsächlich auf Kinder beziehen. Wir erinnern uns, daß diese Tests ursprünglich dazu dienten (und auch heute noch weitgehend dazu dienen), intelligentere von weniger intelligenten Kindern zu unterscheiden, weshalb sie häufig eher für Kinder als für Erwachsene geeignet sind. Daraus resultiert ein Dilemma. Kinder verbringen unter Umständen viel Zeit damit, mathematische Aufgaben zu lösen, viele Erwachsene haben sich jedoch jahrelang nicht mehr mit solchen Aufgaben befaßt. Wenn sich ältere Menschen um die Aufnahme in eine Universität oder eine Graduate School bewerben, müssen sie Tests wie den SAT oder GRE absolvieren und sich an Lehrsätze der Algebra und Geometrie erinnern, von denen sie möglicherweise jahrzehntelang nichts mehr gehört haben. Es ist offenkundig, daß solche Tests beim reifen Erwachsenen nicht dasselbe messen wie bei einem jungen Menschen, der noch zur Schule geht oder sie gerade hinter sich hat. Wen wundert es also, wenn ältere Erwachsene bei solchen Tests häufig schlechter abschneiden.

Ebenso kommen in den Tests Aufgaben und Fragen vor, die zwar dem Lernstoff von Schülern entsprechen mögen, doch mit dem Alltag eines Erwachsenen nichts zu tun haben. Man sollte sie als Meßinstrumente für *akademische Intelligenz* bezeichnen. Außerdem ist der zugrunde gelegte Unterricht und Lehrstoff typisch für eine westlich geprägte Kultur, mit der viele Kinder auf der Welt nicht vertraut sind. Selbst in den Vereinigten Staaten gibt es Schüler, die eine andere Art von Unterricht kennenlernen, z. B. junge orthodoxe Juden, die die Jeschiva (die Talmudschule) besuchen, wo anstelle des westlichen Literaturkanons talmudisches Argumentieren gelehrt wird.

Ein weiteres, verwandtes Dilemma liegt im Testvorgang selbst begründet. Beim Schuleintritt sind die meisten Kinder mit der Testsituation wohl nicht vertraut. Ich selbst betrachte Tests bei Kindern vor der vierten Schulklasse (d. h. vor dem neunten oder zehnten

Lebensjahr) mit großer Zurückhaltung. Ich erinnere mich noch an meinen ersten Test mit separatem Antwortbogen in der dritten Klasse: Der Iowa Test of Basic Skills war ein Leistungstest. Am lebhaftesten erinnere ich mich jedoch daran, daß ich beim letzten Fragepunkt eines Untertests zu meinem Entsetzen eine Antwortspalte übrig hatte. Irgendwo hatte sich etwas verschoben, und meine Antworten paßten nun nicht mehr zu den Fragen. Die Lehrerin bemerkte das jedoch nicht, sondern stellte lediglich fest, daß mein Wissenstand in besagtem Untertest sehr niedrig war.

Im Laufe ihrer Schulzeit gewöhnen sich die Kinder natürlich an die Testprozeduren. Zumindest wird ihnen das Medium »Test« vertraut. Menschen, die nie ein westlich geprägtes Schulwesen genossen haben, sind jedoch möglicherweise noch nie mit solchen Tests konfrontiert worden. Und Erwachsene im mittleren oder fortgeschrittenen Alter haben vielleicht schon seit vielen Jahren keinen Test mehr absolviert. Für sie kann die Testerfahrung eine Quelle beträchtlicher Verwirrung sein. Deshalb sind ihre Testwerte nicht auf die gleiche Weise zu beurteilen wie die junger Menschen.

Die Forschungsergebnisse zeigen, daß auch Variablen, die den Tester selbst betreffen, relevant sind. So können etwa Kinder von Schwarzen in einer typischen Intelligenztest-Situation benachteiligt sein. Außerdem gibt es eine ganze Reihe von Faktoren, die nicht so offensichtlich sind, doch nichtsdestoweniger eine Rolle spielen können. Vor vielen Jahren hatte ich einen Sommerjob als Prüfungsaufsicht bei der Psychological Corporation, einem der großen, damals noch in New York ansässigen Testverlage. Die Verlagsleitung hatte entschieden, daß die Testfragen im Sinne einer Standardisierung des Tests vom Tonband zu hören sein müßten, um jedem Probanden die gleichen Fragen mit der gleichen Stimme in gleicher Geschwindigkeit auf die gleiche Weise zu stellen. Theoretisch hörte sich das sehr gut an, doch in der Praxis sah alles ganz anders aus. Man hätte z.B. erwartet, daß ein professioneller Sprecher mit klarer und deutlicher Aussprache das Tonband bespräche; vielleicht mit jenem sanften Akzent, der im Mittelwesten gesprochen und am ehesten im ganzen Land verstanden wird. Aus irgendeinem Grund hatte der Verlagsleiter jedoch entschieden, höchstpersönlich zu sprechen. Und er war weit davon entfernt, über die Qualitäten eines ausgebildeten Sprechers zu verfügen. Vor allen Dingen aber war sein ausgeprägter texanischer Akzent für viele Probanden aus New York völlig unverständlich. Vielleicht hätte man ihn in Houston sehr gut verstanden. Es war lächerlich, anzunehmen, dem Band könnten alle folgen. Ich beobachtete eine ganze Reihe von Probanden, wie sie den Faden verloren und schließlich nicht mehr wußten, an welcher Stelle im Test sie sich gerade befanden. Den künftigen potentiellen Arbeitgebern dieser Testpersonen vermittelte jedoch ein sauberer, klarer Computerausdruck den Eindruck, daß auch der Test eine saubere und eindeutige Sache gewesen sei.

Ein letzter Nachteil des empirischen Ansatzes bei der Testkonzeption liegt darin, daß sich die Testproduzenten nie mit der Frage auseinandersetzen müssen, was Intelligenz denn nun eigentlich ist. Sie halten sich an das, was sich belegen läßt – z.B. was ältere von jüngeren Kindern unterscheidet. Aber ältere Kinder sind im allgemeinen größer und schwerer als jüngere. Um Intelligenz zu messen, wird man jedoch nicht zum Metermaß oder zur Personenwaage greifen. Im Prinzip (wenn auch nicht in der Praxis) finden sich für viele Faktoren, die in Intelligenztests eine Rolle spielen, auch keine besseren Begründungen. Ohne eine Theorie der Intelligenz ist Intelligenz nicht zu spezifizieren, es sei denn, wir geben uns mit dem kümmerlichen Satz zufrieden: »Intelligenz ist das, was in den Tests getestet wird«, jener operationalen Definition von Intelligenz, die wir einem inzwischen verstorbenen Harvardprofessor mit dem bezeichnenden Namen Boring, zu deutsch: langweilig, verdanken.

Der theoretisch fundierte Ansatz

Der zweite Ansatz bei der Konzeption von Intelligenztests geht von einer Theorie der Intelligenz aus und baut auf ihr die entsprechenden Tests auf. Das hat den Vorteil, daß man von Anfang an weiß, was unter dem Begriff Intelligenz zu verstehen ist. Die Testkonsumenten – Psychologen, Schulen, Firmen – können danach entscheiden, ob ihnen die Theorie zusagt und ob sie den Test kaufen wollen. Dies ist in vielerlei Hinsicht die ehrlichere Methode. Die Testproduzenten erklären, was sie unter Intelligenz verstehen, und die Konsumenten haben die Wahl.

Allerdings gibt es nur sehr wenige Intelligenztests, die auf einer Theorie der Intelligenz basieren. Warum? Weil es die Testanbieter zwingt, bei dem gleichen Intelligenzkonzept zu bleiben. Das tun sie gewöhnlich nicht so gerne, sei es, weil sie in Wirklichkeit über ein solches Konzept gar nicht verfügen oder weil sie ihren Marktanteil vergrößern wollen. Sie denken wie die Nahrungsmittelindustrie in den Tagen vor der Kennzeichnungspflicht: Je weniger die Leute wissen, was sie kaufen, desto weniger beunruhigen sie sich. Wenn Sie fettreiche Nahrungsmittel nicht mögen, können Sie diese heute einfach im Regal stehenlassen. Früher, als Sie den Fettgehalt nicht kannten, waren Sie dazu nicht in der Lage. Da Intelligenztests häufig keine wirkliche theoretische Grundlage haben, weiß man nie so genau, was man bekommt.

Wie Intelligenztests ausgewertet werden

Natürlich sind Testkonsumenten keine völligen Idioten und wünschen über die zur Auswahl stehenden Tests informiert zu werden, damit sie eine halbwegs vernünftige Entscheidung treffen können – oder sich wenigstens den Anschein geben. Was sind die entscheidenden Informationen, die auch Sie kennen sollten?

Validität

Die erste Schlüsselinformation, über die im folgenden immer wieder zu reden sein wird, firmiert unter der Bezeichnung *Kriterienvalidität*. Zur Debatte steht, in welchem Ausmaß ein Testwert tatsächlich etwas aussagt und worüber er etwas auszusagen vorgibt.

Mißt der Test das, was er zu messen vorgibt? So wird z.B. die Validität von Intelligenztests gewöhnlich an den Zensuren (bei Schülern und Studenten) oder an den Leistungsbewertungen in beruflichen Ausbildungsprogrammen gemessen.

Sogenannte technische Handbücher zu den Tests enthalten meist eine Fülle von statistischen Angaben, die die Kriterienvalidität der Tests belegen sollen, was allerdings nicht ganz unproblematisch ist. Wie wichtig sind uns Schulnoten, oder wie wichtig sollten sie uns sein? Sind sie für uns tatsächlich das entscheidende Kriterium, mit dessen Hilfe wir feststellen, ob jemand intelligenter als jemand anderer ist? Oder sollten wir uns da eher an die Ergebnisse standardisierter Leistungstests halten? Mein Sohn hat an seiner Schule eine neue Zeitung gegründet; außerdem schreibt er für die schon existierende Schulzeitung, macht seinen Flugschein und hilft den spanischsprechenden Patienten im örtlichen Krankenhaus, indem er ihre medizinischen Probleme ins Englische übersetzt. Nicht schlecht für einen Siebzehnjährigen. Aber von alledem wird nichts in dem Kriterienkatalog auftauchen, der zur Validierung von Intelligenztests benutzt wird. Und interessiert uns bei einem Erwachsenen noch, welche Zensuren er in der Schule hatte? Sollten die potentiellen Kandidaten für Führungsposten in der Wirtschaft tatsächlich nach ihren Zeugnisnoten beurteilt werden? Ich glaube nicht.

Es ist traurig, daß wir die Ergebnisse von Leistungstests als die »harten« – wichtigen – Daten betrachten und außerlehrplanmäßige Aktivitäten als, na ja, eben außerlehrplanmäßig. Und da wir so gerne quantifizieren, reduziert sich unser Tun meist darauf, derlei Aktivitäten zu zählen, anstatt sie einer ernsthaften Beurteilung zu unterziehen. Also wird ein Schüler, der in seiner Freizeit drei verschiedene Clubs besucht, in der Regel besser dastehen als einer, der einen einzigen solchen Club konzipiert, gründet und organisiert. Der beste Prädiktor für zukünftige Erfolgsintelligenz ist Erfolgsintelligenz, die sich bereits in der Vergangenheit bewährt hat. Solch einen Prädiktor finden wir offensichtlich eher in erfolgreichen Aktivitäten innerhalb der realen Welt, die sich über geraume Zeit hinweg entwickeln können, als in jenen speziellen dreistündigen Aktivitäten in der Welt der Tests.

Jahrelang hatte ich immer wieder die Meinung vertreten, daß Tests nicht messen, was uns an einer Leistung wirklich interessiert, weder in der Schule noch im Beruf. Ich betonte, daß vor allem auf der Ebene der Graduate Schools, wo wir für akademische Berufe ausbilden, Tests nicht die Fähigkeiten messen, die für den Erfolg in welchem Beruf auch immer wirklich zählen.

Schließlich beschloß ich, für meine Thesen auch Geld zu investieren. Zusammen mit Wendy Williams untersuchte ich im Rahmen einer Studie, was die Graduate Record Examination auf der Ebene des Promotionsstudiums tatsächlich prognostiziert. Wir nahmen uns Studenten im Promotionsfach Psychologie aus zwölf Jahren vor (166 an der Zahl) und verglichen die Prognosen des GRE mit ihren Zensuren im ersten und zweiten Jahr der Graduate School sowie – was noch wichtiger war – mit den Beurteilungen der Professoren hinsichtlich ihrer (a) analytischen, (b) kreativen und (c) praktischen Fähigkeiten, der Fähigkeiten in (d) Forschung und (e) Lehre sowie der (f) Dissertationen dieser Studenten. Die zuletzt genannten Variablen rangieren in der Graduate School natürlich über den Noten.

Die Ergebnisse: Sowohl bei den männlichen als auch bei den weiblichen Studenten (die in den Tests und im Studiengang auf demselben Niveau arbeiteten) konnten wir beobachten, daß die GRE-Werte die Zensuren im ersten Jahr konsistent prognostizierten, doch das war auch schon alles. Und sogar dieser Prognosewert erwies sich als nicht besonders hoch. Für den verbalen Teil des GRE lag die Gesamtkorrelation bei 0,18 (auf einer Skala von 0 = niedrig bis 1 = hoch), was statistisch kaum von Bedeutung ist. Beim quantitativen Teil gab es eine Korrelation von 0,14, die ebenfalls statistisch nicht signifikant ist. Für den analytischen Teil betrug der Korrelationswert 0,17, was statistisch gleichfalls kaum ins Gewicht fällt. Die höchste Korrelation zeigte sich erwartungsgemäß beim Fortgeschrittenen-Leistungstest in Psychologie: sie lag bei 0,37. Die Leistung im Test war der beste Prädiktor für Leistungen im Promotionsprogramm. Der Test lieferte keine Prognosen für die übergeordneten Kriterien, nicht einmal für die Zensuren im zweiten Studienjahr. Kein Wunder also, daß die Informationen der Verlage zur Validität ihrer Tests die Zensuren im ersten Studienjahr so stark in den Vordergrund stellen! Bei der Differenzierung unserer Ergebnisse nach Geschlechtern zeigte sich ein interessanter Unterschied. Der analytische Subtest prognostizierte einige der übergeordneten Kriterien, maßvoll, aber signifikant, allerdings nur für die männlichen Studenten. So lag die Korrelation zwischen dem GRE-Wert im analytischen Bereich und der Beurteilung der analytischen Fähigkeiten der Studenten durch ihre Professoren bei 0,31. Bei den Studentinnen betrug er bloß 0,05. Tatsächlich ergab sich aus diesem Test für die Studentinnen überhaupt keine Prognose. Bei weiblichen und männlichen Studenten insgesamt erhält man demnach ein falsches Bild von der Prognosequalität des Tests hinsichtlich eines Erfolgs im Promotionsstudium. Obwohl die Leistungen von Männern und Frauen im Studiengang gleichwertig sind, scheinen die Voraussetzungen für gute Leistungen bei beiden Geschlechtern nicht identisch zu sein. Worin die Unterschiede bestehen, wissen wir allerdings noch nicht.

Wir glauben, daß diese Studie einige wichtige Einsichten vermittelt. Erstens: Tests prognostizieren vor allem Zensuren, und häufig solche, die zeitlich nicht weit vom Testdatum entfernt sind. An solchen Prognosen ist nichts auszusetzen – sie sind wichtig, weil wir sie wichtig machen –, doch das Leben besteht nicht nur aus Zensuren. Zweitens: Tests prognostizieren nicht für jede Gruppe gleichermaßen gut – was wir möglicherweise außer acht lassen, wenn wir einen Testwert betrachten, ohne zu bedenken, wofür er steht. Frauen haben einige Herausforderungen zu bewältigen, die Männern erspart bleiben, und die Forschung hat gezeigt, daß Frauen aufgrund negativer Selbsteinschätzung manche Aufgaben schlechter bewältigen. Die Erwartung, zu versagen, erfüllt sich häufig ganz von selbst.

Weder die Ergebnisse unserer GRE-Studie noch die entsprechenden Reaktionen diverser Gruppen darauf haben uns überrascht. Skeptiker nehmen die Ergebnisse beifällig zur Kenntnis. Der harte Kern der Testgläubigen begegnet ihnen jedoch für gewöhnlich mit Vorbehalten. Einer der Einwände lautet: Um herauszufinden, wie gut der Test tatsächlich funktioniert, müßten wir wissen, wie gut die nicht zugelassenen Bewerber im Promotionsstudium abgeschnitten hätten.

In gewisser Hinsicht haben sie recht, es wäre in der Tat interessant, dies zu wissen. Ich glaube, daß sich viele der abgelehnten Bewerber hervorragend geschlagen hätten. Aber eine derartige Untersuchung ist natürlich nicht möglich, eben weil die Bewerber nicht zugelassen wurden – häufig wegen schlechter Testwerte. Die Skeptiker werden wir ohne diese Untersuchung nicht überzeugen können. Allerdings könnten wir etwas Ähnliches versuchen, indem wir ein oder mehrere Jahre lang Studenten ohne Berücksichtigung ihrer Testwerte aufnehmen und ihre Leistungen beobachten. Auf diese Weise wäre das Sample nicht länger auf testbedingte Zulassungen beschränkt. Als geradezu ideal für dieses Experiment könnte sich eine Zulassung nach dem Zufallsprinzip erweisen, doch will natürlich niemand ein oder gar zwei Jahre lang auf Testwerte verzichten, und die Fakultät ist gewiß nicht daran interessiert, bei der Zulassung von Studenten den Zufall walten zu lassen. Somit bleibt das bestehende System in Kraft, und man hält weiterhin an Grundsätzen fest, die vermutlich niemand jemals wird widerlegen dürfen.

Die Daten der GRE-Studie machen deutlich, wie dringend wir mehr Informationen über Testvalidität benötigen, als man uns in den technischen Begleitheften überlicherweise zubilligt. Wir brauchen umfassendere Kriterien und müssen die Validität eines Tests bei unterschiedlichen Gruppen und in unterschiedlichen Situationen kennen. Vielleicht gehen wir davon aus, daß ein Test bei einer Gruppe funktioniert, weil er bei einer anderen funktioniert hat, während er in Wirklichkeit für die zweite Gruppe völlig ungeeignet ist.

Verläßlichkeit

Ein weiterer Meßwert bei der Testauswertung ist die Verläßlichkeit (Reliabilität) – die Konstanz, mit der ein Test mißt, was er zu messen vorgibt. Anders ausgedrückt: Erhält man den gleichen Wert, wenn man einen Test wiederholt?

Die meisten Tests, die häufig zur Anwendung gelangen, sind mehr oder minder zuverlässig. Doch wir sprechen hier von Durchschnittswerten. Bei manchen Probanden fluktuieren die Testwerte nur mäßig, bei anderen geradezu heftig. Vielen gelingt es, ihre Werte im SAT, GRE oder bei vergleichbaren Zulassungstests zu verbessern, indem sie sich mit Hilfe entsprechender Bücher oder Kurse vorbereiten.

Die Tatsache, daß es solche Bücher und Kurse gibt und sie im allgemeinen auch zu merklichen Verbesserungen führen, stellt uns vor ein Gerechtigkeitsproblem. Was ist mit all jenen, die von der Existenz dieser Kurse nichts wissen oder weder das Geld noch die Zeit haben, sie zu besuchen? Die Testverlage werden nun eiligst versichern, daß sich die dadurch erzielten Vorteile in Grenzen halten. Und im allgemeinen trifft das wohl auch zu. Für einige Menschen sind sie jedoch von entscheidender Wichtigkeit. Wenn man, was noch wichtiger ist, Millionen von Entscheidungen für Millionen von Testwerten pro Jahr zugrunde legt, dann haben im Durchschnitt sogar ziemlich geringfügige Unterschiede Auswirkungen auf diese Entscheidungen. Für einige Menschen wird das Buch bzw. der Kurs entscheidend sein, und die Tatsache, daß solche Möglichkeiten nicht jedermann in gleicher Form zur Verfügung stehen und auch unterschiedlich genutzt werden, führt schließlich dazu, daß Testwerte für verschiedene Leute eine verschiedene Bedeutung haben. Somit kann die Gesamtzuverlässigkeit der Testwerte gravierende Auswirkungen für bestimmte Menschen verschleiern.

Testproduzenten mögen Tests, in denen sämtliche Einzelpunkte und Fragen eines Subtests ungefähr das gleiche messen. Sie liefern sogar Statistiken mit, aus denen ersichtlich wird, in welchem Ausmaß dies der Fall ist. Eine solche Konsistenz gilt zwar als wünschenswert, hat aber ihren Preis. Je mehr inhaltliche Punkte dasselbe messen, desto kleiner wird das Meßspektrum. Konsistenz geht daher nicht selten auf Kosten dieses Spektrums. Kein Wunder also, daß unsere Tests so »eng« sind. Und »eng« sind sie wirklich! Was wir erhalten, ist eine konsistent gute Messung statischer Intelligenz. Doch wie nutzen wir sie?

Wie Intelligenztests genutzt werden

Die Art und Weise, wie Tests genutzt werden, veranschaulicht das Heisenbergsche Prinzip: sie wirken auf das ein, was sie bewerten sollen. In unserer Gesellschaft z.b. haben »die da oben« – Rechtsanwälte, Ärzte, Manager, Universitätsprofessoren – in der Regel einen höheren IQ als »die da unten« – Arbeiter, Putzfrauen, Straßenkehrer usw. Also wird IQ mit beruflichem Erfolg assoziiert. Doch ist er auch dessen Ursache?

Welche Gefahren es mit sich bringt, wenn man Ursache und Korrelation verwechselt, ist offensichtlich. Wir wissen z.b., daß in Nigeria die meisten Menschen schwarz sind, in Norwegen hingegen die überwiegende Mehrheit weiß ist. Es wäre ziemlich dumm, daraus den Schluß zu ziehen, daß man eine schwarze Hautfarbe bekommt, wenn man in Nigeria lebt, oder eine weiße, wenn man sich in Norwegen aufhält. Soviel zur Verwechslung von Ursache und Korrelation. Man findet eine Korrelation, doch wie immer gibt es mindestens drei mögliche Erklärungen. Angenommen, es besteht eine Korrelation zwischen zwei Sachverhalten, z.b. zwischen gemessener Intelligenz und beruflicher Stellung. Wir wollen sie Faktor X und Faktor Y nennen. Es mag sein, daß Faktor X die Ursache für Faktor Y ist oder Faktor Y die Ursache für Faktor X; oder aber ein übergeordneter Faktor verursacht beide.

Die Korrelation von IQ und beruflicher Position könnte somit auf drei verschiedene Ursachen zurückzuführen sein. Ein höherer IQ könnte in der Tat ein Grund für die berufliche Position sein, das wäre plausibel. Oder die bessere berufliche Position könnte einen höheren IQ zur Folge haben, was, wie sich zeigt, tatsächlich zutrifft. Ein besserer Job gibt einem die Möglichkeit, seine intellektuellen Fähigkeiten zu verwirklichen, was wiederum die Intelligenz und damit auch den IQ erhöht. Allerdings könnten sowohl der IQ wie auch die bessere berufliche Position von einem oder mehreren anderen Faktoren abhängig sein. Worum könnte es sich dabei handeln? Betrachten wir die Situation in den Vereinigten Staaten. Die Zulassung zur Law School erfordert den LSAT; will man Wirtschaftswissenschaften studieren, muß der GMAT absolviert werden; um Medizin zu studieren, muß man den MCAT bestehen; und vor der Zulassung zur Graduate School stehen einem der GRE oder der MAT ins Haus. Wer ein Graduiertenstudium anstrebt, muß sich einem Test unterziehen, und für die Zulassung zu einem der begehrteren Studienprogramme benötigt man sehr gute Testwerte. Auch die führenden Colleges und Privatschulen verlangen Tests. Worin besteht der Zusammenhang zwischen diesen Tatsachen und der Korrelation von IQ und beruflicher Position? Konventionelle Intelligenztests sind diesen Zulassungstests sehr ähnlich – das heißt, trotz ihrer Namensvielfalt messen sie praktisch dieselben Fähigkeiten. Für das Geschäft mögen leichte Änderungen am Testtitel und -inhalt gut sein, auf die Ergebnisse haben sie nur relativ geringe Auswirkungen. Wer bei einem Test gut abschneidet, wird auch den nächsten bewältigen.

Nehmen wir einmal an, daß es Menschen gibt, die mit keinem Test zurechtkommen. Vielleicht verfügen sie eher über kreative als über analytische Intelligenz, oder über praktische Intelligenz, besitzen einen ausgeprägten gesunden Menschenverstand, der sich aber nicht in abstrakte, akademische Fähigkeiten umsetzen läßt? Vielleicht sind sie, wie ich früher, von Testangst geplagt. Oder ihre Muttersprache ist Spanisch, Französisch oder Vietnamesisch, und sie haben die englische Sprache nicht richtig gelernt. Vielleicht ist ihre Muttersprache Englisch, doch ihre Eltern mußten beide so sehr für den Lebensunterhalt arbeiten, daß sie keine Zeit hatten, ihren Kindern vorzulesen oder lange Gespräche mit ihnen zu führen. Egal aus welchen Gründen: bei Tests sind sie einfach schlecht.

Wenn sie eine der begehrteren Graduate Schools besuchen wollen – jene Art von Schulen, die quasi eine Freikarte für den beruflichen Aufstieg darstellen –, sind ihre Aussichten gering, denn all diese Schulen verlangen für bestimmte Fächer und manchmal sogar fachunabhängig ungefähr denselben Test. Somit bleiben ihnen viele Bildungswege systematisch versperrt. Im Durchschnitt werden sie sich auf der Karriereleiter vermutlich nach unten bewegen. Betrachten wir daneben all diejenigen, die ihre Tests mit guten Werten absolvieren. Vielleicht sind sie nicht so begabt, doch besitzen ein Talent für Tests; hohe Testwerte sind für die Zulassung zum Graduiertenprogramm ihrer Wahl außerordentlich förderlich. Vielleicht schaffen sie nicht die Zulassung zu allen Studienprogrammen, um die sie sich beworben haben, doch zumindest einige von ihnen werden sie vermutlich bekommen. Testwerte werden somit zum Schlüssel für den Einstieg in die besseren Berufe.

Es ist also nicht eben verwunderlich, wenn die Inhaber beruflicher Spitzenpositionen hohe Testwerte vorweisen können. Ohne sie wäre ihnen der Zugang zu den Spitzenpositionen versagt geblieben. Das heißt, *wir stellen die Korrelation zwischen IQ und beruflichem Status in der Tat erst her.*

Man muß sich bewußtmachen, daß die Verhältnisse nicht immer so waren und überall sonst auf der Welt fast nirgendwo so sind. In den fünfziger Jahren lagen die durchschnittlichen SAT-Werte um einiges niedriger als etwa zehn Jahre später. Was war geschehen? Waren die Amerikaner plötzlich schlauer geworden? Offensichtlich nicht. Der Grund war, daß viele Hochschulen ihre Zulassungskriterien änderten, indem sie den Testwerten mehr und der sozialen Klasse weniger Gewicht beimaßen. In dieser Hinsicht erhöhte die Einführung des Testwerts als Zulassungskriterium die Chance, aufgrund intellektueller Qualifikation zugelassen zu werden. In vielen Ländern wird der Zugang zur höheren Bildung noch heute von einer ganzen Reihe anderer Faktoren bestimmt, und die soziale Klasse gehört dazu.

Betrachten wir folgende Analogie: Angenommen, unsere Gesellschaft beschließt eines Tages, daß uns Testwerte nicht mehr interessieren, weil sie einfach zu variabel sind. An einem Tag schafft man beim SAT 500 Punkte, am nächsten Tag sind es vielleicht 570. Wir suchen also nach einem Entscheidungskriterium, das wir um einiges konsistenter messen können – z.B. die Körpergröße. Von nun an entscheidet die Körpergröße über die Zulassung zur Uni oder zum Promotionsstudium. Für Harvard würde man z.B. 1,90 Meter, für Yale vielleicht nur 1,88 Meter (doch ansonsten ein gutes Aussehen) benötigen und so weiter bis zur Universität von Hintertupfingen, wo 1,28 Meter das Limit ist. Um jedoch an einer der wirklich begehrten medizinischen oder juristischen Fakultäten studieren zu können, wären 1,94 Meter das Minimum. Das mag Ihnen vollkommen absurd erscheinen, ist es aber nicht. Tatsächlich sind die Inhaber von Spitzenpositionen in der Regel größer als die Menschen am unteren Ende der Karriereleiter. Körpergröße spielt für uns eine Rolle, ob wir es zugeben oder nicht.

Wie auch immer, fünfundzwanzig Jahre nachdem wir Körpergröße zum ersten Mal als Zulassungskriterium benutzt haben, beschließen wir, die Durchschnittsgrößen von Menschen in verschiedenen Berufen miteinander zu vergleichen – Anwälte, Ärzte und Manager auf der einen Seite, Gelegenheitsarbeiter, Putzfrauen und Fließbandarbeiter auf der anderen. Zu welchem Ergebnis kommen wir? Je höher einer die Karriereleiter hinaufgestiegen ist, desto größer ist er. Haben wir damit demonstriert, daß eine stattliche Körperlänge für gute Arbeit in den besseren Berufen irgendwie von Vorteil ist? Nein. Wir haben gezeigt, daß Körpergröße darüber entschieden hat, welche Berufe ein bestimmter Mensch erlernen darf und welche nicht.

Ich behaupte nicht, der IQ habe nichts mit dem beruflichen Erfolg zu tun. Hier besteht ein – wenn auch schwacher – Zusammenhang. Ich will damit sagen, wir sollten nicht – so wie Herrnstein und Murray in ihrem umstrittenen Buch *The Bell Curve* – zu dem Schluß kommen, daß irgendeine unsichtbare Hand – eine Art Naturgewalt – dafür verantwortlich ist, daß sich die Sahne oben absetzt und die wertlosen Reste nach unten sinken. Wir müssen erkennen, daß wir in der Gesellschaft leben, die wir uns selbst schaffen. Nicht die Natur gibt Werte vor, sondern die Gesellschaft.

Der IQ spielt eine Rolle, doch keine sehr große. IQ-spezifische Meßwerte erklären in der Regel weniger als zehn Prozent des Unterschiedes zwischen den – an den Maßstäben unserer Gesellschaft gemessen – mehr und den weniger Erfolgreichen. Das bedeutet, daß der IQ zu über 90 Prozent mit den Unterschieden zwischen Individuen nichts zu tun hat – eine dürftige Grundlage für die Behauptung, es komme vor allem auf den IQ an. Und wie steht es mit Unterschieden zwischen einzelnen Gruppen?

IQ und Intelligenz: Gruppenunterschiede

Es gilt als unstrittige Tatsache, daß in den Vereinigten Staaten verschiedene rassische und ethnische Gruppen einen unterschiedlichen Durchschnitts-IQ haben. Dies allein ist noch kein Beweis dafür, daß Intelligenztests tendenziös sind. Das Tendenziöse ist nämlich keine Funktion der Unterschiede in den Testwerten von Gruppen, sondern eine Funktion der Prognose. Ein Gruppenunterschied wäre erst dann ein Beweis für Testvoreingenommenheit, wenn die Tests unabhängig davon, was sie prognostizieren sollen, keine entsprechenden Unterschiede aufzeigen würden.

Was über Testvoreingenommenheit geschrieben wurde, ist im Detail und ad nauseam diskutiert worden. Die allgemeine Schlußfolgerung lautet, daß Tests nicht voreingenommen sind, zumindest nicht im traditionellen Sinne. Wir müssen uns Gedanken darüber machen, was genau dieses Ergebnis bedeutet.

Es bedeutet: Wenn Gruppe A bei einem Intelligenztest schlechter abschneidet als Gruppe B, dann wird sie typischerweise – und in derselben Relation – bei jeder von diesem Test zu prognostizierenden Leistung ein schlechteres Ergebnis erzielen, vorausgesetzt, daß der Test diese Leistung tatsächlich prognostiziert. Wenn also Gruppe A in einem konventionellen Intelligenztest schlechter abschneidet als Gruppe B, wird Gruppe A wahrscheinlich auch z. B. bei den schulischen Leistungen zurückliegen. So liegen die Testwerte von Schwarzen in den Vereinigten Staaten durchschnittlich eine Standardabweichung (15 IQ-Punkte) unter den Werten weißer Probanden. Und ihre schulischen Leistungen sind ebenfalls schlechter. Voilà, so Arthur Jensen, Richard Herrnstein, Charles Murray und die intellektuelle Rechte: die Tests sind nicht voreingenommen. Amerikaner japanischer und anderer asiatischer Abstammung zeigen in der Tendenz bei vielen Tests eine etwas bessere Leistung als Weiße, und dasselbe gilt für ihre Leistungen in der Schule. Also keine Voreingenommenheit. Doch halt!
Sind die Unterschiede zwischen rassischen Gruppen erblich be-

dingt? Herrnstein und Murray unterstellen dies.⁵ Aus den vorliegenden Daten geht es allerdings nicht hervor. Herrnstein, Murray und andere schließen von der Vererbbarkeit der Intelligenz auf die Vererbbarkeit von Gruppenunterschieden. Bei den zur Verfügung stehenden Daten handelt es sich jedoch um sogenannte Schätzungen zur *gruppeninternen* Vererbbarkeit. Sie sagen etwas über die Transmission von Intelligenz innerhalb einer Gruppe – und nicht zwischen Gruppen – aus. Wir erfahren daher aus einer Studie über vorwiegend weiße Zwillinge etwas über die Ursachen von Unterschieden zwischen Individuen, die Teil eines weißen Zwillingspaares sind, und nichts über die Ursachen von Unterschieden zwischen Gruppen von Individuen, von denen einige weiß und einige andere schwarz sind.

Der Unterschied ist nicht nur eine Frage statistischer Feinheiten. Dazu ein häufig zitiertes Beispiel, das auch Herrnstein und Murray benutzen: Angenommen wir besitzen eine Handvoll Maiskörner mit einer bei Maiskörnern normalen Variationsbreite. Wir säen die eine Hälfte auf Maisfeldern in Iowa aus und die andere Hälfte auf dem trockenen Boden der Mojave-Wüste. Obwohl die Eigenschaften des Maiskorns in hohem Maße genetisch bedingt sind, wird die unterschiedliche Entwicklung dieser beiden Körnergruppen ausschließlich umweltbedingt sein. Inwiefern läßt sich dieser Zusammenhang auf die Unterschiede zwischen Schwarzen und Weißen übertragen?

Selbst wenn Intelligenz in Maßen vererbbar ist, sagt die Vererbbarkeit innerhalb einer bestimmten Gruppe nichts über die Ursachen von Gruppenunterschieden aus. Das wird am Mais-Beispiel deutlich. Darüber hinaus müssen wir, wenn wir Gruppen miteinander vergleichen, deutlich machen, um welche Gruppen es sich dabei handelt. Zum Beispiel wäre es in den Vereinigten Staaten geradezu lächerlich, von reinen Rassen zu sprechen. Die Afroamerikaner etwa repräsentieren zum größten Teil eine Mischung aus überwiegend schwarzen Individuen afrikanischer Abstammung und überwiegend weißen Individuen europäischer und anderer Abstammung. Die psychologische Forschung arbeitet mit sozial und nicht biologisch konstituierten Rassengruppen. Anders ausgedrückt:

Menschen gehören zu einer Rasse aufgrund dessen, was sie kommunizieren, und nicht durch ihre Geburt. Es gibt einige Belege dafür, daß die Unterschiede zwischen Schwarzen und Weißen in der Tat eher umweltbedingt als genetischer Natur sind. So unterschied sich der Durchschnitts-IQ einer Gruppe von mehreren hundert deutschen Kindern, die während des Zweiten Weltkriegs von schwarzen GIs gezeugt worden waren, um einen halben Punkt von dem einer anderen Gruppe von Kindern, deren Väter weiße GIs waren. Außerdem haben Kinder aus schwarzweißen Verbindungen einen höheren IQ, wenn die Mutter weiß ist, was dem Sozialisationsfaktor entspricht.

Richard Nisbett, Psychologe an der University of Michigan, hat in der Fachliteratur sieben Studien entdeckt, in denen die genetischen bzw. umweltbedingten Ursprünge für die Unterschiede bei den IQ-Werten von Schwarzen und Weißen untersucht und miteinander verglichen werden. Anders als in der Zwillingsforschung wird hier direkt nach der Quelle der Unterschiede gesucht. Sechs Studien von sieben können keinen Beleg für genetische Faktoren finden. Eine Untersuchung von Scarr und Weinberg aus dem Jahre 1976 kommt zu keinem eindeutigen Ergebnis. Man versteht nicht, wie die Daten zu interpretieren sind, obwohl die Autoren zugeben, daß ihre Forschungsergebnisse keine genetische Erklärung belegen. Interessant, wenn auch deprimierend, ist die Tatsache, daß Herrnstein und Murray nur auf diese Studie ausführlicher eingehen und ihre Interpretation erwartungsgemäß von der der Autoren abweicht. Nicht nur an dieser Stelle werden Belege, die ihrer Hypothese nicht entsprechen, weitgehend ignoriert und solche, die alternative Interpretationen zulassen, entsprechend ihrem gesellschaftspolitischen Anliegen gedeutet.

Ist der IQ die Ursache für Gruppenunterschiede in den vielfältigen Erscheinungsformen sozialen Erfolgs? Herrnstein und Murray sind zweifellos dieser Meinung. Dies deutlich zu machen ist der einzige Zweck ihres Buches. Und sie sind nicht allein, Jensen und andere teilen ihre Meinung. Merkwürdig ist freilich, daß Herrnsteins und Murrays eigene Daten ihre These keineswegs stützen. So kommen sie in ihren Analysen u. a. zu dem Ergebnis, daß bei *gleichem* Durchschnitts-IQ Schwarze im Vergleich zu Weißen zweimal häufiger in Armut leben, fünfmal häufiger unehelich geboren werden, dreimal häufiger von Sozialhilfe leben, mehr als zweimal so häufig die ersten drei Lebensjahre in Armut verbringen und doppelt so häufig untergewichtig zur Welt kommen. Da der IQ beider Gruppen gleich war, läßt sich diese These vom IQ als Ursache für die Unterschiede bei den Adaptationsaspekten mit diesen Angaben nicht stützen.

Schon Anfang unseres Jahrhunderts hat es Schwarzseher gegeben, die warnend auf die bedrohlichen Aspekte von Gruppenunterschieden im IQ verwiesen haben. Bedrohlich seien sie nicht etwa, weil es sie gebe, sondern weil die charakteristische Fortpflanzungsrate der verschiedenen Gruppen unweigerlich zum Absinken des nationalen Intelligenzniveaus führen werde. Das heißt, wenn sich die Menschen in den unteren sozioökonomischen und IQ-Bereichen schneller vermehren, dann werden unabhängig davon, ob die Intelligenz genetisch oder umweltbedingt ist, die IQs sinken, weil die schlechten Gene und die schlechte Umgebung, die schlechte Eltern mit niedrigen IQs verkörpern, unweigerlich zu einer solchen Abwärtsbewegung führen.

Schwarzseher und Panikmacher akzeptieren diese Hypothese trotz der Tatsache, daß im Laufe der letzten dreißig Jahre die IQs dramatisch gestiegen sind, und zwar bis zu einer ganzen Standardabweichung (etwa 15 IQ-Punkte). Es bereitet den Schwarzsehern einige Mühe, diesen sogenannten »Flynn-Effekt« (benannt nach seinem Entdecker James Flynn[6]) hinreichend zu erklären, bislang haben sie es noch nicht geschafft. Der Flynn-Effekt ist nicht nur in den Vereinigten Staaten zu beobachten, sondern auch in vielen anderen Ländern der Erde. Für eine Leistung, die einem heute einen IQ von etwa 85 einbringt, hätte man vor wenigen Generationen in der Tat noch einen mittleren Wert – etwa 100 – bekommen.

Zu den Ursachen des Flynn-Effekts gibt es jede Menge Spekulationen, doch keine wirklichen Erklärungen. Bessere Bildung, bessere Ernährung, mehr Schule – alles ist möglich, aber was davon wirklich zutrifft, wissen wir einfach nicht. Allerdings wissen wir, daß im Gegensatz zu den düsteren Prognosen die allgemeinen Fähigkeiten im Durchschnitt gestiegen sind.

Wir sind jedoch mit einem anderen Problem konfrontiert, und hier handelt es sich in der Tat um eine Art Abwärtsbewegung. Mit dem Ansteigen der IQs ist ein Absinken der Testwerte bei verschiedenen universitären Zulassungstests zu verzeichnen. Gewiß, diese Tests messen nur einen Teil der Fähigkeiten eines Menschen. Es gibt jedoch Anzeichen für einen Rückgang akademischer Fertigkeiten. Viele Professoren, ich selbst gehöre dazu, haben in den vergangenen Jahren ein Nachlassen der sprachlichen Ausdrucksfähigkeit bei Studenten festgestellt. Dieser Abwärtstrend war so ausgeprägt, daß nach vielen Jahren die Normen in den SATs vom Educational Testing Service erstmals neu festgelegt wurden und der Durchschnittswert nun beim Mittelwert 500 liegt.

Die niedrigen Werte gehen nicht, wie man vielleicht denken könnte, auf das Konto einer nachlassenden unteren Leistungsgruppe. Die Anzahl der niedrigen Wertungen ist zwar gestiegen, doch ist dieser Trend weitgehend auf Veränderungen in der Testpopulation zurückzuführen. Heutzutage absolvieren viel mehr Schüler und Studenten diese Tests als in den fünfziger, sechziger oder auch siebziger Jahren. Damals lagen die Testwerte höher, und nur die besseren Schüler wurden getestet. Heute testet man querbeet. Das eigentliche Problem ist der Schwund in den hohen Testwertbereichen. Vor der Neubewertung des Tests war er im Wertungsbereich von 700 und 600 am auffallendsten – das heißt, am oberen Ende der Skala. Warum sinken die Werte am oberen Ende? Ich glaube, daß es dafür drei Gründe gibt.

Zum einen ist da unsere nationale Vorliebe für die Benachteiligten. Die Menschen am unteren Ende der Begabungsskala verdienen besondere Zuwendung, doch das gilt auch für die am oberen Ende. Unsere nationalen Prioritäten offenbaren sich in der Tatsache, daß 99,9 Prozent des Budgets für besondere Bildungsaufgaben dem unteren Ende zufließen. Und das ist schlicht und einfach dumm. Unsere begabten Kinder – und ich meine begabt im Sinne eines umfassenden Intelligenzbegriffs, nicht nur den IQ – sind vermutlich die kostbarste Ressource unseres Landes. Sie sind unsere größte Hoffnung in einer zunehmend wettbewerbsorientierten Welt. In der Grundschule und in den Sekundarstufen schenken wir ihnen sehr viel weniger Aufmerksamkeit als den mit unterschiedlichsten Schwierigkeiten behafteten Kindern. Man glaubt, begabte Kinder könnten alles von allein und bräuchten keine Unterstützung. Falsch. Sie benötigen das gleiche Maß an Zuwendung wie die Kinder am anderen Ende der Leiter. Der Unterricht langweilt sie oft, und sie beginnen die Schule zu hassen. Eines meiner Kinder, beileibe kein Mathematikgenie, mußte sich in der Mittelstufe etwa zwei Drittel eines Schuljahres mit einem Mathematikstoff beschäftigen, den es schon kannte. Das ist Zeitverschwendung und eine Schande. Dafür lernen diese Kinder nie, wie sie ihre Talente am besten nutzen.

Der zweite Grund ist, daß unsere Schulbücher zu simpel gestrickt sind, wie Sally Reis von der University of Connecticut in einer vom U.S. Department of Education geförderten Studie gezeigt hat. Die Schulbücher für die einzelnen Klassenstufen liegen im Niveau etwa drei Stufen niedriger als zu meiner Schulzeit vor dreißig Jahren. Das gleiche gilt für Lehrbuchtexte. Als Lehrbuchautor habe ich mich noch nie veranlaßt gefühlt, das Niveau meiner Texte zu heben, der Druck verlief immer in die andere Richtung.

Es ist leicht, den Verlagen die Verantwortung zuzuschieben. Warum tun sie unseren Kindern das an? Das eigentliche Problem sind jedoch nicht die Verlage, sondern die Schulen. Die Verlage veröffentlichen, was die Schulen kaufen. Wenn die Schulen anspruchsvolle Texte verlangen, werden die Verlage sie auch produzieren. Wollen sie schöne bunte Bildchen, bekommen sie sie. Schulbuchverlage wollen Geld verdienen, und sie geben ihren Kunden, was sie verlangen.

Wir sprechen in Amerika über hohe Standards, und es gibt zahllose Regierungsberichte und andere Gutachten, in denen die Notwendigkeit solcher Standards festgestellt wird. Doch wir reden nur und handeln nicht. Wenn die Verlage relativ anspruchsvolle Texte auf den Markt bringen, bleiben sie auf ihnen sitzen. Das große Geschäft ist nur mit leichtverdaulicher Ware zu machen, das weiß in der Verlagsbranche jeder. Wenn Schulen kaufen – ja sogar: wenn Universitätsprofessoren einkaufen –, greifen sie nach dem leichten Stoff, um ihre Schüler und Studenten nicht zu sehr zu verwirren. Sie werden aber auch nicht sehr gefordert.

Unsere Heuchelei beschränkt sich nicht auf das Bildungswesen. Ich habe inzwischen etwa zwei Dutzend Länder besucht, und nach meiner Erfahrung gibt es in keinem Land mehr übergewichtige Menschen als in den Vereinigten Staaten. Was tun wir? Wir erhöhen einfach das akzeptable Maximalgewicht für jede Altersgruppe. Und in der Zwischenzeit sterben mehr Menschen an Herzleiden als je zuvor. Wie reagierte die Bekleidungsindustrie vor kurzem auf die Erkenntnis, daß die kleinen Kleidergrößen auf der Stange bleiben und immer mehr Frauen deprimiert zu den großen Größen greifen? Man änderte die Größeneinteilung, damit Frauen wieder kleinere Kleidergrößen kaufen konnten und sich dabei wohler fühlten. Wir können die Etiketten, aber nichts an der Sache oder am Problem ändern. Man kann einem Text das Etikett »Klassenstufe sechs« aufkleben, doch ändert das nichts am tatsächlichen Leseniveau, das auf sämtlichen Ebenen im Sinken begriffen ist.

Harold Stevenson (University of Michigan) und James Stigler (UCLA) haben in ihrem Buch *The Learning Gap* auf dieses Paradox hingewiesen. Ein Vergleich zwischen japanischen und amerikanischen Eltern ergab, daß die Eltern in unserem Lande mit den Leistungen ihrer Kinder viel zufriedener sind als japanische Eltern, obwohl das Leistungsniveau hier viel niedriger ist. Amerikanische Eltern glauben, daß im Grunde alles zum besten steht – daß unsere Schulen in Ordnung sind und hinter der Absicht, sie schlechtzumachen, eine Verschwörung steckt. Auch an unseren Taillen gibt es nichts auszusetzen. Unser nationales Selbsttäuschungsvermögen ist erstaunlich. Leider läßt sich andernorts niemand mehr täuschen. Wenn wir den Verstand unserer Kinder nicht herausfordern, können wir unsere Tests umnormieren, sooft wir wollen – so wie es auch möglich ist, zu behaupten, unsere Kinder beherrschten das Lesen, auch wenn es gar nicht stimmt. Wir bezahlen unsere Selbsttäuschung mit dem Niedergang unserer nationalen Konkurrenzfähigkeit. Und zwar teuer; und immer teurer. Wir müssen unser Intelligenzniveau heben und nicht senken.

Intelligenz ist keine feste Größe

Intelligenz, ja sogar der IQ, ist beeinflußbar. Es gab eine Zeit, da glaubte man, Intelligenz sei eine feste Größe – daß wir mit einem bestimmten Quantum Intelligenz geboren werden und für den Rest unseres Lebens damit auskommen müssen. Heute sind viele, wenn nicht gar die meisten Intelligenzforscher der Überzeugung, daß sie beeinflußbar ist, durch vielfältige Formen der Intervention geformt, ja sogar gesteigert werden kann.[7] Das Head Start Program z.B. wurde 1960 als Möglichkeit ins Leben gerufen, die intellektuellen Fähigkeiten und Leistungen von Vorschulkindern anzuregen, wenn sie in die Schule kommen. Langzeitbeobachtungen haben gezeigt, daß die Teilnehmer an solchen Programmen den Vergleichsgruppen, die nicht am Programm teilgenommen hatten, um die Adoleszenzmitte mehr als eine Klasse voraus waren.[8] Die im Programm betreuten Kinder erzielten in verschiedenen Schulleistungstests höhere Testwerte, benötigten in der Regel weniger Betreuungs- und Hilfsmaßnahmen und waren weniger verhaltensauffällig. Obwohl es sich dabei nicht um Intelligenzmeßwerte im engeren Sinn handelt, bestehen doch starke Korrelationen zu konventionellen Intelligenztests. Einige neuere Programme haben auch außerhalb des familiären Umfeldes gewisse Erfolge verbucht. Das Abecedarian Project von Ramey und Campbell (1984, 1992) in North Carolina ist ein bemerkenswertes Beispiel dafür. Dort ist es gelungen, die intellektuellen Fähigkeiten von Schulkindern in verschiedenen Bereichen zu steigern.

Die Arbeit von Robert Bradley und Bettye Caldwell hat die Bedeutung des häuslichen Umfeldes für die Intelligenzentwicklung von Kleinkindern gezeigt. Die beiden Forscher haben herausgefunden, daß diverse Faktoren in der (vorschulischen) häuslichen Umgebung mit hohen IQ-Werten in Verbindung gebracht werden können: die Bereitschaft der primären Bezugsperson, emotional und verbal zu reagieren, die Anteilnahme dieser Person am Kind; das Vermeiden willkürlicher Einschränkungen und Strafen; die Gestaltung der Umgebung und gemeinsame Aktivitäten; angemessenes Spielzeug; vielfältige Anregungen im Alltag. Außerdem fanden Bradley und Caldwell heraus, daß diese Faktoren effektivere Prognosen über den IQ-Wert zuließen als sozioökonomische oder auch familienspezifische Variablen, wie etwa die Anzahl der Kinder.

In Fällen schwerer Deprivation ist die häusliche Umgebung von größter Bedeutung. Der im Iran tätige amerikanische Psychologe Wayne Dennis hat gezeigt, daß Kinder aus bestimmten iranischen Waisenhäusern, die im Alter von zwei Jahren noch nicht adoptiert worden waren, geistig größtenteils zurückblieben. Die adoptierten Kinder entwickelten sich geistig normal. Außer den Unterschieden bei der intellektuellen Stimulation und der Erziehung in der jeweiligen Umgebung gab es keine besondere Intervention. Wir sprechen hier über gravierende Unterschiede im Ausmaß von durchschnittlich 50 IQ-Punkten. Sie sehen also: Wenn die Bandbreite der Umgebungsmerkmale groß genug ist, kann Umgebung sehr wirkungsvoll sein. Selbst eine halbwegs normale Umgebung wird zum wirksamen Instrument für die Steigerung nicht nur des IQ, sondern vermutlich auch der übrigen Aspekte der Intelligenz.

Zu den eindrucksvollsten Trainingsprogrammen zur Förderung intellektueller Fertigkeiten gehörte das Project Odyssey. Es wurde in Venezuela ins Leben gerufen, als es dort ein Ministerium für Intelligenzentwicklung gab – ein in der Menschheitsgeschichte einzigartiges Unterfangen –, in dem sich eine ganze Regierungsbehörde mit der Verbesserung des menschlichen Verstandes befaßte.[9] Das Programm erfaßte eine Vielfalt an analytischen und kreativen Fähigkeiten und wurde mit großer Sorgfalt ausgewertet – auch letzteres in vorbildlicher Weise, da man vielfältige kognitive Messungen einsetzte, um den Erfolg des Programms zu dokumentieren. Die Ergebnisse wurden in einer einflußreichen psychologischen Fachzeitschrift veröffentlicht.

Ich erwähne das Programm besonders wegen der Autoren dieser mustergültigen Auswertung – es handelt sich dabei nämlich um Richard Herrnstein und Kollegen (Ray Nickerson, Margarita de Sanchez und John Swets). Die Studie war ein Ergebnis des Project Intelligence, welches sich zum Ziel gesetzt hatte, die intellektuellen

Fähigkeiten venezolanischer Schulkinder zu fördern. Herrnstein war es, der später in seinem Buch *The Bell Curve* alle Versuche der Intelligenzsteigerung als glatte Fehlschläge und Beispiele für vollmundige Behauptungen, die sich nie in konkreten Ergebnissen materialisiert hätten, bezeichnen sollte. In mancher Hinsicht ist es rätselhaft, wie der Co-Autor eines erfolgreichen Programms und federführende Autor von dessen Auswertung später zu dem Schluß kommen konnte, daß solche Programme zum Scheitern verurteilt sind. In manch anderer Hinsicht kann dies jedoch nicht überraschen. Viele wissenschaftliche Forschungsbereiche sind so sehr mit politischen Interessen verknüpft, daß ihre angeblich wissenschaftlichen Debatten in Wahrheit häufig politische Debatten sind. Die Intelligenzforschung gehört mit ziemlicher Sicherheit zu diesen Bereichen, besonders wenn es um Themen wie Modifizierbarkeit und Gruppenunterschiede geht. Politische Argumente kommen von der linken ebenso wie rechten Seite. Die Gefahr dieser Politisierung besteht darin, daß die wissenschaftlichen Fragen und Probleme bei einem solchen Lärm untergehen.

Wir müssen die tatsächliche Vermittlung intellektueller Fähigkeiten von routinehaften Testvorbereitungen unterscheiden. So gibt es z. B. eine ganze Reihe von Büchern und Kursen, mit deren Hilfe man seine Testwerte verbessern kann, weil sie Fragen und Aufgaben üben, die in bestimmten Tests zu erwarten sind. Daraus folgt jedoch nicht notwendig eine allgemeine Intelligenzsteigerung. Was wiederum nicht bedeutet, daß solche Bücher und Kurse nichts taugen. Meine Kinder kommen allmählich in das Alter, in dem sie den SAT absolvieren müssen. Ich habe beiden ein entsprechendes Vorbereitungsbuch gekauft und würde mich freuen, wenn sie einen entsprechenden Kurs besuchen würden. Dabei geht es mir nicht darum, ihre Intelligenz zu verbessern, sondern ihre Testwerte, damit sie eine Universität ihrer Wahl besuchen können. Im allgemeinen bringen solche Kurse kleine bis mäßige Verbesserungen in standardisierten Tests mit sich.[10] Menschen mit Erfolgsintelligenz sind nicht zwangsläufig gute Testpersonen, doch sie wissen, daß man gute Testwerte benötigt, um das Bildungssystem zu durchlaufen. Also tun sie ihr möglichstes, um ihre Testwerte zu maximieren, nicht wegen des Testgegenstandes, sondern wegen der (falschen) Bedeutung, die die Gesellschaft solchen Testwerten beimißt.

Gleichzeitig werfen diese Bücher und Kurse Fragen der Gerechtigkeit auf, denn nicht jeder verfügt über das Geld oder die nötige Zeit. Im allgemeinen befinden sich diese Menschen im Nachteil gegenüber jenen, die es sich leisten können. Darüber hinaus ist es unwahrscheinlich, daß die Probanden hinsichtlich Zeit und Geld für Bücher und Kurse anteilig die Gesamtbevölkerung repräsentieren. Viel wahrscheinlicher ist es, daß sie der Mittelschicht bzw. der oberen Mittelschicht angehören – und wieder einmal wirken sich die Tests überdurchschnittlich zugunsten jener aus, die ohnehin schon bessere Karten besitzen.

Dieses – nicht nur in bezug auf Tests, sondern auch auf andere Maßstäbe gesellschaftlichen Erfolgs – verbreitete Phänomen ist auch unter dem Namen Matthäus-Effekt bekannt. Es war Matthäus, der in der Bibel darauf hinwies, daß die Reichen für gewöhnlich immer reicher und die Armen immer ärmer werden. Er meinte das nicht nur in materiellem Sinne. Matthäus-Effekte bewirken meist eine zunehmende Polarisierung bei der Verteilung der gesellschaftlichen Ressourcen – was zur Zeit in den Vereinigten Staaten und in anderen Ländern zu beobachten ist – und wachsende Differenzen zwischen Besitzenden und Besitzlosen.

Merkwürdigerweise verkommen unsere Schulen – wenigstens auf der Highschool-Ebene – zunehmend zu reichgeschmückten Klassenzimmern für Testvorbereitungskurse. An einem Tag der offenen Tür besuchte ich die Englischklasse meiner Tochter, in der Definitionen schwieriger Wörter auswendig gelernt und danach abgehört wurden. Dieser Unterricht war eine nur dürftig getarnte Vorbereitungsstunde auf den SAT. Man kann schwerlich die Schulen allein dafür verantwortlich machen: Sie stehen sowohl seitens der Eltern wie auch des Schulbezirks unter dem Druck, ihre Testergebnisse zu verbessern. Dabei vergessen die Schüler dieses Vokabular meist, kurz nachdem sie es auswendig gelernt haben, weil es nie wirklich in ihr Bewußtsein gedrungen ist. Sie lernen diese Wörter nie wirklich zu gebrauchen und auf bereits erworbenes Wissen zu beziehen.

Eine unserer Studien galt einer alternativen Methode der Wortschatzerweiterung.[11] Anstatt die Schüler Wörter auswendig lernen zu lassen, zeigten wir ihnen in Lerngruppen, wie man Wortbedeutungen aus dem Kontext erschließt. Sie wurden mit einem unbekannten Wort in seinem natürlichen Kontext konfrontiert und sollten lernen, Hinweise aus dem Kontext zu finden, die auf die Bedeutung des Wortes schließen lassen. Wenn da also stand: »Die Mutter sah das Kind durch die Schwaden über dem Kochtopf hinweg an«, so galt es, jene Hinweise herauszuarbeiten, die der Bedeutung von »Schwaden« (Dampf oder Rauch) gerecht wurden. Es galt, in »Schwaden« etwas zu erkennen, das aus einem brodelnden Kochtopf aufsteigt, transparent ist und die Bedeutung »Dampf« oder »Rauch« nahelegt.

An unserer Studie nahmen zwei Kontrollgruppen teil. Eine Gruppe bekam die Übungen ohne Hilfen beim Erschließen der Wortbedeutungen aus dem Kontext – sie entsprachen in etwa den Übungen in einem Testvorbereitungskurs. Die zweite Kontrollgruppe bekam nichts – weder die Übungen noch den Unterricht. Danach verglichen wir die Leistung der Unterrichtsgruppe mit jener der beiden Kontrollgruppen und fanden, daß die Leistungsfähigkeit im Erschließen von Wortbedeutungen aus dem Kontext bei sämtlichen Mitgliedern der ersten Gruppe signifikanter gestiegen war als bei den Kontrollgruppen. Die beiden Kontrollgruppen unterschieden sich nicht. Mit anderen Worten: Üben allein nützt nicht viel.

Die Menschen müssen lernen, wie man Wortbedeutungen erschließt. Noch lange nachdem sie die Schule verlassen haben, werden diese Kinder anstelle einer Liste rasch wieder vergessener Wörter über Fertigkeiten verfügen, die sie zur Erweiterung ihres Wortschatzes einsetzen können. Will man Intelligenz fördern, muß man den Leuten beibringen, inhaltlich zu denken, anstatt nur auswendig zu lernen. Und aus dem vorliegenden Forschungsmaterial geht hervor, daß wir die Menschen tatsächlich lehren können, besser zu denken.[12] Solange wir aber am IQ und verwandten Tests als einzigem Instrumentarium für die Messung der Intelligenz festhalten, werden wir viele Kinder eben des Unterrichts und der Möglichkeiten berauben, die nötig sind, um ihre Intelligenz zu verbessern.

3
Was uns der IQ nicht verrät

Wie bereits erwähnt, könnten alle nur profitieren, wenn wir theoriegeleitete Intelligenztests benutzten. Was also ist Intelligenz? Wir müssen diese Frage früher oder später beantworten. Die Vertreter des Intelligenztestgeschäfts haben allerdings bisher eine ernsthafte Auseinandersetzung mit ihr geschickt vermieden.

Was die Experten meinen

Im Jahre 1921 baten die Herausgeber des *Journal of Educational Psychology* vierzehn bekannte Psychologen um ihre Definition von Intelligenz. Obgleich die Antworten unterschiedlich ausfielen, tauchten zwei Vorstellungen häufiger auf. Intelligenz sei die Fähigkeit, (1) aus Erfahrung zu lernen und (2) sich der Umwelt anzupassen. Beide Themen sind von großer Bedeutung: Die Fähigkeit, aus Erfahrungen zu lernen, impliziert unter anderem, daß auch gescheiten Menschen Fehler unterlaufen. Eigentlich sind wirklich gescheite Leute nicht diejenigen, die keine Fehler machen, sondern Menschen, die aus ihren Fehlern lernen und sie nicht ständig wiederholen.

Wenn unsere Schulen, wir selbst und unsere Kinder das nur endlich begreifen wollten! Die Forschung hat sich auch mit der Frage beschäftigt, welche Vorstellungen Kinder von Intelligenz haben. Dabei zeigte sich, daß man sie in der Regel einer von zwei Gruppen zuordnen kann:[1] Die sogenannten *Entitätstheoretiker* halten Intelligenz für eine mehr oder weniger feste Größe, die man in einem gewissen, immer gleichbleibenden Umfang besitzt. Man beweist seine Intelligenz, indem man einen »gescheiten« Eindruck macht. Man gibt immer die richtigen Antworten, in der der Schule und anderswo, und achtet darauf, keine Fehler zu machen. Problematisch ist an dieser Vorstellung, daß die Kinder vom eigentlichen Lernen abgehalten werden. Sie sind so sehr um einen guten Eindruck bemüht, daß sie nicht selten allen Herausforderungen aus dem Wege gehen und jede Antwort vermeiden, wenn sie sich dabei nicht ganz sicher fühlen. Im Gegensatz dazu glaubt die Gruppe der kindlichen *Zuwachstheoretiker,* daß die Intelligenz mit dem Lernen wächst. Also muß man lernen, soviel man kann, wobei Fehler zum Lernprozeß gehören. Erwartungsgemäß sind die Zuwachstheoretiker viel eher in der Lage, zu lernen und ihre Fähigkeiten zu verbessern, als die Entitätstheoretiker.

Auch die Anpassung an die Umwelt als zweite von den Experten genannte Fähigkeit ist von großer Wichtigkeit. Anpassung an die Umwelt bedeutet, daß intelligentes Verhalten über gute Testwerte oder Zensuren hinausgeht. Dazu gehört auch die Fähigkeit, zu wissen, wie man seinen Job bewältigt, mit anderen Menschen zurechtkommt und sein Leben sonst gestaltet.

Interessanterweise beschreiben die Experten in diesen Punkten eher die Erfolgsintelligenz als die statische Intelligenz. Leider kann man das den Tests, mit denen wir Intelligenz messen, nicht nachsagen. Sie messen z. B. nicht, wer durch Erfahrung lernt oder sich der Umwelt anzupassen versteht. Statt dessen konzentrieren sie sich auf akademisches Lernen und Adaptieren, was durchaus seinen Stellenwert hat, im Leben sonst jedoch keine zentrale Rolle spielt, insbesondere dann, wenn die Studenten ihre Lehranstalten in Richtung Arbeitswelt verlassen. Kein Wunder also, daß mir ein Verkäufer einmal sagte, es sei das Schicksal akademischer Koryphäen, von Studenten mit weniger guten Zensuren gemanagt zu werden.

Fünfundsechzig Jahre nach dem ersten Zeitschriften-Symposium haben wir vierundzwanzig verschiedene Fachleute um ihre Meinung über das Wesen der Intelligenz gebeten.[2] Lernen durch Erfahrung und Anpassung an die Umwelt wurden auch diesmal genannt. Allerdings legen die zeitgenössischen Experten mehr Gewicht auf die *Metakognition* – d. h. die Einsicht in die eigenen Denkprozesse und deren Kontrolle (wie etwa beim Problemlösen, Schlußfolgern und Entscheiden). Auch die Kulturabhängigkeit des Intelligenzbegriffs wird stärker betont, denn was in einer Kultur als intelligent gilt, kann eine andere durchaus als dumm bewerten. Was jedoch ausführlichere Intelligenztheorien anbelangt, so sind die Experten von einem Konsens nocht weit entfernt. Dasselbe gilt auch für die Frage, wie man Intelligenz untersuchen sollte. Die Testbetreiber verbreiten den Mythos, Psychologen meinten, testorientierte oder psychometrische Methoden könnten uns verraten, was Intelligenz sei. Betrachten Sie die Vielfalt der von Psychologen angewandten Methoden. Nur einige wenige psychometrische Theorien – die einem hier zunächst einfallen – konzentrieren sich auf den IQ. Und selbst diese erkennen die begrenzte Aussagekraft eines einzelnen IQ.

Die Psychometrik der Intelligenz

■

Das Testen von Intelligenz hat seinen Ursprung in einem psychometrischen, d. h. »Vermessungs-Modell« und basiert auf der Idee, daß wir mit Hilfe der Tests eine Art Landkarte des Verstandes erstellen können. In der ersten Hälfte des zwanzigsten Jahrhunderts waren Theorie und Forschung von der Vorstellung beherrscht, Intelligenz sei vermeßbar. Die Psychologen waren damals Forschungsreisende ebenso wie Kartographen, die in die innersten Regionen unseres Verstandes vorzudringen und sie graphisch darzustellen suchten. Wie alle Entdeckungsreisenden benötigten sie Instrumente. Das für die Intelligenzforschung unverzichtbare Instrument schien die *Faktorenanalyse* zu sein, eine statistische Methode und zugleich ein Modell, um ein Konstrukt – in diesem Falle die Intelligenz – in eine Reihe verschiedener hypothetischer Fähigkeiten zu zerlegen. Man nahm an, daß diese Fähigkeiten die

Grundlage für individuelle Unterschiede in der Testperformanz waren. Dabei wären die abgeleiteten spezifischen Faktoren selbstverständlich abhängig von den spezifischen Testfragen und der Aufgabenbewertung.

Der g-Faktor

Charles Spearman gilt als der Erfinder der Faktorenanalyse.[3] Faktorenanalytische Untersuchungen ließen ihn zu dem Schluß kommen, Intelligenz müsse einerseits als einzelner, allgemeiner Faktor *(g)*, der die Leistung in allen geistigen Fähigkeitstests bestimmt und durchdringt, verstanden werden sowie, andererseits, als eine Gruppe spezifischer Faktoren *(s)*, die jeweils nur an einem einzigen Testtyp beteiligt sind (z.B. bei arithmetischen Rechnungen). Für Spearman waren die spezifischen Faktoren wegen ihrer begrenzten Anwendungsmöglichkeiten nur von marginalem Interesse. Im allgemeinen Faktor sah er jedoch den Schlüssel zum Verständnis der Intelligenz. Er glaubte, daß der Faktor *g* aus den individuell unterschiedlichen geistigen Energiemengen abzuleiten sei.

Die simpel anmutende Intelligenztheorie möge Spearman verziehen sein. Schließlich hatte er die Faktorenanalyse gerade erst erfunden und war mit ihr noch nicht allzu gut vertraut. Außerdem mußte Anfang unseres Jahrhunderts die Faktorenanalyse »mit der Hand« erledigt werden. Heute sollte man es freilich besser wissen, denn wir haben inzwischen folgendes erkannt: Wenn man eine Faktorenanalyse durchführt und die Ergebnisse dieser Analyse als gegeben akzeptiert, erhält man immer einen allgemeinen Faktor, da dies in der Natur des statistischen Verfahrens liegt. Die Faktorenanalyse geht folgendermaßen vor: Sie nimmt zunächst die stärkste Quelle individueller Unterschiede und packt all diese Informationen in den ersten Faktor hinein. Danach nimmt sie die zweitstärkste Quelle individueller Unterschiede, packt sie in den zweiten Faktor usw. Der erste Faktor wird also immer der allgemeinste sein. Er kann stärker oder schwächer ausfallen, doch es gibt ihn.

Die Faktorenanalyse liefert uns eine Art Landkarte. Der Haken dabei besteht in der Tatsache, daß die erste Lösung bei einer Faktorenanalyse diejenige ist, die – unter einer potentiell unbegrenzten Anzahl möglicher Lösungen – den »allgemeinen Faktor« am höchsten bewertet. Wer also zu einer Vorstellung von Intelligenz als einzelner, einheitlicher Angelegenheit – ein *g* oder ein IQ – neigt, greift gerne auf die ersten Lösungen, als erstes Ergebnis von Faktorenanalysen, zurück. Es gibt jedoch unendlich viele Koordinatensysteme zur Identifikation von Fähigkeiten. Wenn sich die Vertreter der Einzelfaktortheorie unter allen möglichen Systemen genau für jenes entscheiden, das am besten zu ihrer Theorie paßt, so überrascht dies keineswegs.

Verflechtungen

Auch wenn man die Vorstellung von einem allgemeinen Intelligenzfaktor *g* akzeptiert, bedeutet das noch lange nicht, daß Intelligenz eine einzelne, einheitliche Sache ist, denn Tests können viele verschiedene Dinge messen. Angenommen, jeder einzelne Subtest (z. B. Wortschatz, verbale Ähnlichkeiten, arithmetische Probleme, Bildergänzung) verlangt eine bestimmte Gruppe von Fähigkeiten – z. B. Reize zu erkennen, sie zu verstehen, schriftlich darauf zu reagieren, rasch zu arbeiten und dergleichen mehr. All diese in sämtlichen Subtests verlangten Fähigkeiten erscheinen später im allgemeinen Faktor der Faktorenanalyse unter einem gemeinsamen Nenner. Man wird also schon aufgrund der statistischen Methode einen allgemeinen Faktor erhalten. Außerdem bekommt man ihn, weil die Methode Fähigkeiten, die in den Subtests einer bestimmten Testreihe verlangt werden, nicht voneinander unterscheidet. Wie der britische Psychologe Godfrey Thomson meint, ist der Faktor *g* daher weitgehend ein Konstrukt. Er repräsentiert eine große Zahl dessen, was Thomson Verflechtungen *(bonds)* nennt oder was man auch als die zahlreichen Fähigkeiten bezeichnen könnte, die der Intelligenz zugrunde liegen.

Primäre geistige Fähigkeiten

Vielleicht ist der allgemeine Faktor tatsächlich nur ein statistisches Artefakt, eine Schimäre. Einige Forscher behaupteten dies und vertraten die Ansicht, wonach der eigentliche Kern der Intelligenz nicht in einem einzelnen, sondern in mehreren Faktoren liege – sieben an der Zahl, wie Louis Thurstone, Psychologe an der University of Chicago, im Jahre 1938 meinte. Thurstone benutzte ein anderes Koordinatensystem als Spearmans g-Faktorenanalyse und nannte seine sieben Faktoren wie folgt: (1) *Wortverständnis:* wird in Wortschatztests gemessen; (2) *verbaler Fluß:* wird in Tests gemessen, bei denen der Proband innerhalb eines bestimmten Zeitraums möglichst viele Wörter nennen muß, die mit einem bestimmten Anfangsbuchstaben beginnen; (3) *logisches (induktives) Denken:* wird durch Analogien und Zahlenreihenergänzungen gemessen (z. B.: welche Zahl ist in der folgenden Zahlenreihe die nächste: 2, 5, 9, 15, ...?); (4) *räumliches Denken:* Bilder von Gegenständen müssen im Geiste rotiert werden; (5) *Rechenfähigkeit:* wird mittels Rechenaufgaben und einfacher mathematischer Problemlösungen getestet; (6) *Merkfähigkeit:* überprüft die Fähigkeit, sich an Bilder oder Worte zu erinnern; (7) *Wahrnehmungsgeschwindigkeit:* die Testperson muß kleine Unterschiede auf Bildern erkennen oder etwa sämtliche »a« in vorgegebenen Buchstabenreihen kennzeichnen.

Thurstone arbeitete eher mit Gruppen- als mit Einzeltests (wie z.B. dem Stanford-Binet- oder Wechsler-Test). Gruppentests sind nicht weniger problematisch als Einzeltests. Zum einen sind sie meist noch stärker geschwindigkeitsorientiert, d. h., sie begünstigen die Flinken, die nicht unbedingt auch gründlich sein müssen. Und häufig ist die Messung besagter Konstrukte ein wenig trivial. So ist z.B. die Fähigkeit, sich listenweise Wörter zu merken, möglicherweise nicht gerade der sinnvollste Gedächtnistest. Selbst bei dem reduzierten Gedächtnistraining, das zuweilen in der Schule praktiziert wird, fällt auf, daß die Schüler zumindest inhaltlich zusammenhängende Texte auswendig lernen müssen, und keine zusammenhanglosen Wortketten. Bei Zahlentests liegt das Hauptgewicht meist auf rechnerischen Fähigkeiten, deren Bedeutung für die Intelligenz im Alltagsleben sicher nicht mehr so groß ist, weil sie von elektronischen Rechnern übernommen werden. Und bei der Fortführung einer Zahlenreihe wird davon ausgegangen, daß es tatsächlich nur eine einzige richtige Möglichkeit gibt.

Betrachten wir eine Schwierigkeit bei Zahlenreihen am Beispiel des sogenannten 2,4,6-Problems.[4] Sie stellen jemandem folgende Aufgabe: Ich denke an ein bestimmtes Gesetz für eine Zahlenreihe. Die ersten drei Zahlen lauten 2, 4 und 6. Sie müssen nun herausfinden, wie die Regel lautet. Sie sagen mir eine Zahl, und ich sage Ihnen, ob sie sich in meiner Zahlenreihe befindet. Anhand dieses Problems läßt sich zeigen, was Bestätigungsvoreingenommenheit *(confirmation bias)* ist: Der Proband wird Zahlen angeben, die seiner Ausgangshypothese entsprechen. Da die meisten Menschen annehmen, das Gesetz der Zahlenreihe seien ansteigende gerade Zahlen, werden sie es mit Zahlen wie 8, 10, 12, 22 usw. versuchen. Sehr viel seltener werden Zahlen genannt, die ihre Ausgangshypothese widerlegen könnten, etwa 3, 7 oder 18 1/2. Sie hatten tatsächlich an eine Zahlenreihe aus ansteigenden ganzen Zahlen gedacht. Damit wäre jede ganze Zahl über 6 als nächste Zahl in der Reihe möglich gewesen. Wenn Sie allerdings in einem IQ-Test auf dieses Problem stoßen, tun Sie gut daran, als nächste Zahl die 8 anzugeben, sonst wird man Ihre Antwort als falsch werten. Es ist tatsächlich immer möglich, eine mathematische Funktion zu bilden, die jede beliebige Zahl als nächste in einer Sequenz erzeugt.[5]

Die Struktur des Intellekts

Das entgegengesetzte Extrem zu Spearmans g-Faktormodell ist ein Modell von J. P. Guilford, ehemals Psychologe an der University of Southern California. Sein Intelligenzstrukturmodell (structure of intellect, SOI) enthält 120 Bewußtseinsfaktoren. Nach Guilford läßt sich Intelligenz als Würfel darstellen, der die Überschneidung dreier Dimensionen repräsentiert: Operationen, Inhalte und Produkte. Operationen sind geistige Prozesse wie Erinnern, Kognition (von

Guilford als Verstehen definiert) und konvergente Produktion (die einzig »richtige« Lösung für ein Problem zu finden). Inhalte sind die bei einem Problem in Erscheinung tretenden Begriffsformen, z. b. semantische (Worte), symbolische (z. b. Zahlen), verhaltensmäßige (was die Menschen tun) und visuelle (Bilder). Produkte sind die geforderten Antwortformen wie Einheiten (z. b. einzelne Wörter, Zahlen oder Bilder), Klassen (z. b. Hierarchien) oder Relationen (z. b. John ist größer als Mary). In der neuesten Version seiner Theorie hat Guilford bis zu 150 Faktoren vorgeschlagen.[6]

Einige Psychologen meinen, das SOI-Modell sei wegen der großen Zahl der Faktoren zu komplex und unhandlich geworden. Wer kann schon 150 Faktoren messen? Außerdem hat sich gezeigt, daß Guilfords Methode zur Bestimmung seiner Faktoren ziemlich problematisch ist, wobei wieder einmal deutlich wird, wieviel Unsinn Psychologen hinter Zahlenwerken zu verstecken in der Lage sind. Guilford hat seine Daten so analysiert, daß sein Modell besser aussah, als es tatsächlich war. Unterdessen haben die Psychologen erkannt, daß Guilfords Daten seinem Modell eigentlich gar nicht entsprachen. Er wollte jedoch sicher niemanden bewußt hinters Licht führen, sondern erkannte einfach nicht die Mängel seiner hochspezialisierten Methoden. Akzeptieren Sie also niemals, was die Leute sagen, nur weil sie beeindruckende Statistiken vorzuweisen haben. Man muß mit Gewißheit davon ausgehen können, daß sie tatsächlich leisten, was sie auszusagen vorgeben.

Einen etwas sparsameren Umgang mit einer Reihe von Bewußtseinsfaktoren pflegen hierarchische Intelligenzmodelle. Bei einem dieser Modelle umfaßt die allgemeine Intelligenz zwei Hauptfaktoren: fluide und kristallisierte Intelligenz.[7] *Fluide Intelligenz* erfordert das Verstehen abstrakter und oft auch neuartiger Beziehungen, wie es im Test über induktives Schlußfolgern (in dem vom Besonderen auf das Allgemeine geschlossen wird) gefordert wird, z. b. durch Vervollständigen von Zahlenreihen und Analogiebildung. *Kristallisierte Intelligenz* steht für angesammeltes Wissen und wird z. b. in Wortschatztests und allgemeinen Wissenstests gemessen. Die beiden Hauptfaktoren enthalten weitere, spezifischere Subfaktoren. Sämtliche Intelligenzmodelle stellen Versuche von Theoretikern dar, die Grundlagen der Intelligenz zu vereinfachen und zu verstehen. Doch gerade aufgrund solcher Simplifizierungen werden manche Fragen nur ungenügend behandelt. Eine davon habe ich bereits bei den psychometrischen Modellen angesprochen. Die Faktorenanalyse als wichtigste Methode zur Identifikation verschiedener psychometrischer Theorien läßt eine unendliche Zahl unterschiedlicher Koordinatenachsen zu. Stellen Sie sich Längen- und Breitenlinien vor, und Sie werden feststellen, daß sie beliebig sind. Sie können in jede gewünschte Richtung gedreht werden, um das Koordinatensystem in einem Koordinatenraum zu verändern. Sie könnten z. b. diagonal zueinander liegen. Die Achsen müßten nicht einmal im rechten Winkel zueinander stehen, jeder Winkel wäre möglich, 30 Grad, 60 Grad, ganz nach Belieben. Keines der Achsenkreuze ist richtig oder falsch, keines mathematisch besser oder schlechter als das andere. Jede Achsenrotation ergibt eine etwas unterschiedliche psychometrische Intelligenztheorie. Dies bedeutet, daß die verschiedenen psychometrischen Intelligenztheorien, auf verschiedenen psychometrischen Rotationen beruhend, nicht als besser oder schlechter zum Datenkorpus passend bezeichnet werden können. Welch ein Durcheinander! All diese unterschiedlichen Theorien sind im großen und ganzen nichts weiter als verschiedene Transformationen desselben Datenkorpus. Mathematisch sind sie nicht voneinander zu unterscheiden.

Ein weiteres Problem mit den psychometrischen Theorien liegt in der Tatsache, daß die in ihnen spezifizierten Fähigkeiten anhand individueller Unterschiede zwischen Menschen bestimmt werden. Würde jeder die gleiche Wertung erreichen, könnte man überhaupt keine Fähigkeiten bestimmen. Mit anderen Worten: Stellen Sie sich vor, einhundert Personen unterziehen sich einem Intelligenztest und alle erreichen die gleiche oder annähernd gleiche Wertung. Die Methode der Faktorenanalyse wäre nicht imstande, irgendwelche Fähigkeiten festzustellen.

Die Identifizierung von Fähigkeiten sollte jedoch nicht von individuellen Unterschieden abhängig sein. Ein Beispiel: Angenommen, wir testen das Sprechvermögen von dreißig Schülern. Alle können sie sprechen. Aus dieser Erkenntnis würden wir jedoch nicht schließen wollen, daß Sprechenkönnen keine Fähigkeit sei, weil es keine individuellen Unterschiede gibt. Die Faktorenanalyse wäre allerdings gerade aus diesem Grund nicht in der Lage, darin eine Fähigkeit zu erkennen.

Von wenigen Ausnahmen abgesehen sagen die meisten psychometrischen Theorien wenig bis gar nichts über die *Prozesse* der Intelligenz aus. Was könnte uns daran interessieren? Hier sind einige Gründe: Angenommen, wir legen Jugendlichen – oder auch Erwachsenen – einen Test vor, in dem verbale Analogien zu suchen sind. Eine dieser Analogien lautet: »Sieben Dutzend und drei Jahre ist's her« : Lincoln :: »Ich bin kein Halunke« : (a) Washington, (b) Capone, (c) Harding, (d) Nixon, (e) Agnew. Für jemanden, der in den USA aufgewachsen und so alt ist wie ich, ist das eine relativ einfache Frage. Die meisten Angehörigen meiner Generation werden sich an die Worte Nixons erinnern, kurz bevor er das Präsidentenamt aufgab. Doch viele jüngere Menschen werden das Zitat nicht kennen, da sie in der Zeit nach Nixon aufgewachsen sind. Was sagt dies über verbale Analogien aus, und warum ist es wichtig?

Verbale Analogien sollen die Fähigkeit sprachlichen Schlußfolgerns messen. Doch im Grunde messen solche Analogietests vor allem Wissen. Vielleicht glauben Sie ja, daß Analogien wie die obengenannte in keinem Test vorkommen. Falls Sie je mit dem Miller Analogies Test konfrontiert wurden, wissen Sie, daß man für ein gutes Ergebnis mathematische und physikalische Formeln, historische Persönlichkeiten, gute Weine und dergleichen mehr kennen sollte. Und für die verbalen Analogien im SAT sollten Sie über einen sehr umfangreichen Wortschatz verfügen.

Eine Studie untersuchte die Beziehungen zwischen Analogien aus dem Miller Analogies Test und diversen Subtests in der Wechsler Adult Intelligence Scale.[8] Die stärkste Relation bestand nicht zu dem Test über verbale Ähnlichkeiten (verbal similarities), mit dem im Wechsler-Test sprachliches Schlußfolgern gemessen wird, sondern zu dem Wortschatztest nach Wechsler-Methode, und die zweitstärkste zum allgemeinen Wissenstest. Mit anderen Worten: Tests, die sprachliches Schlußfolgern messen sollen, sind im Grunde Wortschatz- und Allgemeinbildungstests.

Das ist insofern problematisch, als die Testauswerter höchstwahrscheinlich falsche Schlüsse ziehen. Ein Amerikaner asiatischer oder spanischer Abstammung, oder überhaupt jeder, dessen Muttersprache nicht Englisch ist oder der mit weniger Kontakt zur amerikanischen Sprache und Kultur aufwuchs, wird in solchen Tests offensichtlich benachteiligt sein, egal wie ausgeprägt seine Fähigkeit zur sprachlichen Schlußfolgerung sein mag. Wen wundert es also, daß sich weiße Angehörige der Mittel- bzw. oberen Mittelschicht bei solchen Tests, die ihnen quasi auf den Leib geschneidert sind, im Vorteil befinden. Da es aber auch hier unterschiedliche Hintergründe gibt, gilt dies wiederum nicht für alle. Nach ihren Testergebnissen beurteilt, werden diese Menschen vermutlich als ziemlich dumm erscheinen. Hätten wir es geschafft, die Prozesse sprachliches Schlußfolgern und Wortschatzwissen voneinander zu trennen, wären unsere Voraussetzungen für eine richtige Interpretation der Testergebnisse erheblich verbessert worden.

In manchen akademischen Kreisen gilt es schon fast als Binsenweisheit, daß sehr hohe Werte im Miller Analogies Test als negative Erfolgsprognose anzusehen sind, sogar auf der Graduate-School-Ebene. Da ich keine Studie kenne, die diese Hypothese überprüft hätte, handelt es sich vielleicht um einen Mythos. Allerdings wäre ich nicht überrascht, wenn sie sich bestätigen ließe. Die wandelnden Schatzkästlein unnützen Wissens erfüllen selten die Anforderungen der akademischen Welt, wo man große und wirkungsvolle Ideen zu schätzen weiß. Dieser Zugriff auf Bagatellinformationen, der sich in der Schule, beim Trivial Pursuit oder in Quizshows auszahlt, führt außerhalb dieser und einiger anderer begrenzter Sphären nicht sehr weit.

Es ist unglaublich, daß in Highschool- und College-Wettbewerben im Fernsehen, wie z.B. *College Bowl*, jene Art hirnlosen Ramschspeicherns belohnt wird, aus der irgendwann ein Denken hervorgeht, das für nichts anderes als eben solche Spiele taugt. Auch der National Geography Bee (Geographie-Wettbewerb), der National Spelling Bee (Buchstabierwettbewerb) und dergleichen Veranstaltungen mehr sind Beispiele jenes Stumpfsinns, für den wir unsere Kinder belohnen. Wie beeindruckend, wenn Kinder ein Wort buchstabieren können, das sie in ihrem Leben wahrscheinlich nie mehr hören oder gar gebrauchen werden! Und dann beklagen wir uns über das mangelnde Denkvermögen unserer Kinder. Am schlimmsten daran ist die Tatsache, daß es uns überrascht. Denkprozesse werden von uns nicht gemessen und meist auch nicht gelehrt oder belohnt.

Betrachten wir einen weiteren Fall, in dem es nützlich sein könnte, Prozesse voneinander zu trennen: das Messen von räumlichem Denken. Die Fähigkeit, räumlich zu denken, benötigt man, um Koffer im Kofferraum eines Autos zu verstauen. Aus unerfindlichen Gründen mögen Kofferräume bestimmte Menschen ganz besonders und scheinen sich bei ihnen auszudehnen, damit alle Koffer hineinpassen. Bei anderen jedoch – mich eingeschlossen – schrumpfen sie, so daß immer einige Koffer draußen bleiben. Kofferräume mögen micht anscheinend nicht.

Zugegeben, mein räumliches Denkvermögen ist nicht gerade das beste. Wie man sich denken kann, habe ich in jungen Jahren bei den entsprechenden Tests schrecklich versagt. Ich konnte mir einfach nicht bildlich vorstellen, wie man bestimmte Formen drehen oder Papier falten könnte, oder was immer der Test von mir verlangte. Ich war mir todsicher, daß ich diese Aufgaben nicht würde lösen können, ging zum Testtermin und erfüllte meine eigene Prophezeiung.

Als ich dann das Highschool-Alter erreicht hatte, war etwas Eigenartiges geschehen. Meine Testwerte im Bereich räumliches Denken waren rapide besser geworden. Ich war nicht mehr die Niete, der letzte Versager in der Kunst des Visualisierens. Jedenfalls schien es so. War mein räumliches Denkvermögen besser geworden? Nicht wirklich. Es hatte sich in den Jahren um keinen Deut verbessert. Ich hatte jedoch erkannt, daß viele Aufgaben in solchen Tests nicht nur bildlich, sondern auch sprachlich zu lösen waren. Anstatt also den Versuch zu unternehmen, mir vorzustellen, wie bestimmte Formen in einer anderen räumlichen Position aussähen, versuchte ich, das Problem mit mir selbst zu erörtern. Dann machte ich mich daran, meine sprachliche Beschreibung mit den angebotenen Lösungsmöglichkeiten in Übereinstimmung zu bringen. Ich habe nicht jede Frage richtig beantwortet, aber doch genug, um mich vom Testidioten zu einer Position über dem Durchschnitt zu bewegen. Die besseren Testwerte waren schön für mich, doch sie hätten auch unheilvolle Konsequenzen haben können. Angenommen, ich hätte auf der Grundlage dieser relativ hohen Testwerte im räumlichen Denken versucht, mich für einen Beruf zu entscheiden, oder ein Berufsberater hätte mir dabei geholfen. Leicht hätte ich in einem für mich völlig ungeeigneten Beruf landen können – Fluglotse zum Beispiel. Fluglotsen benötigen ein hohes Maß an räumlichem Denkvermögen, sonst haben sie ein Problem und mit ihnen Millionen von Menschen in den Flugzeugen, die sie überwachen. Angenommen, ich hätte beschlossen, Fluglotse zu werden, und den Test in räumlichem Denken absolviert und bestanden. Niemandem wäre wohl ein Gefallen getan worden, wenn ich dagesessen hätte, in ein Selbstgespräch darüber vertieft, was wohl passieren könnte, wenn die beiden kleinen Lichtpunkte auf meinem Kontrollschirm weiter aufeinander zurasten.

Dies ist ein weiteres gutes Beispiel dafür, daß konventionelle Begabungstests als Maßstab für Erfolgsintelligenz wahrscheinlich immer untauglich sein werden. Fragen Sie sich selbst, welche Fähigkeiten man braucht, um als Fluglotse oder in einem anderen komplexen Beruf erfolgreich zu sein. Und wenn Sie ehrlich sind, werden Sie feststellen, daß die konventionellen statischen Fähigkeiten dabei eine relativ geringfügige Rolle spielen. Räumliches Denkvermögen ist wichtig. Doch dasselbe gilt auch für Planung, Überwachung, Aufmerksamkeit, Konzentration, Flexibilität und eine ganze Reihe anderer Fähigkeiten. Ich wüßte nicht gerne mein Leben in den Händen eines Menschen, dessen einzige Eignung für den Beruf des Fluglotsen ein hoher Testwert bei einem konventionellen Multiple-Choice-Test ist.

Wir benötigen also eine Theorie und ein Meßinstrument, die uns nicht nur einen allgemeinen IQ, SAT-Wert oder dergleichen, sondern Werte für jene geistigen Prozesse an die Hand geben, die an der Lösung der Probleme in solchen Tests beteiligt sind. Die Theorien und Untersuchungen über Intelligenz und Informationsverarbeitung leisten das.

Informationsverarbeitung und Intelligenz

Die Forschung im Bereich Informationsverarbeitung sucht jene geistigen Prozesse zu erfassen, die der Intelligenz zugrunde liegen. Sie sieht das Bewußtsein ähnlich wie die Software eines Computers: Es nimmt Inputs an, transformiert und prozessiert sie und produziert dann die entsprechenden Outputs. Man hat verschiedene computationale Methoden und Ansätze zum Verständnis der Intelligenz entwickelt.* Einer dieser Ansätze arbeitet vor allem mit einfacher Informationsverarbeitung. Sie sitzen vor einer Apparatur mit einer Reihe kleiner Glühbirnen und einer Reihe von Knöpfchen. Jedes Knöpfchen ist mit einer Glühbirne verbunden. Ihr Finger liegt auf dem Knopf der Ausgangsposition direkt vor Ihnen. Sobald ein Licht aufleuchtet, müssen Sie es durch einen Druck auf den Knopf vor dem betreffenden Lämpchen ausschalten. Der Psychologe mißt zwei Reaktionszeiten: die Zeit, die Sie benötigen, um Ihren Finger vom ersten Knopf zu entfernen, und die Zeit, bis Sie den Knopf vor dem Lämpchen drücken.

Was hat eine derart einfache Aufgabe mit Intelligenz zu tun? Eine Reihe von Studien hat Korrelationen zwischen diesen beiden Reaktionszeiten und Intelligenztestwerten gefunden. [9] Welcher Meßwert weist nach Ihrer Schätzung die höhere Korrelation auf – (a) die Zeit, die Sie benötigen, um Ihren Finger vom Ausgangspunkt zu nehmen, oder (b) die Zeit bis zum richtigen Knopfdruck? Die richtige Antwort lautet: (a). Warum? Weil in dieser Reaktionszeit der geistige Prozeß stattzufinden scheint, der darüber entscheidet, wohin man den Finger bewegt, während bei der zweiten Reaktion eher gemessen wird, wie schnell Sie Ihren Finger zum richtigen Knopf bewegen können. Und wie hoch sind die Korrelationen? Auf einer Skala von 0 bis 1, in der 0 keine und 1 eine vollkommene Relation darstellt, liegt der Korrelationswert typischerweise bei 0,3. Das ist nicht hoch, doch mehr als nichts.

*(A. d. Ü.: Eine computationale Theorie der Wahrnehmung sieht z. B. das Erkennen von Objekten als Ergebnis verschiedenster Berechnungen unseres Gehirns.)

Was fangen wir nun mit dieser eher mysteriös anmutenden Korrelation zwischen zwei so unterschiedlich ermittelten Werten an? Dem einen liegt eine ganz einfache Aufgabe zugrunde, während der andere auf einen ziemlich schwierigen IQ-Test zurückgeht. Das hängt ganz davon ab, wem wir diese Frage stellen. Zum einen gibt es den Standpunkt, daß die sogenannte Entscheidungs-Reaktionszeit-Aufgabe (choice-reaction time task) irgendwie die Geschwindigkeit mißt, mit der Nervenzellen im menschlichen Körper Informationen übermitteln können.[10] So gesehen, wäre jemand um so intelligenter, je schneller die Informationsübertragung erfolgt. Ganz schön beeindruckend? Auch ganz schön weit hergeholt. Dabei gibt es andere, weniger interessante, aber viel plausiblere Erklärungen für diese Prozesse.

Erstens wird in IQ- und vergleichbaren Tests eine Zeitmessung vorgenommen. Dasselbe geschieht bei der Entscheidungs-Reaktionszeit-Aufgabe. Menschen, die in einem Aufgabenbereich schneller reagieren, werden das vermutlich auch in einem anderen tun. Einige dieser Korrelationen spiegeln daher vielleicht schlicht die Verarbeitungsgeschwindigkeit wider. Schnelle Menschen sind nun mal ... schnell. Sie sind deshalb nicht unbedingt gründlich, wahrnehmungsfähig, klug oder sonst etwas.

Zweitens: Je mehr *(forced-choice-)*Optionen der Proband bei solchen Reaktionszeit-Aufgaben hat – je mehr Glühlämpchen es gibt –, desto höher ist die Korrelation zwischen dem in dieser Aufgabe erzielten Wert und dem IQ. Mit der Erhöhung der Entscheidungsmöglichkeiten wird die Entscheidungs-Reaktionszeit-Aufgabe jedoch komplexer. Somit mag eine vergleichsweise simpel erscheinende Aufgabe gar nicht so einfach sein. Ich behaupte natürlich nicht, daß die Aufgabe außerordentlich schwierig ist, doch die Korrelation mit dem IQ ist schließlich auch nicht sehr hoch.

Und schließlich: Fast alles, was irgendeine Form kognitiver Verarbeitung erfordert, korreliert mit 0,3 zum IQ.[11] Tests haben die Tendenz, mit anderen gleichartigen Tests zu korrelieren. Wer in einem kognitiven Test gut abschneidet, tut dies gewöhnlich auch in anderen kognitiven Tests. Daran ist nichts Geheimnisvolles. Menschen, die mit einigen Leuten gut auskommen, neigen dazu, auch mit anderen gut auszukommen; Menschen, die unter bestimmten Umständen über eine gute Nachtsicht verfügen, haben sie meist auch unter anderen Bedingungen. Ein Korrelationswert von 0,3 bedeutet wirklich nicht viel, und ganz gewiß bedeutet er nicht, daß der Test in irgendeiner Form die Leitungsgeschwindigkeit in den Nervenzellen mißt.

Vielleicht haben Sie – ganz richtig – bemerkt, daß sich die Leute im Intelligenzgeschäft nicht sehr von Leuten in anderen Wirtschaftszweigen unterscheiden. Sie neigen dazu, die verfügbaren Daten in der für ihre eigenen Überzeugungen günstigsten Weise zu deuten. Immobilienmakler suchen gerne nach Anzeichen, daß die Zahl der Hausverkäufe steigt; Börsenmakler suchen gerne nach Hinweisen, daß die Aktien steigen. Und Intelligenzforscher suchen gerne nach Anhaltspunkten dafür, daß das Datenkorpus ihre Lieblingstheorie stützt. Unabhängig von ihrem Ruf sind Wissenschaftler eben auch nur Menschen. Und natürlich sind sie, wie jeder andere auch, darauf aus, sich den schützenden Mantel der Objektivität umzuhängen. Und manchmal tragen sie gar keinen Mantel.

Andere Vertreter der Informationsverarbeitungstheorie haben andere Aufgaben unter die Lupe genommen. Zum Beispiel: Beantworten Sie möglichst schnell die folgenden Fragen: Haben »A« und »A« dieselbe Buchstabenbezeichnung? Wie steht es mit »A« und »a«? Eine Reihe von Untersuchungen hat ergeben, daß die Zeit, die bis zur Beantwortung der ersten Frage gebraucht wird, minus der Zeit, die bis zur Beantwortung der zweiten Frage vergeht, sich als gutes Prognostikum für Intelligenztestwerte erweist, besonders bei sprachbezogenen Tests.[12] Demgemäß wäre die Geschwindigkeit, mit der sprachliche Informationen aus dem Gedächtnis abgerufen werden können, ein wesentlicher Aspekt der Intelligenz.

Betrachten Sie es einmal so: Wenn Sie diesen Text lesen, müssen Sie jeden Buchstaben und jedes Wort mit einer entsprechenden Vorstellung im Gedächtnis abgleichen. Gibt es keine Entsprechung, können Sie den Text nicht lesen. Die Unfähigkeit, zu lesen, kann nicht nur für einen selbst, sondern auch für andere von Nachteil sein: Als ich kürzlich von Los Angeles nach Washington, D. C., flog, sah ich im Flugzeug eine kleine Tafel mit der Aufschrift: »Wenn Sie in einer Türreihe sitzen und diese Karte nicht lesen können ..., teilen Sie dies bitte einem Mitglied der Bordbesatzung mit.« Das ist, als würde man jemanden mit lauter Stimme fragen, ob er taub ist. Glücklicherweise gab es auf diesem Flug keine Probleme.

Vielleicht sind Menschen, bei denen dieser Abgleich schnell vonstatten geht, gegenüber anderen im Vorteil, denn wenn sie im Laufe ihres Lebens Millionen von Wörtern lesen und pro Zeiteinheit mehr Informationen verarbeiten, sind sie eher in der Lage, mehr zu lernen, als diejenigen, die Informationen nicht so schnell verarbeiten. So gesehen, ergäbe ihre höhere Intelligenz einen Sinn, obwohl die Beziehung auch in diesem Fall recht dürftig ausfällt.

Daß solche simplen Aufgaben mit dem IQ korrelieren, spricht in den Augen vieler Theoretiker der Informationsverarbeitung für sie. Man versucht also möglichst hohe Korrelationen zum IQ zu erreichen. Ich sehe es aus der entgegengesetzten Perspektive – mit kümmerlichen Resultaten für den IQ. Wir müssen uns fragen, welche Bedeutung einer Maßzahl zukommt, die sich auf die Schnelligkeit bezieht, mit der jemand einen Knopf zu drücken imstande ist, wenn ein Licht aufleuchtet. Ich sage nicht, daß schnelle Reflexe und rasche Lösungen bei sehr einfachen Aufgaben in keinem Fall wichtig wären, doch für die Intelligenz spielen sie nun einmal nicht die entscheidende Rolle. Tatsächlich kommt es nur allzu häufig vor, daß man übereilt handelt und es später bereut. Ich glaube, die Botschaft lautet hier: Wenn wir den IQ messen, messen wir einen Aspekt der Intelligenz, doch mit großer Sicherheit keinen der bedeutsameren. Viele Menschen mit hohem IQ scheinen mit etwas behaftet zu sein, das man *Disrationalität* nennen könnte.[13] Sie haben hohe Testwerte, können aber offenbar nicht gut denken. Eine Menge sogenannter gescheiter Leute fallen z.B. auf politische Slogans, Werbebetrügereien und alle möglichen sinnlosen Argumente herein. Sind sie womöglich in ihrem rationalen Denken eingeschränkt?

Eigentlich sollten sich die Psychologen zu diesen Korrelationen zwischen einfachsten Aufgaben und IQ-Werten nicht beglückwünschen. Sie sollten sich lieber fragen, ob diese wie auch immer moderaten Korrelationen nicht als Anzeichen dafür zu verstehen sind, daß mit dem ganzen Unterfangen etwas nicht stimmt. Nach mei-

nen Erkenntnissen korreliert die Fähigkeit der Menschen, ganz alltägliche Denkprobleme zu lösen, nicht sehr hoch mit dem IQ. Nicht
weil alltägliche Denkprobleme etwas anderes als Intelligenz erfordern, sondern weil der IQ lediglich einen sehr kleinen Aspekt der
Intelligenz mißt. Doch sagt eine dieser zahlreichen Messungen etwas darüber aus, was tatsächlich im Inneren des Kopfes, auf der
Ebene der Gehirnfunktionen, vor sich geht? Einige Forscher sind
dieser Frage nachgegangen.

Biologie und Intelligenz

Intelligenz ist auch mit biologisch fundierten Methoden erforsch-
bar. Meist geht es darum, IQ-Testwerte zu Aspekten der Ge-
hirnfunktion in Beziehung zu setzen. Obwohl bislang ganz unterschiedliche Methoden zum Einsatz kamen, ist ein gemeinsames
Problem sofort erkennbar. Die biologischen Messungen werden an
IQ-Testwerten validiert, die im Grunde zweifelhaft sind. So könnten wir einen Meßwert, den wir nicht ganz verstehen, seinerseits
an einem Testwert messen, den wir fälschlicherweise zu verstehen
glauben.
Eine Methodengruppe basiert auf den Gehirnströmen, die mit Hilfe
von am Kopf fixierten Elektroden ein Elektroenzephalogramm
(EEG) übermitteln. Diese Elektroden stellen den Kontakt zwischen
dem Gehirn und einer Quelle her, die die Gehirntätigkeit in weit-
räumigen, elektronenreichen Gehirnbereichen zusammenfaßt und
aufzeichnet. Üblicherweise sitzen die Elektroden direkt auf der
Kopfhaut; manchmal werden aber auch Mikroelektroden direkt ins
Gehirn eingebracht. Die erstgenannte Technik wird beim Menschen
angewandt, letztere nur bei Tieren. In beiden Fällen kommt es auf
die kleinsten quantifizierbaren Fluktuationen elektrischer Aktivität
an. Zuweilen wird aus einem EEG eine Art Durchschnittswert errechnet, wodurch man sogenannte evozierte Potentiale (EPs) be-

kommt *(evoked potentials)*. Solche Meßwerte sind stabiler, eben weil es sich um Durchschnittswerte handelt, die nicht den bisweilen wilden Fluktuationen einzelner Gehirnströme unterliegen.

Wir wissen heute, daß komplexe Muster elektrischer Aktivität im Gehirn, hervorgerufen durch spezielle Reize, mit IQ-Testwerten korrelieren können.[14] In diesen Untersuchungen wird die Hirntätigkeit mittels evozierter Potentiale gemessen. Aus verschiedenen anderen Studien hat sich ergeben, daß die Leitungsgeschwindigkeit elektrochemischer Nervenimpulse im Körper positiv mit dem in konventionellen Intelligenztests gemessenen Intelligenzaspekt korreliert.[15] Die Wissenschaftler gehen allgemein davon aus, daß höhere Grade akademischer Intelligenz mit einer größeren neuralen Effizienz verbunden sind.

Die Annahme einer Beziehung zwischen Intelligenz und neuraler Effizienz erhält weitere Unterstützung durch Untersuchungen des Glukosemetabolismus im Gehirn. Glukose ist ein einfacher Zucker, der für die Gehirntätigkeit gebraucht wird. Die Forschung hat gezeigt, daß höhere akademische Intelligenz bei Problemlösungsaufgaben mit einem reduzierten Glukosemetabolismus korreliert.[16] Mit anderen Worten, Menschen mit gescheiteren Gehirnen verbrauchen beim Lösen von Problemen weniger Glukose. Außerdem hat man entdeckt, daß sich aufgrund des Lernprozesses bei einer relativ komplexen Aufgabe mit räumlichen Manipulationen, wie z.B. dem Computerspiel Tetris, die zerebrale Effizienz erhöht. Wenn sie es eine Zeitlang geübt haben, zeigt sich bei Menschen mit einer eher akademischen Intelligenz ein niedrigerer allgemeiner Zuckerumsatz; in bestimmten Bereichen des Gehirns ist der Zuckerumsatz allerdings höher, woraus man schließen könnte, daß die intelligenteren Probanden gelernt haben, ihr Gehirn auf effiziente Weise zu nutzen, so daß die Informationsverarbeitung in einen relativ kleinen Bereich des Gehirns verlegt werden konnte.

Die Forschungsergebnisse in diesem Bereich sind zweifellos beeindruckend und lassen auf eine Verbindung zwischen Intelligenz und der Informationsverarbeitung im Gehirn schließen. Doch wie könnte es anders sein? Selbst Psychologen, die die Untersuchung des Gehirns scheuen, würden vermutlich zugeben, daß es da irgendeine

Verbindung geben muß. Bei der Lektüre von Forschungsarbeiten sogenannter Verhaltensneurologen muß man sich allerdings drei wichtige Faktoren vor Augen halten.

Erstens: Die Ergebnisse müssen mit großer Vorsicht interpretiert werden. Dieser Forschungsbereich ist reich an erstaunlichen Entdeckungen, die später nicht wiederholt werden können – offensichtlich ein weitverbreitetes Phänomen. Im Jahre 1994 z. b. versuchten zwei Wissenschaftler erfolglos, Resultate über die Korrelation zwischen neuraler Leitungsgeschwindigkeit und Intelligenz zu wiederholen, die sie 1992 erzielt hatten.[17] Einige Forschungsergebnisse aus den achtziger Jahren, die spektakulär hohe Korrelationen zwischen EEG und Intelligenz erbracht haben, sind ebenfalls nie wiederholt worden.[18] Sie basierten auf einer geringen Anzahl von Fällen und einer recht untypischen Stichprobe mit z. b. unverhältnismäßig vielen Probanden, die einen sehr niedrigen bzw. sehr hohen IQ aufwiesen.

Zweitens kann man nicht automatisch davon ausgehen, daß biologische Phänomene Ursachen und nicht Wirkungen individueller Intelligenzunterschiede sind. Wir wissen z. B., daß Lernen strukturelle Veränderungen im Gehirn verursacht.[19] Wenn man neue Informationen aufnimmt, baut das Gehirn neue Neuronen und neue Verbindungen zwischen den bereits existierenden Neuronen auf. Diese Verbindungen sind das Ergebnis kognitiver Lernprozesse – nicht deren Ursache. Wir müssen uns daher die Möglichkeit offenhalten, daß ein Intelligenzzuwachs zu biologischen Veränderungen des Gehirns führen könnte. Mit anderen Worten, während wir verschiedene Aufgaben besser zu lösen lernen, beschleunigt sich unsere neurale Informationsverarbeitung, zumindest bei diesen Aufgaben.

Drittens: Biologische Theorien behandeln zwar eine wichtige (Funktions-)Ebene der Intelligenz, doch nicht die einzige. Stellen Sie sich ein Auto vor, das morgens nicht anspringt. Es gibt zahlreiche Ebenen, auf denen man zu verstehen versuchen könnte, warum das Auto nicht anspringt und was die notwendigen Konsequenzen wären. Sie könnten die Ereignisse auf der Ebene der Interaktion von Molekülen und elektrochemischen Reaktionen verstehen oder aber auf der Ebene von möglicherweise nicht funktionierenden Teilen des Autos (z. B. der Batterie oder des Anlassers) oder auf der Ebene aller Dinge, die Sie ohne Auto an diesem Tag nicht erledigen können. Es gibt nicht eine einzige,»richtige« Ebene des Verstehens. Die für Sie optimale Ebene wird typischerweise davon abhängen, welchen Zweck Sie bei der Analyse des Fehlstarts verfolgen. Falls Sie gerade ein Chemieseminar besuchen, mag die elektrochemische Analyse die richtige Ebene sein. Wenn es um die Frage geht, ob man vielleicht der Batterie auf die Sprünge helfen sollte, dann ist die Ebene der Autoteile vermutlich die richtige. Versucht man jedoch herauszufinden, wen man am besten anruft und bittet, die Termine an diesem Vormittag abzusagen, ist die Ebene zwischenmenschlicher Beziehungen relevant. Es gibt sehr viele Aspekte, unter denen ein Ereignis zu verstehen ist, doch es gibt keine Ebene, die allen Zwecken gleichermaßen dient. Vielmehr muß man entscheiden, welche Ebene angesichts der vorliegenden Umstände die richtige ist.

Dasselbe gilt natürlich auch für das biologische Intelligenzverständnis. Selbstverständlich wollen wir die elektrochemischen Reaktionen im Gehirn verstehen. Doch diese Reaktionen sind nicht die einzige Ebene, auf der wir Intelligenz verstehen können oder gar sollten. Und ganz gewiß sind sie nicht die Ebene, auf der wir der Erfolgsintelligenz näherkommen. Um z.B. einem Angestellten zu helfen, seine Produktivität zu steigern, oder um einem Kind beizubringen, wie es besser lernt, ist es vermutlich erfolgversprechender, wenn wir anstelle der elektrochemischen Reaktionen im Gehirn das Zeitmanagement des Angestellten und die kognitiven Lernstrategien des Kindes zu verstehen suchen. Darüber hinaus würden wir wahrscheinlich auch den organisatorischen, ja sogar den kulturellen Kontext verstehen wollen, in dem der Angestellte arbeitet oder das Kind lernt.

Intelligenz und Kultur

Die Forschung lehrt uns, daß verschiedene Kulturen auch verschiedene Vorstellungen von Intelligenz haben. Was in der einen Kultur als intelligent gilt, kann die andere als dumm ansehen, und umgekehrt. Ein Verhalten, das im einen Umfeld zum Erfolg führt, mag in einem anderen zum Scheitern verurteilt sein. Witze sind oft eine gute Möglichkeit, den Unterschieden zwischen den Kulturen auf die Spur zu kommen, vor allen Dingen, wenn darin die landeseigenen kulturellen Gepflogenheiten auf die Schippe genommen werden. Der folgende Witz wurde mir erzählt, als ich vor einer Gruppe von Professoren in Spanien einen Vortrag hielt: An einer Universität spricht ein Eilbote mit einem Päckchen für Professor Torres vor. Die Fakultätssekretärin teilt ihm mit, daß der Professor momentan nicht im Hause sei, doch in Kürze erwartet werde. Der Bote setzt sich, um zu warten. Er wartet eine Stunde, zwei Stunden, eine Woche, einen Monat, ein Jahr, zwei Jahre, ohne etwas zu sagen, denn er will niemanden stören. Nach drei Jahren schließlich wird er von der Fakultät zum Professor berufen.

Alle fanden diesen Witz wunderbar und wußten genau, was gemeint war. Will man an einer spanischen Universität Karriere machen, darf man nichts hören, nichts sagen und sich vor allem über nichts bei niemandem beklagen. Wenn man keinen Wirbel macht, keinem zu nahe tritt, hat man ausgesorgt. In Spanien ist das offenbar so. In den Vereinigten Staaten läuft das System völlig anders. Dort ist es sehr wichtig, viel zu veröffentlichen und sich einen Namen zu machen. Niemand kann es sich leisten, *nichts* zu sagen. Wie aus ernstzunehmenden Studien hervorgeht, entspricht den unterschiedlichen Witzen verschiedener Kulturen auch ein unterschiedliches Intelligenzverständnis.

Die Sprache, das kulturelle Erbe, die Bedürfnisse und Überzeugungen einer Gesellschaft verbinden sich zu einer der jeweiligen Kultur entsprechenden Intelligenzvorstellung. In einer Gesellschaft außerhalb des westlichen Kulturkreises mag diese nicht in sämtlichen

Aspekten mit einer westlichen Vorstellung von Intelligenz übereinstimmen. So kennen z. B. die in Sambia lebenden Chi-Chewas den Begriff *nzelu*, der dem westlichen Intelligenzbegriff zwar ähnelt, in entscheidenden Punkten jedoch von ihm abweicht.[20] Während der westliche Intelligenzbegriff eine kognitive Orientierung aufweist, scheinen in *nzelu* Weisheit, Klugheit und Verantwortung innerhalb der sambischen Kultur eingeschlossen. Im Vergleich zu Kindern, die in einer westlich geprägten Kultur aufwachsen, lernen sambische Kinder eine umfassendere Vorstellung von Intelligenz zu schätzen. Man kann davon ausgehen, daß sie ein breiteres Repertoire an Verhaltensweisen an den Tag legen, die innerhalb ihrer Kultur als intelligent gelten.[21]

Die für die Erfolgsintelligenz erforderlichen mentalen Fähigkeiten dürften von Kultur zu Kultur verschieden sein. Daher empfinde ich ein gewisses Unbehagen bei jeder Theorie, die einen festgelegten Komplex geistiger Fähigkeiten mit quasi universaler Bedeutung auszumachen versucht. Die Fähigkeiten, die man braucht, um lesen oder schreiben zu lernen – und denen in unserer Kultur so große Bedeutung zukommt –, spielen in Gesellschaften ohne Schriftkultur keine besonders große Rolle. Dagegen kann die Fähigkeit, mit dem Auge sehr feine Unterschiede wahrzunehmen – in unserer Kultur nicht gerade besonders wichtig –, über Leben und Tod entscheiden, wenn ein gut getarnter, von seinem Hintergrund kaum unterscheidbarer Räuber uns anzugreifen droht.

Eine Studie über die IQs in einer Einwandererpopulation von Italoamerikanern liefert ein näherliegendes Beispiel für die Auswirkungen kultureller Unterschiede auf die Intelligenz, insbesondere auf Intelligenztests.[22] Vor weniger als hundert Jahren hatten Kinder italoamerikanischer Abstammung in der ersten Generation einen mittleren IQ von 87 (unterer Durchschnitt), selbst in nonverbalen Tests und unter Berücksichtigung typisch amerikanischer Einstellungen. Sozialwissenschaftler und Psychologen führten damals Vererbung und andere umweltunabhängige Faktoren als Ursachen für diese niedrigen IQs an – wie sie das für andere Minderheiten noch heute tun.

Henry Goddard z. B., seinerzeit der führende Forscher auf die-

sem Gebiet, erklärte 79 Prozent der italienischen Einwanderer
für »schwachsinnig« (etwa 80 Prozent der eingewanderten Ungarn
und Russen waren seiner Ansicht nach ähnlich geistig minderbemittelt).[23] Er behauptete, dieses Intelligenzdefizit gehe mit morali-
scher Verkommenheit einher, und empfahl, sämtliche Einwanderer
einem Intelligenztest zu unterziehen und allen, die unter diesem
Standard lägen, die Einwanderungsbewilligung in die Vereinigten
Staaten zu verweigern. Steven Ceci hat jedoch festgestellt, daß die
IQs der nachfolgenden Generationen von Italoamerikanern etwas
über dem Durchschnitt lagen; auch bei den übrigen von Goddard
verunglimpften Immigrantengruppen hat sich eine merkliche Steigerung des IQ ergeben.[24] Selbst die überzeugtesten Anhänger der
Vererbungstheorie würden eine derartige Steigerungsrate innerhalb
so weniger Generationen wahrscheinlich nicht der Vererbung zu-
schreiben. Kulturelle Assimilation und integrative Erziehung geben
eine sehr viel plausiblere Erklärung dafür ab.

Vielleicht wird nun deutlich, warum es so schwierig – man könnte
sogar sagen, unmöglich – ist, Tests zu entwickeln, die tatsächlich
kulturfair – d. h. für Angehörige aller Kulturen gleichermaßen angemessen und fair – genannt werden dürfen. Wenn verschiedene
Kulturen unterschiedliche Vorstellungen von Intelligenz und intel-
ligentem Verhalten haben, dann sollten solche Tests zumindest von
Angehörigen der eigenen Kultur entwickelt werden.

Und doch arbeiten einige Intelligenztest-Autoren und -Verleger mit
dem Begriff *kulturfair*, weil sie meinen, solange man ausschließlich
geometrische Figuren benutze, sei nicht nur der Test nonverbal (und
somit von Sprache unbeeinflußt), sondern es werde auch ausge-
schlossen, daß eine Kultur bevorzugt bzw. benachteiligt wird.[25] So
gilt etwa der Raven Progressive Matrices Test, der ausschließlich auf
geometrischen Formen beruht, bei manchen Psychologen als kulturfair.

Aber sind denn die Menschen aller Kulturen gleichermaßen mit geometrischen Formen vertraut? Offensichtlich nicht. Selbst diejenigen,
die Tests wie den Raven für kulturfair halten, geben heute zu, daß
die kulturellen Unterschiede in bezug auf geometrische Tests größer
sind als in sprachspezifischen Tests.[26] Menschen ohne westlich ge-

prägte Ausbildung, die in der Schule nicht wie andere geometrische Begriffe in regelrechten Geometriekursen erlernt haben, sind ganz offenkundig im Nachteil, wenn in einem Test Schlußfolgerungen aus geometrischen Konstruktionen erwartet werden. Solche Konstruktionen, mit denen Schüler aus dem westlichen Kulturkreis vertraut sind, könnten Kindern und auch Erwachsenen ohne Schulbildung westlicher Prägung ziemlich sinnlos erscheinen.

Allerdings sind die kulturellen Unterschiede nicht auf geometrische Begriffe beschränkt. Betrachten wir z. B. die Vorstellung der raschen Auffassungsgabe. In der amerikanischen Kultur assoziiert man Schnelligkeit meist mit Intelligenz. Wenn jemandem bescheinigt wird, er sei »quick«, so bedeutet dies meist, daß er intelligent ist. In der Tat unterliegt ein Großteil der Gruppenintelligenztests strikten zeitlichen Vorgaben, was viele von uns schon schmerzhaft erfahren mußten. Bei meiner Graduate Record Examination (GRE) im College-Abschlußsemester befand ich mich plötzlich in der unangenehmen Lage, nach Ablauf der dafür vorgesehenen Zeit noch nicht alle Items im ersten Sprachteil des Tests erledigt zu haben. Ich war zu diesem Zeitpunkt beileibe kein Test-Neuling mehr. Einen Sommer lang hatte ich bei der Psychological Corporation, einem der großen Testverlage, gearbeitet und ein anderes Mal beim Educational Testing Service, dem Hersteller des Tests, vor dem ich gerade saß, ja ich hatte damals sogar schon meinen eigenen Intelligenztest entwickelt. Doch da saß ich nun: Es war mir klar, daß ich die meisten, wenn nicht alle fehlenden Aufgaben richtig würde beantworten können, wenn man mir nur Zeit dazu ließe. Aber das tat man natürlich nicht.

Ich hatte zwei nicht eben befriedigende Alternativen. Die erste war, die Aufgaben nicht zu beantworten, sie mir als falsch anrechnen zu lassen und einen schlechteren Testwert hinzunehmen. Die zweite Alternative bestand darin, mir nach dem folgenden Mathematiktest den Sprachteil noch einmal vorzunehmen. Die Gesamttestzeit bliebe davon unberührt. Ich würde einfach Zeit vom Mathe-Test wegnehmen, um am Sprachtest weiterzuarbeiten. Allerdings durfte in diesem Test die Reihenfolge der Subtests nicht verändert werden, was in anderen Tests durchaus möglich war. Ich saß in der Klemme. Zurückzugehen wäre Betrug gewesen. Ich werde Ihnen natürlich nicht sagen, was ich getan habe, doch meine Punkte im Sprachtest waren ziemlich gut, und im Mathetest auch!

In vielen Kulturen der Welt gehört Schnelligkeit nicht zu den vorrangigen Eigenschaften eines intelligenten Menschen. Vielleicht denkt man dort, daß intelligente Menschen nichts überstürzen. Ein führender Psychometriker hat Intelligenz sogar einmal als die Fähigkeit definiert, eine instinktive Reaktion zurückzuhalten.[27] Ironischerweise gehörten seine Intelligenztests zu denen mit den striktesten Zeitbegrenzungen.

Viele von uns waren, im Beruf oder im Alltag, schon in Situationen, in denen kulturelle Unterschiede Auswirkungen auf das haben, was als intelligent gilt. Amerikaner z. B. lieben Fastfood. Dafür mag es viele Gründe geben, die Qualität der Nahrung oder der appetitanregende Geruch gehören allerdings nicht dazu. Auch nicht die gesundheitsfördernden Eigenschaften. Aber es geht schnell, und das schätzen wir. Schließlich dauert die durchschnittliche Mittagspause nicht länger als eine halbe bis ganze Stunde.

In den Mittelmeerländern ist das ganz anders. Dort dauert die Mittagspause nicht selten zweieinhalb bis drei Stunden. Sogar die Geschäfte sind während dieser Zeit geschlossen. Oft sind die Menschen sogar verärgert und gekränkt, wenn man versucht, das Essen möglichst schnell hinter sich zu bringen, weil sie annehmen, daß man ihre Gesellschaft nicht schätzt. Diese Länder erleiden deswegen keine großen Umsatzeinbußen: Die Läden und Büros bleiben abends länger geöffnet als die meisten bei uns, so daß der Arbeitstag nicht kürzer ist. Doch was der amerikanische Arbeitnehmer als Zeitverschwendung betrachten würde, ist für viele Menschen im Mittelmeerraum eine wichtige Gelegenheit, mit ihrer Familie und mit Freunden zusammenzusein.

Auch in vielen lateinamerikanischen Ländern überwiegt diese Einstellung. Ich nahm einmal an einer Konferenz in Venezuela teil, die um acht Uhr morgens beginnen sollte. Die amerikanische Gruppe war ein wenig verärgert über diese frühe Anfangszeit, denn alle waren müde von der langen Anreise am Vortag. Da wir aber einen guten Eindruck bei den Gastgebern hinterlassen wollten, kamen wir pünktlich. Die lateinamerikanischen Kongreßteilnehmer – sie stellten die überwiegende Mehrheit – waren zu dieser Stunde jedoch nicht da, und als sie sich so gegen neun Uhr allmählich einfanden, nahmen sie mit einer gewissen Ungläubigkeit zur Kenntnis, daß wir über eine Stunde damit vergeudet hatten, auf den Beginn der Konferenz zu warten, wo man die Zeit doch so viel produktiver hätte nutzen können. Wenn man viel in fremde Länder reist, lernt man entweder rasch, daß sich Flexibilität in der Einschätzung intelligenten Verhaltens auszahlt, oder man wird schnell frustriert.

Natürlich müssen wir anerkennen, daß unsere eigenen Zeitvorstellungen und ihr Verhältnis zur Intelligenz viel flexibler, man könnte sogar sagen: vernünftiger sind, als sie auf den ersten Blick erscheinen. Wenn Sie sagen, Sie hätten fünfzehn Sekunden lang sorgfältig nachgedacht und dann beschlossen, Ihren jetzigen Partner zu heiraten, einen bestimmten Job anzunehmen oder ein bestimmtes Haus zu kaufen, wird man Sie vermutlich nicht für besonders intelligent halten. Selbst wir Amerikaner wissen, daß es nicht immer schlau ist, schnell oder pünktlich zu sein. Das hängt ganz von der Situation ab. Vielleicht beginnen wir unsere Konferenzen pünktlich, aber wären unsere Gastgeber bei einer Dinnereinladung darüber glücklich, wenn wir auf die Minute pünktlich kämen oder, noch schlimmer, zu früh?

Mitunter gibt es Systeme, die uns sinnlos erscheinen, die im intellektuellen Kontext einer bestimmten Kultur jedoch sinnvoll werden. Ein Beispiel: In der Türkei spielen die Testergebnisse aus objektiven Tests eine viel größere Rolle als in den Vereinigten Staaten. In der fünften Klasse – mit der die Schulpflicht endet – müssen Schüler, die auf eine Privatschule oder eine öffentliche Eliteschule wechseln wollen, einen Test absolvieren. Vom Ergebnis dieses Tests, der üblicherweise im Alter von zehn Jahren gemacht wird, hängt nicht nur die Zulassung zur gewünschten Schule, sondern die gesamte Zukunft des Schülers ab. Schüler, die nicht zu einer dieser Schulen zugelassen werden, müssen entweder ihre Schulzeit beenden oder eine der öffentlichen Schulen besuchen, die von zweifelhafter Qualität sind.

Das große Gewicht, das dem Test beigemessen wird, erscheint auf den ersten Blick unbegreiflich und falsch. Wissen diese Leute nichts über Testfehler und Testangst und die zahlreichen anderen Faktoren, die die Testergebnisse beeinflussen können? Wie ist ein so unpassendes, rigides System überhaupt möglich? Tatsächlich scheint es mir immer noch rigide, auch wenn man durch Nachfragen klüger wird.

Bei uns heißt es manchmal, ausschlaggebend sei nicht, was man weiß, sondern wen man kennt. Doch das ist nur teilweise richtig. Bei der Zulassung zu privaten Lehranstalten und Colleges wird durch Zensuren, Testwerte, Empfehlungsschreiben und ähnliches mehr garantiert, daß das System, trotz aller Mängel, die Qualifikation des Studenten zugrunde legt. In der Türkei, wie in vielen Ländern des Nahen Ostens, spielen Beziehungen allerdings eine sehr viel wichtigere Rolle als in den Vereinigten Staaten. Viele Entscheidungen werden ausschließlich auf der Grundlage von Beziehungen getroffen.

Warum kommt einem Multiple-Choice-Test so große Bedeutung zu? Nun, er ist ein probates Mittel im Umgang mit dem Problem der Protektion. Ohne diese Tests wären alle anderen verfügbaren Meßwerte zum größten Teil korrumpiert. Noten sind mit Beziehungen zu beeinflussen, ebenso wie Empfehlungsschreiben, selbst wenn sie von Lehrern und Universitätsprofessoren stammen. So funktioniert das System. Die zentrale Bedeutung objektiver Tests gewährt begabten Schülern ohne Beziehungen einen Zugang zu Bildungsinstitutionen, der ihnen sonst vermutlich verwehrt wäre. Multiple-choice-Tests sind miserable Meßinstrumente für Erfolgsintelligenz, doch Protektion ist noch viel schlechter.

Die Psychologen sind sich nicht einig darüber, wie sehr kulturelle Unterschiede bei der Intelligenzanalyse berücksichtigt werden sollten. Es gibt z.B. auch Vertreter eines extremen Kulturrelativismus[28], die meinen, als Grundlage für eine valide Beschreibung und Beurteilung psychischer Phänomene wie etwa Intelligenz kämen ausschließlich indigene Vorstellungen von kognitiver Kompetenz in Frage. Radikale Kulturrelativisten glauben, daß einem westlich geprägten Intelligenzbegriff keine Allgemeingültigkeit zukomme, weil Intelligenz in jeder Kultur eine andere Bedeutung beizumessen sei.

Wir sollten daher versuchen zu verstehen, was innerhalb einer bestimmten Kultur Intelligenz konstituiert. Möglicherweise läßt sich nicht nur unser Intelligenzbegriff, sondern auch unsere Vorstellung vom Testen nicht auf alle Kulturen übertragen. Ein Angehöriger der Maya-Kultur würde in einem Test vermutlich schon deshalb versagen, weil er nicht einmal unsere Grundannahmen über den Testvorgang teilt.[29] Daß man ihm eine Frage stellt, deren Antwort dem Fragenden offensichtlich bekannt ist, würde ihn verwirren. Er würde sich fragen, warum einer nach etwas fragt, was er bereits weiß. Außerdem wird er nicht verstehen, warum er keine Familienangehörigen zu Rate ziehen darf, wenn er die Lösung eines Problems nicht kennt. Schließlich zielt doch jede Frage darauf ab, eine Antwort zu finden. Was in unserer hochindividualisierten Kultur als Betrug erscheinen mag, ist in seiner kollektiven Kultur der einzig wirklich sinnvolle Weg.

Zuweilen sind wir uns der Voraussetzungen beim Testen so sicher, daß wir ihre möglichen Auswirkungen auf die Testpersonen nicht in Betracht ziehen. Dieser Fehler ist mir schon selbst unterlaufen. In einer Studie über abstraktes Denken mit Hilfe von Analogien testeten wir vor einigen Jahren Kinder der zweiten, vierten und sechsten Klasse sowie Erwachsene mit Hilfe von Bildanalogietests.[30] Die Zweitkläßler schnitten am schlechtesten ab, die Viertkläßler etwas besser, die Sechstkläßler noch besser, und am allerbesten die Erwachsenen. Das war keine große Überraschung. Wir hätten es dabei bewenden lassen und die reichlich langweiligen Ergebnisse veröffentlichen können. Aber ich beschloß, mir die Daten genauer anzusehen, und fand zu meinem Erstaunen heraus, daß eine ganze Reihe von Zweitkläßlern keine einzige Frage richtig beantwortet hatte. Da die Test-Items nur zwei Wahlmöglichkeiten anboten, hätte die Zufallstrefferrate 50 Prozent betragen. Offensichtlich stimmte da irgend etwas nicht.

Ich nahm mir die Testunterlagen der betreffenden Kinder vor. Sie hatten alle entweder den ersten oder zweiten Begriff in der Aufgabenstellung angekreuzt. Mit anderen Worten, statt der Antworten hatten sie Teile der Frage angekreuzt. Warum? Die Lösung war gar nicht so kompliziert. Der Test war an einer jüdischen Tagesschule durchgeführt worden, in der vormittags auf englisch und nachmittags auf hebräisch unterrichtet wurde. Da der Test am Nachmittag stattfand, fiel er in die Zeit, in der die Schüler gewöhnlich Hebräisch lernten, d. h. von rechts nach links lasen. Einige der Zweitkläßler hatten tatsächlich von rechts nach links gelesen, mit katastrophalen Folgen für ihre Testwerte. Hätten wir uns die Testunterlagen nicht angesehen, wüßten wir bis heute nicht, was schiefgelaufen war. Wesentlich ist, daß wir beim Testen nicht sehr viel als gegeben voraussetzen sollten, nicht einmal die Tatsache, daß die normale Leserichtung von links nach rechts verläuft.

Wir sollten uns darüber im klaren sein, daß Kultur und, was noch wichtiger ist, Akkulturation, die Übernahme von kulturspezifischen Gepflogenheiten im allgemeinen und der westlichen Kultur im besonderen, für gute Leistungen in konventionellen IQ-Tests von entscheidender Bedeutung sind. In der Tat hat man herausgefunden, daß das beste Prognostikum für den IQ eines Erwachsenen nicht der IQ der Eltern, ihre Einkommensgruppe, die soziale Schicht oder sonst eine der zu erwartenden Variablen ist[31], sondern die Zahl der Schuljahre, insbesondere jener mit westlich geprägtem Unterricht. Dies sollte allen zu denken geben, die bezweifeln, daß Intelligenz, ja sogar konventionelle Intelligenz, gelehrt werden kann. In mancher Hinsicht ist dieser Befund gar nicht so überraschend. IQ-Tests messen häufig Leistung, doch handelt es sich dabei um eine Lernleistung, die die Menschen einige Jahre vor dem Test erbracht haben sollten.

In konventionellen Tests ist eine Trennung von Intelligenz und Leistung praktisch nicht möglich, da Intelligenz an erworbenen Kompetenzen gemessen wird. Bei einem streng biologischen Ansatz wird diese Tatsache nicht berücksichtigt.

Ein kulturfairer Test ist zwar kein realistisches Ziel, ein *kulturrelevanter* Test aber schon. Solch ein Test verlangt Fertigkeiten und Wissen, die mit den kulturspezifischen Erfahrungen des Probanden zu tun haben. Kulturrelevante Tests gehen von einer bestimmten kulturabhängigen Intelligenzdefinition aus, die z.B. das Gedächtnis und andere Aspekte der Informationsverarbeitung mit einschließt, doch sie benutzen Inhalt und Verfahrensweisen, die für eine Intelligenzmessung entsprechend dem durch die jeweilige Kultur zugrunde gelegten Intelligenzbegriff relevant sind. Die Entwicklung solcher Tests erfordert Kreativität und eine gewisse Anstrengung, aber sie ist wahrscheinlich nicht unmöglich. So zeigte etwa eine Untersuchung des Erinnerungsvermögens (ein Aspekt der Intelligenz, wie sie die westliche Kultur definiert) in der amerikanischen und der marokkanischen Kultur[32] eine Abhängigkeit der Gedächtnisleistung vom Inhalt des Erinnerten. Dabei wurden kulturrelevante Inhalte sehr viel effektiver erinnert als kulturirrelevante – so konnten etwa marokkanische Teppichhändler komplexe visuelle Muster auf Schwarzweißfotografien von Orientteppichen sehr viel besser behalten. Des weiteren ergab sich, daß bei Tests, die nicht darauf angelegt sind, die Auswirkungen von Kulturunterschieden zu minimieren, die kulturspezifischen Unterschiede in der Gedächtnisleistung auf bereits vorhandenes Wissen und den Einsatz von Metastrategien (u.a. das Wissen der Menschen über ihr Gedächtnis) zurückzuführen sein dürften und nicht auf tatsächliche strukturelle Gedächtnisunterschiede – wie z.b. die Anzahl der Wörter, an die man sich erinnern kann, und wie schnell man sie vergißt. Kurz und gut, offenbar muß man, um einen Test kulturrelevant zu machen, sehr viel mehr tun, als nur spezifische sprachliche Verständnisbarrieren zu beseitigen.

Vergleichbare kontextbedingte Effekte lassen sich anhand der Leistungen von Kindern und Erwachsenen bei vielerlei Aufgaben zeigen.[33] Der *soziale Kontext* (z. B. wird eine Aufgabe als männlich oder weiblich betrachtet), der *mentale Kontext* (z. B. ob man sich ein Haus genauer ansieht, um es zu kaufen oder weil man einen Einbruch plant) und der *physische Kontext* (wird die Aufgabe am Strand oder in einem Testlabor gestellt) – alles wirkt sich auf die Leistung aus. Vierzehnjährige Jungen z.b. kamen mit einer Aufgabe, bei der es um einen Napfkuchen ging, nicht sehr gut zurecht, was sich rasch änderte, als man derselben Aufgabe einen Batteriewechsel zugrunde legte.[34] Kinder konnten ein Videospiel viel besser spielen, wenn man ihnen sagte, es handle sich um die Flugbahnen von Schmetterlingen statt um die Bewegungen abstrakter geometrischer Objekte. Und brasilianische Hausmädchen hatten keine Probleme mit proportionalen Schlußfolgerungen, wenn es dabei um den Einkauf von Lebensmitteln ging, während sie beim hypothetischen Einkauf von Heilkräutern Schwierigkeiten bekamen.[35] Diese lange Diskussion kultureller Fragen führt zu einem einzigen Ergebnis. Intelligenz ist als adaptives Verhalten außerhalb ihres kulturellen Kontextes nicht zu verstehen. Und noch einmal: Was innerhalb einer Kultur als klug gelten mag, wird einer anderen Kultur möglicherweise dumm erscheinen, und umgekehrt. Könnten wir freilich das Studium der Kultur mit dem Studium der Biologie verbinden, wären wir dem wahren Verständnis der Intelligenz möglicherweise einen Schritt näher gekommen. Es gibt einige Forscher, die es versucht haben.

Die Verbindung von Biologie und Kultur

Theorien, die den kulturellen Kontext reflektieren, und biologisch fundierte Theorien schließen einander nicht notwendig aus. Eine Theorie multipler Intelligenzen versucht, sowohl biologische als auch kulturelle Aspekte der Intelligenz in ihre Überlegungen einzubeziehen.

1983 stellte der Harvardprofessor und Psychologe Howard Gardner seine Theorie der multiplen Intelligenzen vor. In seinem Buch *Abschied vom IQ* führt er aus, daß Intelligenz kein einzelnes, einheitliches Konstrukt sei. Auch genüge es nicht, einfach von multiplen Fähigkeiten zu sprechen. Statt dessen schlägt seine Theorie sieben verschiedene, relativ unabhängige Intelligenzen vor. Jede entspricht einem separaten Funktionssystem, wobei die Systeme allerdings zuweilen interagieren, um eine Intelligenzleistung hervorzubringen.

1. Linguistische Intelligenz: wird beim Lesen eines Buches, beim Schreiben eines Artikels, eines Romans oder eines Gedichtes gebraucht; außerdem beim Verstehen gesprochener Sprache.

2. Logisch-mathematische Intelligenz: wird bei der Lösung mathematischer Probleme, in der Buchhaltung, bei mathematischen Beweisführungen und beim logischen Schlußfolgern eingesetzt.

3. Räumliche Intelligenz: ist nötig, wenn man von einem Ort zum nächsten gelangen will, eine Land- oder Straßenkarte liest oder Koffer im Kofferraum eines Autos verstaut.

4. Musikalische Intelligenz: wird beim Singen, bei der Komposition einer Sonate, beim Trompetespielen oder auch für das tiefere Verständnis eines Musikstückes gebraucht.

5. Körperlich-kinästhetische Intelligenz: tritt beim Tanzen, beim Basketballspiel, beim Laufen und beim Speerwerfen in Aktion.

6. Interpersonelle Intelligenz: benötigen wir, wenn wir uns auf andere beziehen, z.B. wenn wir versuchen, das Verhalten, die Motive oder Gefühle einer anderen Person zu verstehen.

7. Intrapersonelle Intelligenz: brauchen wir, um uns selbst zu verstehen – die Voraussetzung dafür, uns selbst zu erkennen, was uns bewegt und wie wir uns unseren begrenzten Fähigkeiten und unseren Interessen entsprechend ändern können.

Der Verstand wird hier als eine Art Modulsystem gesehen, so als ob jede dieser Intelligenzen einem bestimmten Bereich des Gehirns entspringt und damit unabhängig von den anderen existiert. Die Theorie ist faszinierend und hat merkliche Auswirkungen auf Bildung und Erziehung gezeitigt.[36] Allerdings ist sie auch ein gutes Beispiel dafür, daß eine Theorie auf eine Gesellschaft einwirken kann, ohne daß ihr eine gründliche Verifizierung ihrer Thesen durch die Forschung folgt. Wir wissen nicht, ob seit ihrem Erscheinen auch nur eine einzige Studie durchgeführt wurde, die man als einen Versuch, die Theorie zu untermauern oder gar zu testen, werten könnte.[37] Somit handelt es sich hier um eine machtvolle Theorie, der zahlreiche Erziehungsprogramme folgten, doch keine empirische psychologische Forschung, die ihre Thesen stützt. Diese Forschungsarbeit sollte bald geleistet werden, denn es wäre nicht das erste Mal, daß uns die Psychologie ein Geschenk macht, das sich später auf die eine oder andere Weise als unglaubwürdig erweist. Ob wir der Theorie multipler Intelligenzen zustimmen oder nicht, sie hat fundamentale Bedeutung für das Verständnis der vielschichtigen Natur der Intelligenz und für die Erkenntnis, daß alle Theorien, die von einer einzelnen Fähigkeit ausgehen, der Komplexität des menschlichen Bewußtseins nicht gerecht werden. Auch der IQ vermag das nicht. Mit meiner eigenen Theorie habe ich den Versuch unternommen, über den IQ hinauszugehen und zu einem Verständnis nicht nur der Intelligenz, sondern der Erfolgsintelligenz in all ihren Aspekten zu gelangen.

Teil III

Erfolgsintelligenz zählt

4

Die drei Schlüssel zur Erfolgsintelligenz

Jack, der sich für den Schlauesten in seiner Klasse hält, macht sich gerne über Irvin lustig. Irvin ist der, den er für den Dümmsten in der Klasse hält. Jack nimmt seinen Freund Tom beiseite und sagt: »Willst du mal sehen, was ›dumm‹ ist, Tom? Sieh genau hin ... Hey, Irvin. Hier sind zwei Münzen. Nimm dir, welche du willst. Sie gehört dir.«
Irvin betrachtet eine Weile die beiden Münzen, einen Zehner und einen Fünfziger, und wählt schließlich den Zehner.
»Na los, Irv, nimm ihn, er gehört dir.« Jack lacht.
Irvin nimmt die größere Münze und trollt sich. Ein Erwachsener, der die Szene von weitem beobachtet hat, geht auf Irvin zu und weist ihn vorsichtig darauf hin, daß der Fünfziger zwar kleiner, aber mehr wert sei als der Zehner und daß Irvin soeben vierzig Pfennige verschenkt habe.
»Oh, das weiß ich«, antwortet Irvin, »aber wenn ich den Fünfziger genommen hätte, würde Jack mich nie mehr auffordern, zwischen zwei Münzen zu wählen. So wird er mich immer wieder fragen. Ich habe schon mehr als eine Mark von ihm bekommen, ich muß einfach nur immer den Zehner nehmen.«
Diese nicht ganz wahre Geschichte macht etwas deutlich, was wir intuitiv bereits wissen – daß nämlich einer in der Schule ein wenig langsam sein mag, außerhalb der Schule jedoch durchaus gut zu denken versteht, und umgekehrt. Die uralte Frage »Wie kann einer, der so intelligent ist, so dumm sein?« erinnert daran, daß Menschen gute oder schlechte Denker sein können, egal wie gut sie in der Schule sein mögen. Ich selbst habe das mühsam lernen müssen.

Auf der Suche

■

Mein Interesse an der Erweiterung unserer Möglichkeiten, potentielle Leistungsträger im Leben und nicht nur in der Schule ausfindig zu machen, geht auf eine ganz persönliche Erfahrung zurück. Da ich als Kind in IQ-Tests immer schlecht abgeschnitten hatte, begann ich mich für Psychologie zu interessieren. In der siebten Klasse beschloß ich dann, Intelligenzforscher zu werden. Also machte ich mich an die Arbeit. Im Rahmen eines Projektes über die Entwicklung mentaler Tests entwickelte ich einen eigenen Test. In der Bibliothek meiner Heimatstadt entdeckte ich den Stanford-Binet-Intelligenztest und beschloß, ihn einigen Mitschülern vorzulegen. Mein erstes Forschungsobjekt war ein Mädchen, für das ich romantische Gefühle hegte. Ich glaubte, der Test würde das Eis brechen. Keine besonders gute Idee. Die Beziehung war zu Ende, noch bevor sie begonnen hatte.

Auch die Wahl meines zweiten Studienobjekts – ein Junge aus meiner Pfadfindergruppe – war ein Fehler. Ich hielt ihn für einen guten Freund, doch er war ein Spitzel. Er erzählte seiner Mutter, daß ich ihm den Test gegeben hatte. Sie informierte den Beratungslehrer meiner Junior-Highschool, und der erstattete dem Schulpsychologen Bericht. Die Geschichte nahm ein sehr unerfreuliches Ende, als der Psychologe mich aus dem Soziologiekurs holte und mir fast eine Stunde lang eine Standpauke hielt. Er drohte, das Testbuch höchstpersönlich zu verbrennen, wenn ich es noch einmal mit in die Schule brächte. Außerdem sollte ich mich, falls ich meine psychologischen Studien fortzusetzen gedächte, auf Ratten beschränken.

Auch auf dem College wollte ich unbedingt Psychologie studieren und herausfinden, warum ich so dumm war. Daß ich einen niedrigen IQ hatte, wußte ich ja. Und das ist ein weiterer wichtiger Punkt. Wenn Schüler in Eignungstests wie dem IQ-Test, dem SAT oder dem ACT erst einmal schlechte Ergebnisse erzielt haben, fangen sie an, sich für dumm zu halten. Selbst wenn ihnen etwas gelingt, werden sie vermutlich glauben, daß sie es trotz ihrer Dummheit geschafft haben, und die Gesellschaft sieht das möglicherweise genauso. Man betrachtet sie dann als Menschen, die erwartungswidrig gute, ihre niedrige Intelligenz übersteigende Leistungen erbringen, die man aber eigentlich auf das ihnen angemessene Maß zurechtstutzen muß.

Einige Gesellschaften schätzen herausragende, oder sagen wir überdurchschnittliche Leistungen nicht. In Norwegen spricht man vom Gesetz von Jante: Wenn einer seinen Kopf aus der Masse heraushebt, sollte man ihn abschlagen, damit der Besagte wieder auf die rechte Größe schrumpfe. Dieselbe Mentalität findet sich überall auf der Welt und ist selbst in den Vereinigten Staaten nicht ganz unbekannt. Viele Menschen wachsen in Familien auf oder besuchen Schulen, wo man es nicht schätzt, wenn sich ein einzelner von der großen Masse abhebt – jedenfalls nicht auf unkonventionelle Art und Weise. Konformität ist nur allzu häufig die Norm.

Als Studienanfänger in Yale hatte ich im Fach Psychologie einen denkbar schlechten Start. Den Psychologie-Einführungskurs schloß ich mit einer C-Note ab, was kaum eine leuchtende Zukunft in diesem Fach versprach. Es war eine weitere Bestätigung dafür, daß meine IQ-Werte korrekt waren und es mir an Fähigkeiten mangelte. Mein Psychologieprofessor schien diese Ansicht zu teilen. Eines Tages gab er mir einen Test zurück und meinte, es gebe einen berühmten Sternberg in der Psychologie (Saul) und das würde wohl so bleiben. Ich nahm mir die Botschaft zu Herzen und beschloß, mir ein anderes Hauptfach zu suchen. Aus Gründen der Nützlichkeit entschied ich mich für die Mathematik. Eine glückliche Entscheidung, wie sich zeigen sollte. Nachdem ich im Mathe-Einführungskurs noch schlechter abschnitt als bei den Psychologen, wandte ich mich wieder der Psychologie zu. Und in den Fortgeschrittenenkursen war ich gut.

Ich bin nun schon seit einundzwanzig Jahren Psychologe und weiß eines ganz genau: In all meinen Berufsjahren mußte ich kein einziges Mal das tun, was im Einführungskurs oder in vielen anderen Kursen erforderlich war, um eine gute Note zu bekommen. Insbesondere war es nie notwendig, ein Buch oder eine Vorlesung auswendig zu lernen. Wenn ich mich an etwas nicht erinnern kann, schlage ich es einfach nach. In schulischen Einrichtungen freilich werden Gedächtniskünstler mit Bestnoten belohnt, im College ebenso wie auf anderen Bildungsebenen. Zur Verteidigung unserer Schulen sei allerdings gesagt, daß viele Länder in dieser Hinsicht noch schlimmer sind.

Das Problem besteht darin, daß in der Psychologie wie in anderen Bereichen die Erfordernisse des Berufes der Berufsausbildung wenig bis gar nicht entsprechen. Mein Sohn erzählte mir einmal, er hasse das Fach Geschichte und wünsche, nie mehr einen Geschichtskurs belegen zu müssen. Ich sagte ihm, ich hätte Geschichte eigentlich immer interessant gefunden und würde mich fragen, warum das bei ihm nicht der Fall sei. Er antwortete mir, er hasse es, Jahreszahlen auswendig zu lernen. Tatsächlich erschöpfen sich viele Geschichtskurse im Auswendiglernen von Jahreszahlen, Namen von Schlachten und historischen Texten. Doch Historiker sind keine Experten auf ihrem Gebiet, weil sie als wandelnde Nachschlagewerke für Daten, Schlachten oder historische Texte durch die Weltgeschichte laufen.

Im allgemeinen trifft das auch auf die Naturwissenschaften zu. Die beste Note bekommt der, der die Formeln auswendig herbeten oder Aufgaben und Probleme in Lehrbüchern und Tests lösen kann. Aber Naturwissenschaftler verdienen ihr Geld nicht damit, daß sie Formeln auswendig lernen oder Lehrbuchprobleme lösen. Sie generieren ihre Aufgaben und Probleme selbst. In der Tat werden sie weitgehend nach der Bedeutung dieser Probleme beurteilt.

Anläßlich eines Elterntages besuchte ich die Klasse meines Sohnes. Dort wurde die *Odyssee* durchgenommen. Ein gutes Buch – ein großartiges sogar. Der Lehrer zitierte eine Textstelle, und die Schüler mußten angeben, wer da sprach bzw. an welcher Stelle der Handlung man sich gerade befand. Für Schüler, die gerne auswendig lernen, war das völlig in Ordnung. Doch von all jenen, die sich dabei hervortaten, zeigte keiner Talent zum Schriftsteller oder Literaturkritiker. Und unter den anderen hätte ein zukünftiger Shakespeare sitzen können. Was nicht sehr wahrscheinlich ist, aber der Lehrer hätte bei seiner Art zu unterrichten nichts davon mitbekommen.

Die Gefahr ist groß, daß wir wegen unserer Intelligenzmeßverfahren in sämtlichen Studienbereichen Talente und Begabungen übersehen und einige der potentiell besten Psychologen, Biologen, Historiker oder was auch immer vom Kurs abbringen, weil sie veranlaßt werden zu glauben, daß es ihnen an entsprechender Begabung mangelt. Wir müssen unsere Lehrtätigkeit offensichtlich so gestalten, daß sie die drei Aspekte der Erfolgsintelligenz, die für jede Karriere in sämtlichen Bereichen wichtig sind, erkennt, entwickelt und belohnt.

Die drei Aspekte der Erfolgsintelligenz

Zwei sehr unterschiedliche Knaben gehen im Wald spazieren. Die Lehrer des ersten Jungen halten ihn für gescheit, seine Eltern halten ihn für gescheit, also hält auch er selbst sich für gescheit. Er verfügt über gute Testergebnisse, gute Zensuren, Zeugnisse und Empfehlungsschreiben, die ihm den Weg durch die Bildungseinrichtungen ebnen werden. Den zweiten Jungen halten nicht viele für intelligent. Weder seine Testergebnisse noch seine Noten und Zeugnisse sind bemerkenswert. Im besten Falle würde man ihm eine gewisse Schlauheit oder gesunden Menschenverstand zubilligen. Die beiden schlendern durch den Wald, als sie plötzlich einem Problem begegnen – und zwar in Form eines riesigen, sehr aufgebrachten und äußerst hungrig wirkenden Grizzlybären, der direkt zum Angriff übergeht. Der erste Junge rechnet aus, daß der Grizzly sie in 17,3 Sekunden eingeholt haben wird, und gerät in Panik. Er wirft einen verzweifelten Blick auf seinen Begleiter, der sich in aller Ruhe seiner Wanderschuhe entledigt und seine Joggingschuhe anzieht. Sagt der erste zum zweiten Jungen: »Bist du wahnsinnig? Wir können unmöglich schneller laufen als der Grizzly!«
Der zweite Junge antwortet: »Ganz richtig. Aber ich muß ja nur schneller laufen als du!«

Beide Jungen sind klug, doch auf ganz unterschiedliche Weise. Der erste Junge hat das Problem rasch analysiert, aber weiter ist er mit seiner Intelligenz nicht gekommen. Der zweite Junge hat nicht nur das Problem erkannt, sondern auch eine kreative und praktische Lösung dafür gefunden. Er hat Erfolgsintelligenz bewiesen.

Ein Mensch mit Erfolgsintelligenz muß auf drei verschiedene Weisen gut denken können: analytisch, kreativ und praktisch.[1] Tests und Schule bewerten üblicherweise nur die analytische Intelligenz. Doch gerade diese in der Schule so anstandslos anerkannte Form der Intelligenz mag vielen Studenten im Erwachsenenleben weniger nützlich sein als kreative und praktische Intelligenz.

Die drei Aspekte der Erfolgsintelligenz sind eng miteinander verbunden. Analytische Intelligenz ist notwendig, wenn Probleme zu lösen und die Brauchbarkeit einer Idee zu beurteilen sind. Kreativer Intelligenz bedarf es, um gute Probleme und Ideen überhaupt erst zu formulieren. Praktische Intelligenz wird gebraucht, um diese Ideen und ihre Analyse auf wirksame Weise im Alltagsleben umzusetzen.

Erfolgsintelligenz ist dann am wirkungsvollsten, wenn ihre drei Aspekte – analytische, kreative und praktische Intelligenz – in einem ausgewogenen Verhältnis zueinander stehen. Es ist wichtiger zu wissen, wann und wie diese Aspekte der Erfolgsintelligenz einzusetzen sind, als nur einfach über sie zu verfügen. Menschen mit Erfolgsintelligenz sind nicht nur im Besitz bestimmter Fähigkeiten, sie bedenken, wann und wie sie diese effektiv nutzen.

Analytische Intelligenz

Alice (eine Studentin, deren Namen wir geändert haben) war der Traum eines jeden Lehrers. Sie hatte sehr gute Testwerte, erbrachte gute Leistungen in den Seminaren und tat überhaupt alles, was ein Lehrer von einem intelligenten Studenten erwartet. Folglich erwartete man sie immer unter den Besten ihrer Gruppe. Ihre guten Testwerte galten als valider Indikator für eine herausragende akademische Karriere. Am Ende ihres Psychologiestudiums an der Graduate School waren ihre Leistungen jedoch sehr bescheiden. Etwa 70 bis 80 Prozent ihrer Kommilitonen waren besser als sie. Menschen wie Alice sind auf sämtlichen schulischen Ebenen zu finden. Betrachten wir nun Ben, von dem mir meine Kollegin Louise Spear-Swerling erzählte. Ben kam schon sehr jung, im Alter von fünf Jahren, in die Schule. Am Ende der ersten Klasse entsprach seine Leseleistung dem Niveau der dritten Klasse, er konnte fast jedes Wort entziffern. Auch sein allgemeines Leseverständnis war ausgezeichnet. Wenn man ihn aufforderte, etwas zu schreiben, produzierte er eine zusammenhängende Geschichte von einer Seite Länge, einschließlich Kommata und Ausrufezeichen. Er bat, einige schwierigere Wörter im Wörterbuch nachschlagen zu dürfen – und als er die Erlaubnis dazu erhielt, tat er es ganz ohne fremde Hilfe. Soweit bekannt ist, hatte er keine Vorschule besucht; er war ganz einfach fasziniert von Büchern und Wörtern und verbrachte viel Zeit damit, sich selbst Lesen und Rechtschreibung beizubringen. Dieses Kind wurde von fast allen für intelligent gehalten. Es gab da nur ein Problem: Bens Erzählung, ja alles, was er schrieb, war einfallslos, technisch einwandfrei, doch uninteressant. Forderte man ihn auf, kreativer zu schreiben, schien er hilflos und erzählte meist ohne merkliche Veränderungen Geschichten nach, die er in der Schule oder zu Hause gelesen hatte.

Es stellt sich die Frage: Was ist bei Alice schiefgelaufen, und was könnte bei Ben schiefgehen? Die Antwort ist recht einfach: Alice war in der Lage, sich die Ideen anderer hervorragend einzuprägen und sie zu analysieren, doch sie hatte nur wenig eigene Ideen. Folglich mußte sie in den höheren Studiengängen versagen, denn dort sind (wie im richtigen Leben) originelle eigene Ideen gefragt. Bei Ben ist das Problem ähnlich: Obwohl seine akademischen Fähigkeiten zweifelsohne beeindrucken, wird er mehr als ein hohes akademisches Leistungsniveau brauchen, um in höheren Studiengängen oder im Erwachsenenleben voranzukommen. Wenn wir im Unterricht eine Vorbereitung auf die Arbeitswelt sehen, dann sollten wir

Sorge tragen, daß kreatives Denken verlangt und entwickelt wird, denn Alice und Ben müssen in den meisten Jobs eigene Ideen entwickeln, um mithalten zu können. Hervorragende naturwissenschaftliche Arbeit z.b. erfordert die Fähigkeit, kreative, bedeutsame Ideen zu entwickeln, Ideen, die nicht nur das eigene Forschungsgebiet, sondern letztlich auch die ganze Welt voranbringen. Studenten der Naturwissenschaften werden jedoch üblicherweise nicht für kreative, sondern für analytische Intelligenz belohnt. Der Biologe James Watson hat schon öfter über seine schlechten IQ-Testwerte gesprochen, doch sein IQ hat ihn offensichtlich nicht daran gehindert, die Struktur des DNA-Moleküls zu entdecken und dafür den Nobelpreis zu bekommen. Dieselbe Dynamik läßt sich auch auf andere Tätigkeitsbereiche übertragen. Betrachten wir Literatur und Kunst. Bei vorgegebenem Thema eine gute Erzählung zu schreiben oder ein gutes Bild zu malen ist eine Sache. Eine ganz andere ist es, eigene Ideen für Erzählungen und Bilder zu entwickeln.

Vor kurzem sprach ich mit Jim Halperin, dem Autor eines der phantasievollsten Romane, die ich in den letzten Jahren gelesen habe. *The Truth Machine* erzählt von einer zukünftigen Zeit, in der es eine Maschine gibt, die praktisch unfehlbar feststellen kann, ob jemand die Wahrheit sagt oder ob er lügt. Es gibt nur eine kleine Ausnahme, von der das Schicksal des Erfinders der Maschine und die Romanhandlung im wesentlichen bestimmt werden. Ich werde Ihnen die Pointe nicht verraten. Ich möchte nur darauf hinweisen, daß dieser überaus kreative Schriftsteller im SAT-Sprachtest einen Wert von 620 vorzuweisen hat, was zwar ganz gut ist, doch nicht besonders viel und zudem weit unter den 800 liegt, die unsere unkreative Alice erreichte.

Interessant ist auch, daß Halperin während seiner Schulzeit große Schwierigkeiten in allen Fächern hatte, die ein gutes Gedächtnis voraussetzen. Als er später dann einen Handel mit seltenen Münzen betrieb, stellte er fest, daß er sich an jede Münze erinnern konnte, die er je gesehen hatte, und an jeden abgeschlossenen Handel. Fähigkeiten sind häufig bereichsspezifisch. Jemand, der sich im einen Bereich rein gar nichts merken kann, hat in einem anderen keinerlei Schwierigkeiten damit. Oft behält man einfach nicht im Gedächtnis, was einen nicht interessiert.

Einmal sah ich etwa zwei Dutzend Schülerzeichnungen von Häusern: Die Bilder waren hübsch, doch offensichtlich hatte der Lehrer das Thema vorgegeben; es schien unwahrscheinlich, daß vierundzwanzig Kinder unabhängig voneinander beschlossen hatten, ein Haus zu zeichnen. In der realen Welt von Literatur und Kunst ist selten jemand da, der dem Künstler oder Schriftsteller das Thema vorgibt. Kreative Schriftsteller und Künstler sind per definitionem Menschen, die eigene Vorstellungen haben. Will jemand die Prognose wagen, daß aus einem Kind, das ein hübsches Bild von einem Haus malt, eines Tages ein wunderbar kreativer Künstler wird? Ich hoffe nicht. Vorgaben für Schüler und Studenten sind hinsichtlich der Voraussetzungen für künftigen Erfolg häufig unrealistisch. Lehrer sollten ihren Schülern und Studenten weniger Probleme vorgeben und sie statt dessen anregen, ihre Probleme selbst zu formulieren.

Man könnte einwenden, daß nur die wenigsten Studenten erfolgreiche Wissenschaftler, Schriftsteller oder Künstler werden, doch selbst in einem so pragmatischen Bereich wie der Wirtschaft ist die Situation nicht anders. Im Rahmen unseres Forschungsprojekts zur praktischen Intelligenz haben wir zahlreiche Manager befragt. Viele beklagten, daß Spitzenabsolventen einer wirtschaftswissenschaftlichen Fakultät (Business School) zwar in der Lage seien, wirtschaftliche Probleme wie aus dem Lehrbuch zu analysieren, doch unfähig, innovative Ideen für neue Produkte oder Dienstleistungsangebote zu entwickeln – z.B. ein Möbeldesign, das zusätzliche Ablageflächen bietet, oder Möglichkeiten, die Konkurrenzfähigkeit des Unternehmens zu verbessern.[2] Der wesentliche Punkt ist natürlich, daß die Anforderungen und Voraussetzungen für den Erfolg im Geschäftsleben so wenig mit dem zu tun haben, was in den entsprechenden Studiengängen zum Erfolg führt, sogar dort, wo eine praxisbezogene Ausbildung geboten werden soll. Aus diesem Grund sind die Absolventen solcher Institutionen am Ende meist nicht in der Lage, die an sie gerichteten Erwartungen zu erfüllen.

Dasselbe Problem betrifft auch die Ausbildung zum Pädagogen. Die Tatsache, daß man Pädagogikkurse mit Bestnoten zu absolvieren versteht, heißt noch lange nicht, daß einem auch im Unterricht bei entsprechender Gelegenheit etwas wirklich Neues einfällt. Ich weiß aus eigener Erfahrung, wie schwierig Unterrichtssituationen sein können. Vor einigen Jahren z. B. hielt ich eine Vorlesung an der Universität von Puerto Rico und sah mich mit einem ernsthaften Problem konfrontiert: Die anwesenden Pädagogikprofessoren hörten einfach nicht zu. Aus irgendwelchen Gründen hatten sie beschlossen, mir ihre Aufmerksamkeit zu verweigern, sie unterhielten sich und gingen im Vorlesungssaal auf und ab.

Ich versuchte das Übliche – wenig einfallsreiche Techniken, wie man sie im Lehrerseminar beigebracht bekommt. Ich sprach mit leiserer Stimme, in der Hoffnung, daß die Professoren es mir nachtun würden, um mich verstehen zu können. Natürlich nahm ich an, daß sie etwas hören wollten; was sich als Irrtum erwies. Tatsächlich schienen sie geradezu dankbar zu sein, daß ich nicht mehr so laut sprach und sie sich nun besser unterhalten konnten. Darauf versuchte ich es mit der Bitte um Ruhe, doch auch das funktionierte nicht. Als ich es schließlich aufgegeben hatte, erhob sich plötzlich eine Dame im Auditorium und sprach ein paar schnelle Sätze auf spanisch. Danach hätte man eine Nadel fallen hören können, und das Publikum blieb bis zum Ende der Vorlesung ruhig und aufmerksam.

Was hatte sie gesagt? Sie hatte die Tatsache und ihr Wissen genutzt, daß Puerto Rico keine Schuld-, sondern eine Schamkultur hat. Meine Versuche, dem Publikum Schuldgefühle einzuflößen, hätten vielleicht in den Vereinigten Staaten Wirkung gezeigt, in Puerto Rico waren sie zwecklos. Die Dame hingegen wies die anwesende Zuhörerschaft darauf hin, daß ich, sollten sie weiterhin solchen Lärm machen, vermutlich einen sehr schlechten Eindruck von der Universität von Puerto Rico bekommen würde. Und ganz sicher würde ich diesen Eindruck weitergeben. Das Publikum habe kein Recht, einen schlechten Eindruck zu machen und damit Schande über die Universität zu bringen. Damit bewirkte sie genau die Verhaltensänderung, die ich vergeblich zu erreichen versucht hatte.

Die Geschichte von den puertoricanischen Professoren verdeutlicht das Ausmaß, in dem Erfolgsintelligenz vom Verständnis des kulturellen Kontextes abhängt. Ich schätze die *International Herald Tribune* als eine der besten internationalen Nachrichtenquellen, aber auch, weil sie regelmäßig über die diplomatischen Fauxpas unserer Botschafter (und auch derjenigen anderer Länder) berichtet, von denen einige nicht einmal die Sprache des Landes beherrschen, in dem sie arbeiten. Und jeder, der seine Kommentare im Ausland übersetzen lassen mußte, weiß, zu welchen Katastrophen das führen kann.

Dennoch wäre ich der erste, der sagen würde, daß das Beherrschen einer fremden Sprache mit seinen hohen Anforderungen an die analytische Intelligenz nicht die einzige Voraussetzung für einen guten Diplomaten ist. Ebenso notwendig sind Takt, Überzeugungsgabe und die Fähigkeit, neue, ungewohnte Wege zu gehen, Verständnis für den Standpunkt des anderen – kurz und gut: kreative und praktische Intelligenz.

Wie kommt es nun, daß angesichts der länderübergreifenden Bedeutung der Erfolgsintelligenz Studenten, die wir für intelligent halten, so häufig Alices besondere Form der Intelligenz zu besitzen scheinen? Warum sind sie so oft nur testgescheit und nicht mehr? Kinder werden nicht mit dieser eingeschränkten Intelligenz geboren, wir bringen sie ihnen bei. Eigentlich werden Menschen wie Alice erst durch unser Bildungssystem geschaffen, das die Studenten fortwährend für ihre analytische Intelligenz belohnt und sie darin bestärkt. Die wichtigste Lektion, die unsere Studenten lernen, besteht darin, daß sich Alices besondere Form der Intelligenz auszahlt. Sie bringt ihnen gute Noten, eine gute Plazierung innerhalb der Klasse, Preise und schließlich eindrucksvolle College-Zulassungen ein.

Es liegt eine gewisse Ironie in unserem schulischen Prämierungssystem. Kinder werden kontinuierlich darin bestärkt, Alices besondere Form der Intelligenz zu entwickeln. Nach der Schule, im wirklichen Leben, ist analytische Intelligenz freilich nicht mehr genug. Nicht, daß sie gar keine Rolle mehr spielt, doch sie ist nicht mehr so bedeutend. Das heißt, Kinder (und Erwachsene) werden nicht kontinuierlich, sondern intermittierend bestärkt, sie werden nur gelegentlich für ihre analytische Intelligenz belohnt. Und noch eine

Ironie: Psychologen haben herausgefunden, daß intermittierende Verstärkung – d. h., ein bestimmtes Verhalten nur ab und zu und nicht immer zu belohnen – eine Verhaltensweise festigt.[3] Mit anderen Worten: Wenn IQ-gescheite Leute auf einmal nicht mehr so wichtig sind und für ihre Intelligenz nur intermittierend belohnt werden, greifen sie eher verstärkt darauf zurück, obwohl dies die falsche Reaktion ist.

Dieser Prinzip läßt sich auch auf Organisationen anwenden. Vor einigen Jahren hielt ich den Festvortrag bei dem Bankett eines ehemals sehr erfolgreichen Technologie-Unternehmens in Connecticut, das inzwischen allerdings in die Krise geraten war. Ich sprach über die Notwendigkeit von Innovationen, ein Thema, das ich unter den gegebenen Umständen für besonders passend hielt. Nach dem Vortrag erhob sich der leitende Manager des Unternehmens und sagte unter anderem, daß die Gesellschaft einen Weg gegangen sei, der sich bewährt habe und den man auch nicht zu verlassen gedenke. Als Begründung für die Richtigkeit dieser Entscheidung nannte er einige Erfolge der jüngsten Zeit. Es gab sie zweifellos, doch was er zu erwähnen unterließ, war die Tatsache, daß sie in immer größeren Abständen und immer seltener auftraten. Es gab gerade ausreichend intermittierende Verstärkung, um das Unternehmen an seinem bisherigen Vorgehen festhalten zu lassen – leider, denn inzwischen hat sich seine Lage weiter verschlechtert.

Nicht alle Manager waren glücklich mit der Unternehmenspolitik. Einige brachten ihre Unzufriedenheit sogar mir, dem Außenseiter, gegenüber zum Ausdruck. Dabei bekam ich eine Geschichte immer wieder zu hören: Der betreffende Manager war in besseren Zeiten von einem anderen Unternehmen abgeworben worden, wo er recht erfolgreich gewesen war. Hätte er gewußt, welche Entwicklung sein jetziger Arbeitgeber nehmen würde, hätte er seine alte Arbeitsstelle nie verlassen. Doch der Abstieg entwickelte sich ganz allmählich, und er selbst trug zumindest teilweise die Verantwortung dafür. Er war bereit, schwierige Bedingungen, die er früher für inakzeptabel gehalten hätte, auf sich zu nehmen, weil sie sich unmerklich so entwickelt hatten.

Dasselbe Phänomen ist auch in persönlichen Beziehungen zu beobachten. Manchmal tolerieren wir unbefriedigende Situationen, die uns bei vorheriger Kenntnis daran gehindert hätten, die Beziehung einzugehen. Menschen, die an einer unglücklichen Beziehung festhalten, wissen möglicherweise sehr wohl, daß diese Beziehung nicht funktioniert, und kennen vielleicht sogar den Grund (analytische Intelligenz), doch sie sind nicht klug genug, um zu wissen, was sie dagegen tun können (praktische Intelligenz). Menschen mit Erfolgsintelligenz hingegen mögen Fehler machen und sowohl beruflich wie privat in unglückliche Umstände geraten, doch besitzen sie die Urteilskraft und den Mut, zu erkennen, wann und wie sie da wieder herauskommen.

Betrachten wir ein weiteres Beispiel für intermittierende Verstärkung und ihre Wirkungsweise in persönlichen Beziehungen.[4] Manchmal erkennt einer der Partner, daß eine Beziehung einfach nicht funktioniert. Angenommen, eine Frau lebt mit einem Mann zusammen, der sie immer wieder schlägt oder betrügt. Irgendwann entscheidet sie, daß die Beziehung den ganzen Kummer nicht lohnt. Also teilt sie ihrem Partner mit, daß die Beziehung zu Ende sei – aus, vorbei. Früher hieß das »jemandem den Laufpaß geben«, heute sagt man »eine Beziehung neu strukturieren«. Nun, diese Frau versucht, freundlich zu bleiben. Sie teilt ihrem Partner mit, daß sie gerne mit ihm befreundet bleiben und ihn unterstützen möchte. Sie will nur die intime Beziehung zu ihm beenden.

Häufig und keineswegs überraschend geschieht nun folgendes: Auf diese scheinbar offene und direkte Mitteilung hin versucht der Mann nun, die Frau zurückzugewinnen, und zwar immer wieder; was die Frau nicht begreifen kann, zumal er sich ja so schändlich verhalten hat. Manchmal läßt sich die Frau (oder auch der Mann) dazu überreden, den Übeltäter wieder anzunehmen, woraufhin das alte Verhaltensmuster sich fast unmittelbar wiederholt. Doch wie erklären sich diese fortwährenden Versuche, angesichts des Signals, daß die Beziehung beendet ist?

Schuld ist die intermittierende Verstärkung. Indem die Frau sich freundlich verhält und ihrem Wunsch nach einer freundschaftlichen Beziehung Ausdruck verleiht, sendet sie dem Mann unweigerlich eine ambivalente Botschaft. Er erhält eine gewisse Belohnung. Und da die intermittierende Verstärkung alte Verhaltensmuster festigt, versucht der Mann die Beziehung aufrechtzuerhalten. Das Beste, was die Frau für sich und ihn tun könnte, wäre, die Beziehung vollkommen und unmißverständlich zu beenden.

Die Auswirkungen der intermittierenden Verstärkung auf den Einsatz analytischer Fähigkeiten sind offensichtlich. Wie ich bereits angedeutet habe, sind die Menschen mit dem höchsten IQ im allgemeinen nicht die erfolgreichsten im Leben. Es besteht eine geringe, wenn auch positive Korrelation zwischen dem IQ und verschiedenen Formen gemessenen Erfolgs, die jedoch zur Spitze hin immer schwächer wird: Menschen mit extrem hohem IQ bleibt nicht selten der Erfolg versagt, weil sie zu sehr auf ihre analytische Intelligenz setzen.

Auch Beziehungen sind anfällig für diese Form von Einseitigkeit. Angenommen, Sie streiten sich mit Ihrem Partner und dieser gibt sich große Mühe, Sie durch seine bestechende Logik und sein Abstraktionsvermögen zu beeindrucken, wobei er gleichzeitig noch auf Ihre Dummheit bzw. Emotionalität abhebt. Die Technik der logischen Taschenspielerei ist bei der Lösung von Konflikten nicht sehr erfolgreich. Wer seine analytischen Fähigkeiten am falschen Ort einzusetzen versucht, wird die Situation eher verschlimmern als verbessern. Erfolgsintelligenz beinhaltet nicht nur das Wissen, wann man seine analytische Intelligenz gebrauchen muß, sondern auch, wann man sie nicht gebrauchen darf.

In Ihrem 1982 erschienenen Buch *Whatever Happened to the Quiz Kids?* zeichnet Ruth Duskin Feldman die Geschichten einiger hochintelligenter Kinder bis ins Erwachsenenleben nach. *The Quiz Kids* war zunächst eine Radio-, später eine Fernsehsendung, in der Kinder mit einem sehr hohen IQ, in vielen Fällen über 160, auftraten. Als man sie im Erwachsenenalter wieder aufsuchte, führten die meisten ein ganz normales, durchschnittliches Leben; niemand hatte es zu besonderem Ruhm gebracht.

Einen weiteren Hinweis darauf, daß Typen wie Alice in unseren Schulen gemacht werden, gibt uns Joe Glicks Studie über den afrikanischen Stamm der Kpelle.[5] Glick forderte erwachsene Stammesangehörige auf, Begriffe nach Kategorien zu ordnen. Sie sollten z.B.

die Namen von Früchten (Apfel, Orange, Grapefruit) oder Gemüsen (Sellerie, Salat, Brokkoli) oder Fahrzeugen (Bus, Boot, Auto) gruppieren. Es zeigte sich, daß die Kpelle funktional sortierten. Sie hatten z.b. »Apfel« mit »essen« und »Auto« mit »Benzin« verbunden, weil Menschen Äpfel essen und Autos Benzin brauchen. In unserem Kulturkreis sortieren nur Kleinkinder funktional; das Zuordnungsverhalten der Kpelle gilt bei einem Erwachsenen als dumm. Von älteren Kindern und Erwachsenen erwartete man, daß sie taxonomisch (alle Früchte in eine Gruppe) oder hierarchisch (zuerst alle Früchte der Gruppe *Frucht* und diese schließlich der Gruppe *Nahrung*) zuordnen. Glick versuchte nun, anfangs ohne Erfolg, die Kpelle dazu zu bringen, anders zu sortieren. Als er schon im Begriff stand anzunehmen, daß den Kpelle die geistigen Voraussetzungen dafür fehlten, fragte er sie zu guter Letzt, wie ihrer Meinung nach dumme Leute diese Aufgabe lösen würden. Da begannen sie ohne jede Schwierigkeit, taxonomisch zu sortieren. Warum sollten die Kpelle dieses Sortieren nach taxonomischen Gesichtspunkten als dumm betrachten? Die Antwort lautet: Die Kpelle wachsen nicht in unserem Bildungssystem auf, und – was viel wichtiger ist – sie kennen unsere Tests nicht. Im Alltagsleben neigen wir zu funktionalem Denken, einem Aspekt praktischer Intelligenz. Wir denken daran, Äpfel zu essen und unsere Autos mit Benzin zu tanken. In der Schule lernen wir taxonomisches Denken, das der analytischen Intelligenz zuzuordnen ist, doch bleibt diese Art zu denken auf künstliche Situationen beschränkt. Problematisch wird es dann, wenn fortgeschrittene Semester oder Karrierewillige anfangen müssen, so zu denken, wie sie es in der Schule nicht gelernt haben – d. h., wenn sie gezwungen sind, eigene Ideen zu entwickeln, anstatt die Ideen anderer nachzuplappern oder zu analysieren.

Der Erfolg im Leben erfordert den Einsatz kreativer und praktischer Fertigkeiten. Da diese jedoch gewöhnlich weder aktiv gefördert werden noch zu den Auswahlkriterien gehören, werden sie von den Studenten in der Regel nicht weiterentwickelt. In dieser Hinsicht machen sich die Schulen der Irreführung und falschen Vorbereitung ihrer Schüler schuldig, wenn sie Fähigkeiten fördern und belohnen, die im späteren Leben sehr viel geringere Bedeutung haben als in der Schule. Schulen sollten ihre Schüler auf das Leben in einer Welt vorbereiten, in der vor allem Erfolgsintelligenz zählt, nicht statische analytische Intelligenz. Statt dessen belassen sie ihre Schüler in einem Zustand der Ahnungslosigkeit. Am Ende haben wir es mit Ärzten zu tun, die keine Beziehung zu ihren Patienten herstellen können, Psychologen, deren Menschenkenntnis auf Lehrbuchfälle beschränkt ist, und Managern, die ein Problem vielleicht analysieren, aber nicht lösen können.

Ich möchte noch einmal betonen, daß die analytischen Fähigkeiten, wie sie Alice und Ben zeigen, im späteren Leben durchaus eine Rolle spielen. Es wäre nicht leicht, sein Leben ohne sie zu meistern. Wenn bei der Arbeit etwas schiefläuft, sollte man z.b. in der Lage sein, den Grund herauszufinden. Auch in Beziehungen kann die Unfähigkeit, die Ursache für eine Auseinandersetzung richtig zu erkennen, böse Folgen haben. Paare streiten häufig über dieselben Dinge, weil bei ihrem Streit nicht die eigentliche Reibungsquelle behandelt wird. Selbst wenn sie den Streit beilegen, haben sie seine Ursachen nicht beseitigt und werden weiterstreiten. In diesen Fällen sind analytische Fähigkeiten ganz offensichtlich angesagt: IQ- und vergleichbare andere Tests messen jedoch nur einen Teil der analytischen Fähigkeiten, und sie messen nicht, wann und wie sie am effektivsten genutzt werden.

Lassen Sie uns noch einmal zu den beiden Jungen im Wald zurückkehren. Der überlebende Knabe besaß keine ausgeprägten analytischen Fähigkeiten. Was geschah? Nachdem er dem Grizzly knapp entronnen war, entwickelte er – verständlicherweise – eine Waldphobie und beschloß, zur Bekämpfung dieser Phobie antiphobische Techniken wie Tiefenentspannung, Atemübungen, Selbsthypnose und dergleichen mehr zu lernen. Als er sie beherrschte, ging er in den Wald, um sie zu testen. Und siehe da, er konnte sie anwenden, und zwar vollkommen entspannt. Nun schlägt zwar der Blitz nie zweimal an derselben Stelle ein, aber ein Grizzly schon. Der Bär hatte seit jenem ersten Jungen nichts mehr zu sich genommen und ging sofort zum Angriff über. Der zweite Junge stand wie versteinert, analysierte rasch das Problem und überlegte, ob er versuchen sollte, auf einen Baum zu klettern. Aber dafür war es offensichtlich zu spät, und seine Lage sah nicht gut aus. In seiner Verzweiflung entschied er, er könne nur noch auf die Knie fallen und um seine Rettung beten. Ein hoffnungsloses Unterfangen zwar, doch wie durch ein Wunder hielt der Grizzly plötzlich inne, fiel auf die Knie und fing ebenfalls zu beten an. Sein Gebet beleuchtete die Bedeutung des analytischen Denkens bzw. seines Mangels. Der Grizzly betete nämlich:»Ich danke Dir, o Herr, für Deine Gaben«, und das war das Ende *dieses* Knaben.

Kreative Intelligenz

Eine Studentin, die ich hier Barbara nennen will, zeigte eine andere Form von Intelligenz. Ihre Noten waren gut, wenn auch nicht spektakulär. Die Professoren im Vordiplom-Bereich waren begeistert von ihr, obwohl sie keine guten Testwerte vorzuweisen hatte. Ihrer Bewerbung zum Promotionsstudium in Psychologie war eine Aufstellung ihrer Arbeiten beigefügt, die mich sehr beeindruckte. Ich dachte mir damals, daß sie vermutlich eher eine Assistentenstelle in Yale bekommen würde (für die man die Promotion braucht) als eine Zulassung zum Promotionsstudium, denn für die Anstellung ist kein standardisierter Leistungstest erforderlich, für die Graduate School hingegen schon. Dennoch ging ich davon aus, daß Barbara trotz ihrer mittelmäßigen Testwerte die Zulassung bekommen würde. Schließlich betonen wir ja immer, wie sehr uns an Kreativität gelegen ist, und die hatte Barbara mit ihrer Arbeit ausreichend unter Beweis gestellt. Und was wäre ein besserer Indikator für zukünftige kreative Arbeit als bereits vorgelegte kreative Arbeit? (In der Tat, nichts.) Ein Test wie die Graduate Record Examination, in dem Kreativität nicht gemessen wird, ist zweifellos der schlechtere Indikator. Ganz allgemein gilt: Der beste Prädiktor für zukünftiges Verhalten ist das bisher gezeigte Verhalten. Dieses Prinzip ist universal anwendbar. Wenn Sie z.b. mit jemandem ausgehen, der Sie beschimpft, aber verspricht, nach der Hochzeit damit aufzuhören, ist das Verhalten vor der Hochzeit der beste Hinweis darauf, wie sich dieser Mensch danach verhalten wird.

Als Barbara sich bewarb, war ich Direktor der Graduate Studies an der Psychologischen Fakultät und dachte mir, die restlichen Mitglieder des Zulassungsausschusses müßten sich im großen und ganzen an mein Votum halten. Außerdem war ich im Ausschuß Experte für Begabungen und Begabungstests. Man machte es sich nicht einfach mit Barbaras Ablehnung. Fast eine halbe Stunde lang wurde sie detailliert diskutiert, doch die Debatte war entmutigend. Es zeigte sich nämlich, daß die Testwerte auf sämtliche Aspekte ihrer Bewerbung abfärbten. Das heißt: Nachdem man Barbaras schlechte Testwerte gesehen hatte, suchte man in ihrer Bewerbung nach Bestätigungen dafür.

Dieses Verhaltensmuster ist keineswegs ungewöhnlich. Solomon Asch hat gezeigt, daß eine Person sogenannte zentrale Merkmale besitzt, die bestimmen, auf welche Weise andere Menschen Informationen über diese Person organisieren. Die pseudoquantitative Präzision von Testwerten ist beinahe eine Garantie dafür, daß man sie als Meßinstrument für solche zentralen Merkmale versteht. Ich erkannte, daß im Zulassungsausschuß das zentrale Merkmal Intelligenz, wie es sich aus den Testergebnissen darbot, benutzt wurde, um andere Informationen über Barbara zu interpretieren. Wenn also in einem Empfehlungsschreiben ein mehrdeutiger Satz vorkam, tendierte man der eher negativen Deutung zu, damit die Aussage mit den Testwerten übereinstimmte.

Am Ende zeigten sich die Ausschußmitglieder sehr zufrieden mit ihrer Entscheidung. Barbara wurde fast einstimmig abgelehnt. Ich hatte als einziger für ihre Zulassung gestimmt. Obwohl Barbaras Arbeit dokumentiert war und ein hohes Maß an Kompetenz offenbarte, hatten die übrigen Ausschußmitglieder ihre Entscheidung vor allem auf die Testwerte gegründet. Das heißt, ihr Vertrauen in fehlbare und nicht selten schwache Prädiktoren für kreative Arbeit war größer als das Vertrauen in die Arbeit selbst. Dieser merkwürdigen

Situation begegnet man im Bildungswesen heute oft. Der Prädiktor einer Leistung ist derzeit nicht selten wichtiger als die Leistung selbst. Fälle wie dieser sind freilich nicht auf die Promotionsstudiengänge beschränkt.

Die kreativ begabte Jeannie ist Mittelpunkt einer Studie von Louise Spear-Swerling.[6] Im Alter von sechs Jahren war Jeannie eine gute Schülerin – in den meisten Fächern lag sie über dem Durchschnitt, zeigte aber keine außergewöhnlichen Leistungen im Lesen oder Schreiben, wie z.B. Ben. Von den Lehrern wurde ihr immer wieder bescheinigt, sie sei »sehr kreativ«, »denke unabhängig«, »ungewöhnlich« usw. Sie durfte mit einigen Beispielen ihrer künstlerischen Arbeit ihre Schule bei einer regionalen Ausstellung vertreten. Allerdings erschienen Jeannies Talente auf keinem ihrer Beurteilungsbögen, denn diese führen keine Sparte zur Beurteilung der Kreativität schulischer Leistungen. Weder an Jeannies noch an irgendeiner anderen mir bekannten Schule wird auf den Beurteilungsbögen die Kreativität des Schülers gewertet. Ist das nicht eigenartig? In der Grundschule gibt es auf dem typischen Beurteilungsbogen mehrfach Möglichkeiten zur Bewertung grundlegender akademischer Kompetenzen und des Sozialverhaltens, doch keine einzige Spalte für kreatives Verhalten, das somit völlig unbeachtet bleibt. Wenn es die Lehrer überhaupt zur Kenntnis nehmen, dann in der Regel, indem sie es bestrafen, denn kreative Kinder werden häufig als störend empfunden.

Jeannies Kreativität beschränkte sich keineswegs auf die Kunst. Ihr Lieblingsfach war Naturkunde. Oft brachte sie eigene Projekte – Bakterienkulturen oder Insektensammlungen – in die Schule. Einmal stellte sie mit Hilfe eines Ballons und einer schematischen Darstellung des menschlichen Verdauungstraktes ihr eigenes Magen-und-Darm-«Modell« her. Als im Fernsehen ein Kinderspiel vorgestellt wurde, das sie interessant fand, baute sie es mit Pappe nach, anstatt ihre Eltern so lange zu plagen, bis sie es ihr kauften (was, wie sie wußte, zwecklos gewesen wäre). Sie war also wirklich gut, wenn es darum ging, interessante Ideen zu produzieren und sie selbständig zu verwirklichen.

Einige Lehrer wußten Jeannies kreative Fähigkeiten wirklich zu schätzen, in der Gesamtbewertung rangierten sie jedoch unter den Gedächtnisleistungen. Von manchen Lehrern wurde Jeannie sogar negativ beurteilt, denn sie hatte die ausgeprägte Neigung, sich Aufgaben, Probleme und deren Lösungswege selbst auszusuchen. Leider sehen sich Eltern viel zu oft genötigt, die kreativen Impulse ihrer Kinder zu zügeln, damit sie in der Schule nicht wie unangepaßte Störenfriede erscheinen.

Warum war Barbaras Zukunft gefährdet, und warum droht Jeannie dasselbe Schicksal? Warum schenken wir den Prädiktoren mehr Aufmerksamkeit als der tatsächlichen Leistung? Oder, ganz allgemein, warum ist uns die in IQ- und ähnlichen Tests gemessene analytische Intelligenz soviel wichtiger als die kreative Intelligenz? In den meisten Fällen fallen Menschen wie Barbara einfach aus dem System heraus. Barbara wurde aufgrund ihrer GRE-Werte nicht zum Promotionsprogramm zugelassen. In einem der anderen »Numerus-clausus-Fächer« wäre es ihr aus denselben Gründen vermutlich genauso ergangen. Die Zulassungsausschüsse hätten sich von ihrer Akte und den Empfehlungsschreiben beeindruckt gezeigt – und ihr dann wegen schlechter Testwerte die Tür vor der Nase zugeknallt. Viele Promotionsprogramme unterziehen ihre Bewerber einer Vorauswahl, so daß Unterlagen mit niedrigen Testwerten von Leuten wie Barbara meist nur von einer Sekretärin gesichtet und dann aussortiert werden.

Dieselbe triste Situation herrscht an sämtlichen Fakultäten vor. Um die juristische Fakultät *(Law School)* zu besuchen, hätte Barbara den Law School Admission Test (LSAT) absolvieren müssen, der der GRE sehr ähnlich ist. Die medizinischen Fakultäten verlangen den Medical College Admission Test (MCAT), den sie mit großer Wahrscheinlichkeit auch nicht besser absolviert hätte. Und hätte sie Wirtschaftswissenschaften studieren wollen, wäre ihr vermutlich der Graduate Management Admission Test (GMAT) zum Verhängnis geworden. All diese Tests messen analytische und nicht kreative Intelligenz.

Nachdem Barbara abgelehnt worden war, beschloß ich, sie als Forschungsassistentin einzustellen, da sie meiner Ansicht nach viel mehr Potential hatte, als ihre Testwerte anzeigten. Und es gab noch einen weiteren Grund: Barbara arbeitete damals für einen meiner Hauptkonkurrenten in unserem Forschungsbereich, und ich hielt es für besser, sie in meinem Lager zu haben. Ich wurde nicht enttäuscht. Ihre Arbeit als Forschungsassistentin war in höchstem Maße kreativ und innovativ. Zwei Jahre später bekam sie die Zulassung zum Graduiertenprogramm. Aber glauben Sie, Barbaras Fall hätte irgend etwas am System geändert? Menschen wie Barbara gelten höchstens als die seltene Ausnahme einer soliden Regel. Noch immer bewerten wir abstrakte analytische Fähigkeiten höher als kreative Begabungen, obwohl für den Erfolg in unserer Welt heutzutage jene Art von kreativem Denken nötig ist, die wir bei Menschen wie Barbara finden.

Völlig falsch ist es nicht, der Analyse solches Gewicht beizumessen, doch es ist unverhältnismäßig. Ein Unternehmen wie Intel ist deshalb so erfolgreich, weil es innovativ ist. Während ein Produkt mit großem Werbeaufwand eingeführt und dem Markt als die größte Erfindung seit der Brotscheibe angeboten wird, arbeitet man bereits an der Entwicklung des Nachfolgeproduktes. Und während andere Unternehmen mühsam um ihre Konkurrenzfähigkeit ringen, nimmt Intel, um Nasenlängen voraus, unangefochten die Spitzenposition ein. Analytische Intelligenz braucht man, um den Markt für ein Produkt zu erkennen, kreative Intelligenz jedoch sorgt dafür, daß es Produkte überhaupt gibt und auch weiterhin geben wird.

Praktische Intelligenz

Als Celia (den Namen habe ich geändert) sich um die Zulassung zu unserem Promotionsprogramm bewarb, waren ihre Noten und Empfehlungsschreiben gut, aber nicht sehr gut. In der Tat schienen ihre gesamten Bewerbungsunterlagen gut, aber eben nicht sehr gut. Natürlich wurde Celia angenommen, denn jeder Promotionsstudiengang braucht Leute, die gut, aber nicht sehr gut sind. Ihre Arbeit entsprach unseren Voraussagen – gut, aber nicht sehr gut –, also sahen wir uns bestätigt.

Doch welche Überraschung, als Celia sich um einen Job bewarb. Überall wollte man sie haben. Das warf eine interessante Frage auf: Warum sollte jemand, dem es an Alices analytischen und Barbaras kreativen Fähigkeiten mangelte, auf dem Arbeitsmarkt so spektakulär erfolgreich sein? Die Antwort war im Grunde ganz einfach. Sie besaß ein hohes Maß an praktischer Intelligenz, oder einfach gesunden Menschenverstand. Celia konnte in neuen Situationen erkennen, was zu tun war, um erfolgreich zu sein, und das tat sie dann auch. Celia wußte z. B., wie man Interviews führt, sie kam mit ihren Kommilitonen und ihrer Arbeit gut zurecht. Außerdem wußte sie, was machbar war und was nicht. Mit anderen Worten: gewieft in einem akademischen Umfeld. Sie war sich über etwas im klaren, das selten anerkannt wird: Sowohl in der Schule wie auch im Leben ist ein gewisses Quantum an praktischer Klugheit nötig, um sich der jeweiligen Umgebung anzupassen.

Dieses Talent kann man auch an kleinen Kindern beobachten. Ein Beispiel: In einer Nachrichtensendung wurde über ein fünf- oder sechsjähriges Kind berichtet, dessen Mutter unter der Dusche einen eptileptischen Anfall hatte und bewußtlos in der Badewanne lag, während sich aus der Dusche heißes Wasser über sie ergoß. Außer dem kleinen Jungen war niemand im Haus. Er wählte die Notrufnummer 911 und sagte dem Einsatzleiter, wo er wohnte. Am beeindruckendsten war jedoch die Tatsache, daß er vor seinem Anruf den Kaltwasserhahn aufdrehte, um seine Mutter vor weiteren Verbrühungen zu bewahren. Er hatte versucht, den Heißwasserhahn zuzudrehen, doch er war zu heiß, um ihn anzufassen.

Manchmal verfügen auch sogenannte geistig Zurückgebliebene über enorme praktische Fähigkeiten. Sie müssen es, um ihr Leben zu meistern. Beispiel: Ein geistig Behinderter konnte die Uhr nicht lesen und trug ständig eine kaputte Armbanduhr bei sich. Wenn er wissen mußte, wie spät es war, fragte er jemanden mit dem Hinweis, daß seine Uhr kaputt sei.[7]

Alice und Ben würde fast jeder für intelligent halten, und für viele wären auch Barbara und Jeannie intelligent (wenn auch auf ganz eigene Weise), doch über Celia würden vermutlich nur noch wenige so denken. Vielleicht würde man ihr gesunden Menschenverstand zugestehen, doch nicht als einen Aspekt von Intelligenz. Man könnte sie sogar für manipulativ und opportunistisch halten und sich weigern, dies als wesentlichen Bestandteil von Intelligenz zu akzeptieren. Das ist aber falsch. Celias besondere Art der praktischen Intelligenz ist nicht weniger wichtig als Alices analytische und Barbaras kreative Intelligenz, und zwar aus dem einfachen Grund, weil unterschiedliche Situationen unterschiedliche Formen von Intelligenz erfordern. Außerdem: Wenn wir in der Schule nur eine einzige Form der Intelligenz werten und würdigen, werden notwendigerweise viele Schüler und Studenten ernsthaft unterschätzt, weil wir ihnen weniger Intelligenz zubilligen, als sie in Wahrheit besitzen.

Die Tendenz, gewisse Formen von Intelligenz zu unterschätzen, wurde anhand unserer eigenen Forschungsarbeiten in Kalifornien deutlich.[8] Aus einem Vergleich der Intelligenzvorstellungen von Eltern aus verschiedenen ethnischen Gruppen ergab sich folgendes: Je stärker Eltern mit einer bestimmten Vorstellung von Intelligenz Wert auf die soziale Kompetenz ihrer Kinder legen – etwa mit ihren Altersgenossen auszukommen oder in der Familie zu helfen –, desto weniger klug erscheinen diese Kinder an schulischen Maßstäben gemessen. Mit anderen Worten: Die Divergenz elterlicher und schulischer Wertvorstellungen führte dazu, daß Kinder in ihrem sozialen und familiären Umfeld durchaus kompetent sein mochten, in der Schule jedoch als intellektuell minderbemittelt beurteilt wurden. Ähnliche Forschungsinteressen veranlaßten Shirley Heath, das Sprachverhalten von Kindern in drei verschiedenen Gemeinden zu untersuchen:[9] in Trackton, einer schwarzen Unterschichtgemeinde; Roadville, einer weißen Unterschichtgemeinde; und Gateway, einer weißen Mittelschichtgemeinde.

Sie stellte fest, daß die Leistungen der Kinder aus Trackton, sobald sie in die Schule kamen, merklich schlechter waren als die der Kinder aus Roadville und Gateway; allerdings zeigte sich auch, daß die Vorstellung, wie intelligent Kinder in der Schule sind, sehr stark von der Übereinstimmung zwischen schulischen und elterlichen Intelligenzvorstellungen abhängt. Die Kinder in Trackton könnten daher ebenso intelligent gewesen sein wie die Kinder in Roadville oder Gateway. Für die Eltern aus Trackton spielte z.b. nonverbale Kommunikation eine große Rolle. In Trackton erforderte eine erfolgreiche Kommunikation viel Erfahrung und Geschick im Verstehen und Vermitteln nonverbaler Zeichen. In Roadville und Gateway wurde hingegen größerer Wert auf sprachliche Fertigkeiten gelegt, was den schulischen Anforderungen sehr viel mehr entsprach. Im Endergebnis schienen die Kinder aus Gateway und Roadville intelligenter zu sein als die Kinder aus Trackton – und waren es möglicherweise gar nicht. Auch in diesem Fall profitierte die Mittelschicht (insbesondere die weiße Mittelschicht) von der Übereinstimmung schulischer, familiärer und sozialer Werte.

Man kann durchaus behaupten, daß die weiße Mittelschichtkultur die Bedeutung nonverbaler Kommunikation unterschätzt. Zum Beispiel sind viele weniger begnadete Lehrer und Professoren in der Lage, jahrein jahraus Langeweile zu verbreiten, weil sie die nonverbale Kommunikation ihrer Zuhörer ignorieren. Kein Schüler oder Student würde eine schlechte Note riskieren und ihnen ins Gesicht sagen, daß sie Langeweile verbreiten. Diese Lehrer mögen noch so beschlagen sein, praktische Intelligenz besitzen sie nicht. Wenn sie nämlich den nonverbalen Zeichen Beachtung schenkten, würde ihnen bewußt werden, daß sie keine Aufmerksamkeit finden. Vielleicht könnten sie dann sogar etwas dagegen tun.

Bei Interviews kann die Sensibilität für nonverbale Kommunikationsformen ausschlaggebend sein. Informationen darüber, wie gut ein Interview verläuft, sind fast ausschließlich nonverbal. Interviewer wissen, daß sie ihre positiven oder negativen Gefühle für den Gesprächspartner nicht zeigen sollen. Dennoch gibt es Momente, in denen man sagen möchte: »Ich werde uns beiden einen Gefallen tun. Es bleiben uns noch fünfundzwanzig Minuten Gesprächszeit, aber wir wissen beide, daß wir unsere Zeit verschwenden. Warum verschwinden Sie also nicht einfach?« Der Interviewer kann das natürlich nicht so formulieren, doch auf der nonverbalen Ebene werden seine Empfindungen wahrscheinlich zum Ausdruck kommen, und wenn der Gesprächspartner sensibel dafür ist, kann er oder sie den Verlauf des Gesprächs entsprechend beeinflussen. Wie wichtig die Fähigkeit zu nonverbaler Kommunikation ist, zeigt sich auch in engen persönlichen Beziehungen. Die ersten Hinweise auf ein Beziehungsproblem sind fast immer nonverbaler Natur, weil dem Partner meist noch nicht bewußt ist, daß er sich unwohl zu fühlen beginnt. Er vermittelt sein Unbehagen nonverbal – mittels heftiger Gesten, körperlicher Distanz, schiefer Blicke und mit einem forcierten Ton in der Stimme. Ist der Partner empfänglich für diese Zeichen, kann er oder sie darauf eingehen und versuchen, das Problem aufzugreifen. Wenn nicht, muß sich die Lage vermutlich weiter verschlechtern, bevor sie wieder besser werden kann.

Auch im Geschäftsleben kann nonverbale Kommunikation als Aspekt der praktischen Intelligenz nützlich sein. Manche arabischen Geschäftsleute tragen dunkle Brillen, um in Verhandlungen ihre Augen zu verbergen, denn sie wissen, daß erweiterte Pupillen Interesse signalisieren und ein Pokerface ihre Verhandlungsposition verbessern kann. Praktische Intelligenz sagt uns, daß wir als Käufer kein allzu großes Interesse an der Ware zeigen dürfen, bevor wir ein Angebot machen. So bleibt dem Verkäufer verborgen, daß wir auch einen höheren Preis zu bezahlen bereit wären.

Zurück zur Heath-Studie: Der Vergleich zwischen Roadville und Gateway ist interessant. Beim Schuleintritt waren die Fähigkeiten der Kinder beider Gemeinden in etwa gleich. Innerhalb weniger Jahre jedoch wurden die Leistungen der weißen Mittelschichtkinder aus Gateway besser als die der weißen Unterschichtkinder in Roadville. Was war geschehen? Hatten die Roadville-Kinder eine Art »erbliches, kumulatives Defizit«, wie uns manche glauben machen wollen? Es gibt eine sehr viel bessere Erklärung. Die in Roadville vorherrschenden Ansichten über das Wesen von Erziehung und Intelligenz ließen die Kinder dieser Gemeinde in der Schule weniger intelligent erscheinen.

Ein Beispiel: Mit dem Schuleintritt ihrer Kinder neigten die Eltern in Roadville dazu, ihre eigene Lehrerrolle aufzugeben. Sie hörten auf, sich in die Bildungsprozesse ihrer Kinder einzumischen. Wie viel Eltern aus der Unterschicht verfügten sie nur über eine begrenzte Schulbildung und fühlten sich möglicherweise durch die Schule ein wenig eingeschüchtert oder mit zunehmendem Alter ihrer Kinder unfähig, Hilfestellung zu leisten.[10] Die Eltern in Gateway beteiligten sich hingegen weiterhin an der schulischen Entwicklung ihrer Kinder, was diesen zum Vorteil gereichte.

Darüber hinaus legten die Roadville-Eltern bei ihrer Vorstellung von Intelligenz mehr Wert auf das Gedächtnis, während die Gateway-Eltern dem logischen Denken (Schlußfolgern) größeres Gewicht beimaßen. Da dieses im Verlauf der Schulzeit an Bedeutung gewinnt, waren ihre Kinder in dieser Hinsicht im Vorteil. Erfolgreiche Unternehmen denken wie die Gateway-Eltern. Sie legen in der Regel großen Wert auf einen permanenten Bildungsprozeß. Sie wissen, daß die Ausbildung, die ihre Angestellten vor dem Berufseintritt genossen haben, für das Unternehmen wichtig ist; gleichzeitig ist ihnen jedoch bewußt, daß die Ausbildung, die sie im Laufe ihrer beruflichen Tätigkeit erhalten, sie für das Unternehmen noch wertvoller macht. Lebenslanges Lernen wird gefördert, doch der Hauptakzent liegt dabei auf der Entwicklung von Fähigkeiten und Kenntnissen, die dem Unternehmen zugute kommen – d. h. auf Aspekten praktischer Intelligenz.

Auch bei Vertretern akademischer Berufe – Anwälte, Ärzte, Betriebswirte, Psychologen usw. – lassen wir uns häufig von relativ unwichtigen Zertifikaten beeindrucken. Wir suchen nach dem Experten, dessen Kompetenz sich für uns in den Diplomen prestigeträchtiger Institutionen dokumentiert. Sehr viel wichtiger ist jedoch unter Umständen eine in vielen Berufsjahren kontinuierlich erworbene Sachkenntnis. Anders ausgedrückt: Wieviel ein Spezialist weiß oder wo er sein Wissen erworben hat, spielt meist eine geringere Rolle. Wichtiger ist, wie er dieses Wissen in Ausübung seines Berufes erfolgreich praktiziert hat – d. h. seine praktische Intelligenz.

Intelligenz kann nicht unabhängig von ihrem erweiterten Anwendungskontext betrachtet werden. Tut man es doch, so gelangt man möglicherweise zu schwerwiegenden falschen Schlußfolgerungen über die Lern- und Leistungsfähigkeit von Kindern und Erwachsenen. Unsere Tests messen aber weder praktische noch kreative Intelligenz, und unsere Schulen vernachlässigen beides. Lehrer und Erzieher müssen damit beginnen, nicht nur Alices analytische Intelligenz, sondern auch Barbaras kreative und Celias praktische Intelligenz in Betracht zu ziehen.

Obwohl die Menschen im allgemeinen eine bestimmte Art zu denken bevorzugen, denken sie nicht ausschließlich auf eine Weise. Jeder verfügt über irgendeine Kombination aus analytischer, kreativer und praktischer Intelligenz. Wir müssen alle diese Intelligenzformen fördern und nicht einer den Vorzug geben. Am wichtigsten ist es jedoch, alle drei Formen der Intelligenz zu erkennen, zu entwickeln und ihren ausgeglichenen Einsatz in Schule und Arbeitswelt zu fördern. Bestimmte Aufgaben mögen die eine oder andere Intelligenzform in unterschiedlichem Maß beanspruchen, Erfolgsintelligenz heißt jedoch, zum richtigen Zeitpunkt auf alle drei Formen zurückgreifen zu können – ein Problem zu analysieren, eine kreative Lösung zu entwickeln und diese schließlich in eine praktikable zu verwandeln.

Menschen mit der höchsten Erfolgsintelligenz sind nicht notwendigerweise jene mit der höchsten Intelligenz in allen drei Formen. Vielmehr sind sie – in Schule und Beruf – in der Lage, ihre Stärken optimal zu nutzen, ihre Schwächen zu kompensieren und aus ihren Fähigkeiten das Beste zu machen – und dafür benötigen sie analytische, kreative und praktische Intelligenz. Dieses Verständnis von Erfolgsintelligenz müssen wir uns aneignen, wenn wir unsere Fähigkeiten optimal nutzen wollen.

Die drei Aspekte im Test

Nachdem ich meine Theorie der Intelligenz formuliert hatte, beschloß ich, sie anhand einer Studie zu überprüfen. Außerdem wollte ich prüfen, ob Schüler, die einen oder alle drei Aspekte der Erfolgsintelligenz nutzen können, erfolgreich sind, wenn ihnen durch die Art des Unterrichts und der Beurteilung die Möglichkeit dazu gegeben wird. Die fünfjährige Studie wurde vom U.S. Office of Educational Research and Improvement finanziert. Das Ziel war einfach: Wir wollten herausfinden, ob Schüler bessere Leistungen erbringen, wenn ihnen im Unterricht gestattet wird, die ihnen am meisten gemäße Form von Intelligenz einzusetzen. Mit anderen Worten: Werden sich die Lern- und Leistungsfähigkeit steigern, wenn man eine den jungen Leuten gemäße Unterrichtsform wählt, anstatt allen denselben Einheitsunterricht zu bieten?[11] Die Studie war folgendermaßen aufgebaut: Wir verschickten einen auf meiner dreiteiligen Theorie der Erfolgsintelligenz basierenden Test an Schüler höherer Schulen im In- und Ausland. Der Test enthielt analytische, kreative und praktische Aufgaben aus den Bereichen Sprache, Mathematik, Gestaltung und Aufsatz. Wir wollten die Begabungsmuster der Schüler auf möglichst vielfältige Weise erfassen und uns dabei weder auf die analytischen Items typischer IQ-Tests noch z. B. auf den sprachlichen Bereich oder Multiple-choice-Fragen beschränken. Indem wir die drei Aspekte meiner Theorie der Erfolgsintelligenz in vier verschiedenen Bereichen testeten, hatten wir bessere Chancen, Schüler mit ausgeprägten Fähigkeiten in einem der drei Aspekte ausfindig zu machen.

Hier einige Beispiele für unsere Testfragen: Im Bereich analytische Intelligenz mußte die Bedeutung von Wörtern aus ihrem Kontext erschlossen werden, wie dies beim Erlernen der Sprache geschieht. Im Bereich kreative Intelligenz mußten die Schüler mit neuartigen, ihnen unbekannten Zahlenoperationen arbeiten und verbale Analogien mit irrealen Vorgaben lösen (z. B. »Angenommen, Spatzen spielen ›Himmel und Hölle‹. Wie wäre folgendes Problem zu lösen?«). Im Bereich praktische Intelligenz mußten sie mit Hilfe von Straßenkarten Routen planen und mit Fahrplänen Zeiten und Entfernungen berechnen, ganz wie im alltäglichen Leben. In ihrem Aufsatz sollten die Schüler ein Problem beschreiben, vor das sie sich ganz real gestellt sahen, und praktische Lösungsvorschläge entwickeln.

Unsere Probanden waren von ihren Lehrern bzw. Schulen als mögliche Kandidaten für das Programm ausgewählt worden. Sie galten nicht unbedingt als im konventionellen Sinne (IQ-)begabt. Anhand ihrer Testergebnisse wählten wir Schüler aus, die zumindest eines von fünf Kriterien erfüllten. Sie besaßen entweder ausgeprägte analytische, kreative oder praktische Fähigkeiten, hohe (wenn auch nicht unbedingt sehr hohe) Begabungen oder relativ schwache Fähigkeiten in sämtlichen Bereichen. Damit hatten wir fünf verschiedene Begabungsgruppen.

Bemerkenswert ist, daß die nach diesen Kriterien zusammengestellten Gruppen sich nicht nur hinsichtlich ihrer Fähigkeiten, sondern auch in anderen, unschwer erkennbaren Aspekten unterschieden. Die stark analytische Gruppe fiel schon dadurch auf, daß sie in ihrer Zusammensetzung dem traditionellen Begabungsbegriff entsprach. Sie bestand vorwiegend aus weißen Schülern aus der Mittel- bzw. oberen Mittelschicht, die häufig bereits in ihren Schulen als »begabt« galten. Die stark kreative und die stark praktische Gruppe hingegen waren, was die ethnische, rassische oder auch sozioökonomische Gruppenzugehörigkeit betraf, viel heterogener. Viele Schüler aus diesen Gruppen waren noch nie zuvor als begabt identifiziert worden und gehörten im allgemeinen nicht zu den leistungsstarken Schülern ihrer Schulen. Die allseitig begabte Gruppe (deren Mitglieder in allen drei Bereichen gute Testwerte erzielt hatten) glich dann wieder mehr einer typischen Begabtengruppe, vermutlich aufgrund ihrer ausgeprägten Fähigkeiten im konventionell-analytischen Bereich. Die Gruppe mit den niedrigen Werten in allen drei Fähigkeiten war sehr heterogen besetzt.

Wir holten die 199 Probanden unserer Studie nach Yale, wo sie einen Einführungskurs in Psychologie auf College-Niveau besuchen sollten. Alle erhielten den gleichen Einführungstext, basierend auf meiner dreiteiligen Intelligenztheorie.[12] Außerdem besuchten alle jeden Morgen die Vorlesung von Mahzarin Banaji, einem unserer besten Psychologieprofessoren in Yale.

Die kritische Phase, in der die Gruppen unterschiedliche Behandlung erfuhren, folgte am Nachmittag. In dieser Zeit erhielten die fünf Gruppen vier unterschiedliche Formen von Unterricht, die zum Teil den natürlichen Begabungen der Studenten jeder Gruppe entsprachen. Eine Unterrichtsform betonte das analytische Denken: Vergleichen und Kontrastieren, Beurteilen, Bewerten und Analysieren. Die zweite Unterrichtsform beruhte mehr auf kreativem Denken: Entdecken, Erfinden, Phantasieren und Voraussetzen. In der dritten wurde praktisches Denken betont: Benutzen, Nutzbarmachen und Anwenden. Die vierte Unterrichtsform – in der sogenannten Kontrollgruppe – arbeitete vor allem mit Gedächtnisleistungen, wie dies in den meisten Einführungskursen, nicht nur im Fach Psychologie, der Fall ist.

Diese Unterrichtsformen sind auch in anderen Fächern anwendbar. In der Wissenschaft benötigt man analytische Intelligenz z.B. beim Vergleich zweier Traumtheorien; kreatives Denken ist bei der Entwicklung einer Theorie oder eines Experiments erforderlich; und praktisches Denken ist notwendig, wenn wissenschaftliche Erkenntnisse im Alltagsleben Anwendung finden sollen. In der Literatur braucht man analytisches Denken, um Plots, Themen oder Charaktere zu analysieren; kreatives Denken, um ein Gedicht oder eine Kurzgeschichte zu schreiben; und praktisches Denken, um das, was uns die Literatur lehrt, ins eigene, alltägliche Leben einzubringen. Im Bereich Geschichte hilft analytisches Denken beim Vergleich von Ländern und Kulturen; kreatives Denken bei dem Versuch, sich in die Lage der Menschen anderer Zeiten und Länder hineinzuversetzen; und praktisches Denken bei der Anwendung von Lehren aus der Geschichte auf die Gegenwart. In der Kunst bedarf es analytischer Intelligenz, um den Stil oder die Aussage eines Künstlers zu analysieren; kreatives Denken ist Teil des künstlerischen Schaffens; und praktisches Denken hilft bei der Entscheidung, was sich auf dem Kunstmarkt verkaufen läßt und warum. Sogar beim Sport werden die drei Denkformen gebraucht: analytisches Denken, um die Strategie des Gegners zu analysieren, kreatives Denken bei der Entwicklung der eigenen Strategie und praktisches Denken, um den Gegner auch mental zu besiegen.

Da es sich um ein Experiment handelte, bekamen unsere Studenten abschnittsweise immer nur eine bestimmte Unterrichtsform geboten: analytisches Denken, kreatives Denken, praktisches Denken oder Gedächtnis. Ein guter Kurs oder ein gutes Seminar wird natürlich immer eine Kombination der verschiedenen Denkformen bieten, und zwar aus dem einfachen Grund, weil man den Schülern helfen möchte, sowohl auf die einfache als auch auf die schwierige Weise zu lernen. Menschen entwickeln keine Erfolgsintelligenz, wenn wir sie ständig verhätscheln – ihnen die Sache leichtmachen. Wir sollten ihnen manches leicht- und manches andere schwermachen und den Schülern die Möglichkeit geben, von ihren Stärken zu profitieren, ihre Schwächen zu kompensieren und das Beste aus ihren natürlichen Begabungen zu machen. Nach meiner Theorie ist der »begabte Student« gerade dazu in der Lage; und dies entspricht nicht der traditionellen Bedeutung des Begriffs.

Dieser Begabungsbegriff war der Grund dafür, daß wir uns bei der Auswahl der Studenten für unser Sommerprogramm nicht auf konventionelle Tests verließen, sondern unseren eigenen Test entwickelten. Erfolgsintelligenz ist nicht statisch, sondern dynamisch. Wenn man einen Intelligenztest absolviert und ihn zu einem späteren (allerdings nicht zu späten) Zeitpunkt wiederholt, sollten die Testwerte in etwa gleich sein – davon geht das traditionelle psychometrische Establishment aus. Falls sie im Wiederholungstest niedriger oder höher liegen, kann mit dem Probanden etwas nicht stimmen, vielleicht hat er gemogelt. Ich glaube: Wenn man sich bemüht, seine Schwächen und Stärken zu erkennen, mit seinen Stärken zu arbeiten und seine Schwächen zu korrigieren oder zu kompensieren, dann wird sich die Erfolgsintelligenz rasch steigern. Somit ist der wahre Intelligenzmaßstab nicht der Testwert, sondern die Bereitschaft, die eigenen Talente zu entwickeln.

Sämtliche Teilnehmer an unserem Sommerkurs erhielten eine Beurteilung nach vier Leistungskategorien: Gedächtnis-, analytische, kreative und praktische Leistungen. Die Leistungsmessung erfolgte auf vielfältige Weise: per Hausaufgaben, Multiple-choice-Tests, Aufsatzklausuren und mit Hilfe eines unabhängigen Forschungsprojekts. Es genügte nicht, daß die Studenten den Inhalt des Buches kannten; auch in den übrigen drei Unterrichtsbereichen wurde ihre Leistung gemessen. Ich halte es für sehr wichtig, daß man analytische, kreative und praktische Unterrichtsformen erlebt, weil auf diese Weise das lernende Verarbeiten des Stoffes verstärkt wird. Jeder weiß, daß Auswendiglernen Kurzzeitwissen produziert. Die meisten Schüler haben nach der Prüfung – manche unglücklicherweise schon vorher – alles wieder vergessen. Indem sie den Lernstoff auf vielfältige Weise reflektieren, sind sie jedoch genötigt, ihn gründlicher zu verarbeiten und somit besser zu lernen. Sie denken, um zu lernen, und lernen dabei zu denken.

Unsere Studie lieferte Belege für eine Reihe wichtiger und für meine Theorie der Erfolgsintelligenz relevanter Punkte. Erstens: Man kann kreative und praktische, nicht nur analytische Intelligenz mit Hilfe von Tests erfassen. Schüler mit hohen Werten im Kreativteil unseres Tests erwiesen sich auch in unserem Programm als kreativ. Zweitens: Man kann durch entsprechenden Unterricht alle drei Aspekte der Erfolgsintelligenz verbessern. Studenten mit hoher analytischer Begabung z. B. entwickelten kreative und praktische Fähigkeiten, wenn sie entsprechend herausgefordert wurden. Auch die in allen drei Begabungsbereichen relativ schwachen Mitglieder der Kontrollgruppe erhielten die Chance, ihre Fähigkeiten zu verbessern. Jene Studenten schließlich, die in allen drei Bereichen relativ stark waren, offenbarten – obwohl ihre Arbeit in den Kursen nicht immer brillant gewesen sein mag – ein weit überdurchschnittliches Maß an Kompetenz. Angesichts dieser Ergebnisse wurde mir immer deutlicher bewußt, wie sehr wir unsere Schüler und Studenten – und die Gesellschaft – betrügen, wenn wir die Bestimmung ihrer Intelligenz und ihrer Zukunft psychometrischen Tests überlassen, die vielleicht bis zu einem gewissen Grad als Indikatoren für bereits erworbenes Wissen gelten dürfen, aber keine Indikatoren für mögliche zukünftige Leistungen sind.

Die wichtigste Erkenntnis war, daß Schüler in Nachmittagsgruppen, die ihrer natürlichen Begabungsstruktur entsprachen, wesentlich bessere Leistungen erzielten als die Probanden in den anderen Gruppen. Wenn z. B. kreative Schüler wenigstens eine kleine Chance erhielten, ihre kreativen Fähigkeiten einzusetzen, war ihre durchschnittliche Gesamtleistung besser, als wenn sie diese Chance nicht bekamen. Dasselbe Bild ergab sich bei analytisch und praktisch begabten Studenten.

In gewisser Hinsicht waren diese Ergebnisse keineswegs überraschend. Es leuchtet ein, daß Schüler besser abschneiden, wenn Unterricht und Testverfahren auf ihre natürlichen Begabungen zugeschnitten sind. Doch das entspricht weder unserer Unterrichts- noch unserer Testpraxis. Wir schätzen Studenten mit gutem Gedächtnis und ausgeprägten analytischen Fähigkeiten, während wir die mit den starken kreativen und praktischen Begabungen im Grunde abgeschrieben haben. Wollen wir die Begabungen unserer Studenten nutzen, und zwar auf sämtlichen Ebenen, müssen wir unsere Unterrichtspraxis ändern. Unterricht und Beurteilung müssen die Stärken und nicht nur die Schwächen unserer Schüler und Studenten anerkennen.

Vom IQ zur Erfolgsintelligenz

Es ist interessant, die Karrieren erfolgreicher Menschen mit hohem IQ zu betrachten, weil man nämlich schnell zu dem Ergebnis gelangt, daß der Erfolg sich nicht unbedingt diesem besonderen Attribut verdankt. Wir wissen, daß Korrelation und Ursache häufig miteinander verwechselt werden. Nehmen wir z.B. Marilyn Vos Savant, die im *Guinness-Buch der Rekorde* als der (lebende) Mensch mit dem höchsten gemessenen IQ verzeichnet wird. Sie ist Autorin einer Reihe von Rätselbüchern, die die Denkfähigkeit ihrer Leser strapazieren. Außerdem schreibt sie eine Beratungskolumne in *Parade,* einer wöchentlich erscheinenden Zeitungsbeilage mit großer Auflage.

Wie man Frau Savants Erfolg beurteilt, hängt natürlich von den Kriterien ab, die man zugrunde legt. An der weltgeschichtlichen Bedeutung ihrer Leistungen gemessen, würde sie unter den Großen in Literatur, Wissenschaft und Kunst – unter denen es einige geben dürfte, die ihr an gemessenem IQ nachstehen – vermutlich recht weit unten rangieren. Und bei der Lektüre ihrer Kolumne werden Sie vermutlich zu dem Schluß kommen, daß sie ebensowenig zu den überragenden Psychologinnen gehört. Von einer anderen Warte aus betrachtet, ist sie jedoch sehr erfolgreich gewesen – nämlich in ihrer Karriere als Autorin und Medienpersönlichkeit. Vom Standpunkt meiner Intelligenztheorie aus gesehen, schlägt Frau Savant eher aus ihren praktischen als ihren analytischen oder akademischen Talenten Kapital. Und dafür gebührt ihr wohl Anerkennung. Schließlich geht es bei der Erfolgsintelligenz genau darum: seine Stärken zu entdecken und das Beste daraus zu machen. Das hat sie getan. Erfolgsintelligenz macht es notwendig, zwischen Sachbereichs- und Arbeitsbereichskönnen zu unterscheiden.[13] Das Sachbereichskönnen bezieht sich auf die Arbeit selbst, das Arbeitsbereichskönnen auf die Menschen, die in einem bestimmten Arbeitsbereich tätig sind. In einem Sachbereich Herausragendes zu leisten ist eine Sache; in seinem Arbeitsbereich hervorragend zu sein eine andere. Bereichsspezifische Sachkenntnis kann ein ausgeglichenes Verhältnis von analytischen, kreativen und praktischen Fähigkeiten widerspiegeln, die Anerkennung für herausragende Leistungen in einem Arbeitsbereich setzt jedoch fast immer ein gehöriges Maß an praktischer Intelligenz voraus. Künstler müssen ihre Arbeiten in Galerien zeigen, Schriftsteller müssen ihre Werke veröffentlichen. Wir möchten gerne glauben, daß es genügt, gute Arbeit zu leisten, und manchmal ist dem auch tatsächlich so. Mitunter fällt die Anerkennung jedoch auch weniger begabten Menschen zu, weil sie ihre Fähigkeiten, Anerkennung zu erringen, einzusetzen verstehen. Auch das ist Erfolgsintelligenz.

Die Voraussetzungen für den Erfolg sind aber nicht nur in den diversen Arbeitsfeldern und -bereichen verschieden, sie ändern sich auch im Laufe einer Berufskarriere. So unterscheiden sich die Eigenschaften, die zu Beginn einer Managerkarriere gefordert sind, von denen, die auf höheren Managementebenen zum Erfolg führen. Auf den unteren Ebenen verhält man sich eher reaktiv, auf den höheren Ebenen muß man Führungsqualitäten beweisen. Am Anfang wird es wahrscheinlich wenig zu delegieren geben, ganz oben muß man möglicherweise fast ausschließlich delegieren.

Menschen mit Erfolgsintelligenz sind flexibel und passen sich den Rollen an, die sie zu verkörpern haben. Sie erkennen die Notwendigkeit, ihre Arbeitsweise gegebenen Aufgaben und Situationen an-

zupassen. Sie analysieren, welche Veränderungen notwendig sind, und führen sie durch. Andrew Lloyd Webber hat gute Aussichten, der reichste und berühmteste Komponist unserer Tage zu werden. In bestimmter Hinsicht ist er außerordentlich erfolgreich. In der Welt der »ernsten Musik« jedoch – dort, wo es um Konzerte, Sonaten, Opern und dergleichen geht – gehört Webber nicht zur Elite. Auf ähnliche Weise hat Leo Buscaglia großen Publikumserfolg mit seinen Büchern über Partnerbeziehungen, wird jedoch in den Werken ernsthafter Wissenschaftler zu diesem Thema so gut wie nie zitiert. Webber und Buscaglia sind in einer Hinsicht außerordentlich erfolgreich, in einer anderen wiederum nicht. Doch das gilt für alle erfolgreichen Menschen. Alle Menschen mit Erfolgsintelligenz haben miteinander gemeinsam, daß sie selbst entscheiden, in welchem Arbeitsbereich sie tätig sein wollen, und dann den Erfolg dort suchen. Es gibt kein einzelnes Kriterium für Erfolg, und Menschen, die in einem umfassenden Sinne begabt sind, erringen persönliche Erfolge in einem Bereich, den sie selbst gewählt und manchmal sogar selbst geschaffen haben.

Fazit: Wir müssen über den IQ hinausgehen, um intellektuell begabte Menschen als solche zu erkennen. Es gibt viele Formen von Begabungen, und Wertungen aus konventionellen Intelligenztests repräsentieren nur eine davon. Ja, einige der großen Genies, wie z.B. Albert Einstein oder Thomas Alva Edison, gehörten in ihren frühen Jahren weder in Tests noch in der Schule zu den Leistungsstarken. Einstein begann erst mit drei Jahren zu sprechen, und viele bemerkenswert begabte Persönlichkeiten besaßen Eigenschaften, die mit geistiger Behinderung assoziiert werden.

Eine kleine Anekdote zur Erklärung: Ein berühmter Historiker kam in eine Stadt, um vor den Professoren und Studenten einer kleinen Universität einen Vortrag zum Thema Erinnerung zu halten. Dies war der letzte Termin einer ausgedehnten Vortragsreise, er war erschöpft und wußte, daß er nicht mehr in der Lage sein würde, einen guten Vortrag zu halten. Auf der Fahrt zu seinem Zielort hatte er im Taxi eine Idee. Er bot dem Fahrer fünfzig Dollar, wenn er den Vortrag für ihn übernehme. Der Historiker kannte niemanden an dieser Universität und versicherte dem Fahrer, da der Vortrag schriftlich vorliege, müsse er nichts über den Gegenstand seiner Vorlesung wissen; er solle einfach nur vorlesen.

Da die Geschäfte nicht gut gingen, beschloß der Taxifahrer, das Angebot anzunehmen und die fünzig Dollar zu verdienen. Er hielt den Vortrag, und alles lief wie geplant. Danach folgte die Diskussion, und der Taxifahrer sah sich außerstande, die erste einfache Frage aus dem Publikum zu beantworten. Er wußte, die Antwort stand in dem Vortrag, den er vorgelesen hatte, doch er hatte sich so sehr auf das Vorlesen konzentriert, daß ihm der Inhalt entgangen war. Da fiel sein Blick auf den Historiker, der ihn bezahlt hatte und nun in der letzten Reihe des Hörsaales saß. Mit festem Blick wandte er sich dem Fragesteller zu und sagte:»Nun, diese Frage ist so einfach, daß sie sogar mein Taxifahrer beantworten kann, der zufällig anwesend ist.« Der Professor mag akademisch brillant gewesen sein, doch der Taxifahrer demonstrierte jene analytischen, kreativen und praktischen Fähigkeiten, die Erfolgsintelligenz ausmachen.

5

Der erste Schlüssel:
Mit analytischer Intelligenz
gute Lösungen finden

■

Analytische Intelligenz, die erste Komponente der Erfolgsintelligenz, beinhaltet die bewußte Ausrichtung unserer mentalen Prozesse auf eine gedanklich strukturierte Problemlösung. Analytisches Denken kann für verschiedene Zwecke eingesetzt werden. Bei der Problemlösung besteht das Ziel darin, sich von einer Problemsituation (z.b. nicht genug Geld für den Kauf eines Autos zu haben) auf eine Lösung zuzubewegen und die Hindernisse auf diesem Weg zu überwinden. In Entscheidungsprozessen geht es darum, zwischen verschiedenen Optionen zu wählen oder Möglichkeiten abzuwägen (z. B. den Wagen auszuwählen, der einem innerhalb des vorgegebenen finanziellen Rahmens am besten gefällt). Wir wollen im folgenden die Rolle der analytischen Intelligenz bei Problemlösungen ebenso wie bei Entscheidungsfindungen untersuchen. Ihre Anwendung bei der Lösung von Testproblemen lassen wir außer acht und konzentrieren uns auf die Probleme des Alltagslebens. Analytische Intelligenz ist nicht mit der in IQ-Tests gemessenen akademischen Intelligenz gleichzusetzen. IQ-Tests messen nur einen Teil der analytischen Fähigkeiten – und zwar den für schulische Leistungen relevanten Teil. Ich möchte mich hier auf die umfassenderen Aspekte der analytischen Intelligenz konzentrieren, wie sie außerhalb des schulspezifischen Rahmens zur Anwendung kommen.

Probleme lösen

Die Lösung eines Problems vollzieht sich kreisförmig in sechs grundlegenden Schritten. Der Kreis entsteht, weil die Lösung des einen Problems gewöhnlich zur Basis des nächsten wird. Ein Beispiel: Sie kaufen ein Haus, um Ihr Wohnproblem zu lösen, doch Sie werden wahrscheinlich früher oder später Probleme mit Reparaturen und Instandhaltungsmaßnahmen zu lösen haben. Oder: Sie gehen eine Beziehung ein, um das Problem der Einsamkeit oder mangelnder menschlicher Nähe zu lösen; früher oder später werden Sie wahrscheinlich Probleme bekommen, wenn die betreffende Person nie dazusein scheint und Sie sich wieder einsam fühlen. Auch hier ist Problemlösung ein Kreis, keine gerade Linie.

Die sechs Schritte im Problemlösungskreis werden nicht immer in der nun folgenden Reihenfolge gegangen, obgleich diese Reihenfolge wahrscheinlich den typischen Verlauf darstellt. Auch kehrt man mitunter zu einem oder mehreren bereits vollzogenen Schritten zurück. Dennoch wird man im Verlaufe einer Problemlösung wahrscheinlich jeden dieser Punkte einmal durchlaufen haben.

1. *Problemerkennung.* Um ein Problem zu lösen, muß man zunächst erkennen, daß ein Problem vorliegt. In gewisser Hinsicht ist dies der wichtigste Schritt überhaupt, denn wer die Existenz eines Problems nicht erkennt, unternimmt auch nichts, um es zu lösen. Mangelnde Problemerkennung hindert viele daran, ihre Intelligenz zu gebrauchen. Alkoholiker z.B. können häufig nicht zugeben, daß sie ein Problem haben, und zerstören auf diese Weise nicht nur ihr eigenes Leben, sondern machen auch ihren Angehörigen das Leben zur Qual. Die totale Verleugnung ist ein verbreiteter Abwehrmechanismus bei Alkoholikern – man streitet einfach ab, daß es ein Problem gibt. Eine weitere gängige Abwehrstrategie ist die Projektion – das Problem liegt bei dem, der sich beklagt, und zwar wegen seiner Intoleranz gegenüber der Welt und dem Leben. Die Unfähigkeit, ein Problem anzuerkennen, beschränkt sich natür-

lich nicht auf Alkoholiker. Menschen mit sexuellen Problemen – mit pornographischen oder fetischistischen Neigungen etwa – entwickeln mitunter eine heftige Ablehnung gegen das, was sie erregt. Gelegentlich führt das zu einem veritablen Doppelleben, in dem sie öffentlich gegen das predigen, was sie tagtäglich ausleben. Die Psychologen waren keineswegs überrascht, als sich manch ein berühmter Fernseh-Evangelist als regelmäßiger Kunde von Prostituierten entpuppte – ein Personenkreis, der in ihren Fernsehpredigten besonders heftigen Attacken ausgesetzt war. Es ist nicht ungewöhnlich, daß Menschen mit einem starken Hang zur Pornographie einer Anti-Pornographie-Gruppe beitreten und dann in der »Vorkontrolle« pornographische Erzeugnisse sichten, um zu entscheiden, was andere sehen dürfen und was nicht. Die Beispiele sind nicht immer so extrem. Es gibt Eltern, die ihre Kinder mitunter bis an die Grenze der Mißhandlung körperlich züchtigen, um ihnen aggressionsfreies Verhalten gegenüber anderen Kindern einzubleuen. In all diesen Fällen offenbart sich ein dritter verbreiteter Abwehrmechanismus angesichts eines Problems – die Reaktionsbildung: Man versucht sich selbst davon zu überzeugen, daß man genau das Gegenteil von dem tut und denkt, was man tatsächlich tut und denkt.

Auch in der Welt der großen Wirtschaftskonzerne spielt Problemerkennung eine große Rolle. Die Firma Intel z.B. erkannte das Problem, als sich zeigte, daß ihr Pentium-Chip Rechenfehler produzierte. Die Fehler traten jedoch nur selten auf, und es war unwahrscheinlich, daß für den Durchschnittsbenutzer ein Schaden entstehen würde. Man versuchte also, das Problem als geringfügig abzutun. Da aber alles Ignorieren nichts half und erste Versuche, durch Korrekturen für ausgewählte Benutzer das Problem zu lösen, scheiterten, erklärte sich das Unternehmen bereit, den Fehler für alle Benutzer zu beheben.

In der Schule müssen die Kinder ständig Probleme lösen, die auch deutlich als solche gekennzeichnet werden. Sie sind numeriert und mit einem Fragezeichen versehen und stehen entweder auf Testbögen oder am Ende eines Schulbuchkapitels. Probleme in der realen Welt sind weder numeriert noch an einem Fragezeichen zu erkennen, sondern treten mitten in den Lebens-»Kapiteln« auf, nicht an deren Ende. Wir sollten viel mehr Zeit dafür aufwenden, Kindern (und erwachsenen Arbeitnehmern) dabei zu helfen, die typischen Merkmale von Problemsituationen zu erkennen, und nicht einfach davon ausgehen, daß es unser Ziel sei, ihnen beizubringen, wie man offensichtlich erkennbare Probleme löst.

Wie erkennt man, daß man ein Problem hat? Es gibt Symptome, die darauf hindeuten, daß etwas nicht in Ordnung ist; daß sich die Menschen – auch wir gehören dazu – unwohl fühlen; daß die gewohnten Techniken auf einmal zu ungewohnten, weniger adäquaten Ergebnissen führen; daß die Konkurrenzfähigkeit nachläßt usw. Wenn das Problembewußtsein fehlt, reagieren die Menschen häufig zu spät, oder es kann nur noch durch eine radikalere Lösung Abhilfe geschaffen werden.

Menschen mit Erfolgsintelligenz warten nicht, bis sie von den Problemen überrollt werden: Sie erkennen deren Existenz, bevor diese außer Kontrolle geraten, und setzen den Problemlösungsprozeß in Gang.

2. *Problemdefinition.* Wenn ein Problem erkannt ist, muß es definiert werden. Es kommt z. B. häufig vor, daß Menschen zwar erkennen, daß sie Beziehungsprobleme haben, aber nicht in der Lage sind zu definieren, worin sie bestehen. Oder sie definieren sie falsch.

Nehmen wir an, ein Ehepaar streitet sich, weil der Ehemann soviel Zeit beim Bowling mit seinen Freunden verbringt. Schließlich lenkt er ein und verspricht, seine Bowlingaktivitäten drastisch einzuschränken. Ist das Problem jetzt gelöst? Nicht wirklich. Statt zum Bowling zu gehen, verbringt er nun seine Zeit in Bars, und seine Frau ist erneut wütend auf ihn. Nun beginnt der Ehemann sich zu ärgern. Keine Bars mehr zu besuchen, wäre für ihn ein weiteres Zugeständnis. Das Problem ist allerdings noch immer nicht gelöst, denn es ging nie darum, wo er seine Zeit verbrachte, sondern um die Frage, wie lange er von zu Hause weg war und warum. Natürlich könnte man dieses Problem lösen, indem der Ehegatte zu Hause bleibt. Aber wie so oft im Problemlösungskreislauf wäre das Problem ein weiteres Mal falsch definiert; der Ehemann wäre wieder verärgert und würde sich auf andere Weise zu rächen suchen. Die Definition des Problems hätte lauten müssen: Kann man einen Kompromiß finden, bei dem der Ehemann genügend Zeit zu Hause verbringt, um seine Frau zufriedenzustellen (und vielleicht auch sein eigenes Bedürfnis nach gemeinsam verbrachter Zeit), aber gleichzeitig oft genug ausgehen kann, um sein Unabhängigkeitsbedürfnis zu befriedigen?

Entscheidend ist, daß wir unsere Probleme richtig erkennen und definieren, andernfalls werden wir viel Zeit mit dem Versuch zubringen, Probleme zu lösen, die wir gar nicht haben. Je mehr Zeit wir uns nehmen, unser Problem genau zu erkennen, desto weniger Zeit benötigen wir, um es zu lösen. Tatsächlich haben eigene vergleichende Studien über gute und weniger gute Problemlöser ergeben, daß die besseren unter ihnen bei komplexen Denkaufgaben relativ mehr Zeit mit dem Nachdenken über die notwendigen Schritte zubrachten als mit der Lösung selbst. Weniger gute Problemlöser nahmen sich weniger Zeit, um über ihre Lösungsschritte nachzudenken, und brauchten mehr Zeit für die Lösung selbst, weil sie das Problem nicht wirklich definiert hatten.[1] In vielen Bereichen, wie etwa in der Physik, unterscheidet dies den Fachmann vom Anfänger.[2] Die Experten denken länger über die exakte Problemstellung nach, während die Novizen sich an die Lösung machen, bevor sie herausgefunden haben, worin das Problem genau besteht. In der Wirtschaft ist das nicht anders. Wie viele Menschen haben schon den Arbeitsplatz gewechselt, weil sie ein Unternehmen suchten, in dem sie sich glücklicher fühlten, während das eigentliche Problem nicht die Firma, sondern die Art der Tätigkeit war? Und wie viele haben den Beruf gewechselt, obwohl das Problem beim Arbeitgeber lag? Die richtige Problembestimmung kann eine Menge Kummer ersparen.

Auch für Johnson & Johnson hat sich das bezahlt gemacht. Als ein Erpresser Extra-Strength Tylenol mit Zyanid vergiftete, empfahl ein vom Unternehmen einberufener Krisenstab, das gesamte Extra-Strength Tylenol vom Markt zu nehmen. Auch die übrigen Tylenol-Produkte wurden zurückgerufen. Manch einer wunderte sich und meinte, das sei das Ende der Marke Tylenol. Sie irrten sich, innerhalb kurzer Zeit hatte Tylenol seine führende Marktposition zurückerobert.

Eine falsche Problemdefinition belastet auch das Intelligenztest-Geschäft, und zwar in bezug auf die Testproduzenten und ihre Kunden gleichermaßen. Die Tests, die sie herstellen bzw. einkaufen und benutzen, messen Intelligenzaspekte, die für den Erfolg im Leben eine gewisse, wenn auch nicht große Rolle spielen. Dennoch werden diese Tests ständig neu produziert und eingesetzt. Man muß sich fragen, warum. Der Grund ist nicht kompliziert.

Der erste bekannte Computer, UNIVAC, wurde etwa um dieselbe Zeit entwickelt wie die erste Ausgabe der Wechsler Adult Intelligence Scale (WAIS). Die Hardware des UNIVAC, der schwächer war als der einfachste heute gebräuchliche PC, füllte einen großen Raum. Die jüngere Generation würde den UNIVAC gar nicht mehr als Computer erkennen und jedem, der heute noch dieses oder ein ähnliches Gerät benutzt, mit ungläubigem Staunen gegenüberstehen. Die letzte revidierte Ausgabe des Wechsler-Tests unterscheidet sich jedoch nur geringfügig von der ersten und enthält größtenteils dasselbe Material in aktualisierter Form. Andere Tests, wie der SAT, haben eine größere, doch nicht allzu große Entwicklung durchgemacht.

Wie kommt es also, daß sich die Technologie im Unterschied zum eiszeitlichen Entwicklungsstand von Befähigungstests geradezu mit Lichtgeschwindigkeit weiterentwickelt? Die Antwort lautet: Konkurrenz. Die großen Hard- und Software-Produzenten sind Legion, doch existieren nur drei, vielleicht vier große Testproduktionsfirmen, die es schon gab, als der Wechsler-Test erstmals erschien. Sie werden im großen und ganzen von phantasielosen Menschen geleitet, die nicht einmal in der Lage sind, sich ihrer eigenen Phantasielosigkeit bewußt zu werden, und die auf weitgehend phantasielose Märkte reagieren. Solange sie ihre Produkte loswerden und die Konkurrenz fehlt, ist es tatsächlich völlig unnötig, brauchbarere und innovative Tests zu entwickeln. Darüber hinaus haben sich sowohl Testproduzenten wie auch -konsumenten bisher standhaft geweigert, das Problematische an diesen Tests zu erkennen und zu definieren. Es ist daher nur natürlich, daß keinerlei Anstrengungen unternommen werden, um die Probleme zu lösen. Doch die Bedeutung der Problemdefinition beschränkt sich nicht auf Testproduzenten. Im Jahre 1974 sah sich die Autoindustrie in Detroit mit ständig sinkenden Verkaufszahlen konfrontiert. Man glaubte, auf dem Königsweg aus diesem Dilemma mit größeren, teureren Autos auf der Erfolgsstraße des Profits zu fahren. Nach der Ölkrise verlangten die Kunden nach kleineren Autos, und die Japaner konnten sie den US-Verbrauchern anbieten. Mit größeren und teureren Autos hatte Detroit das Problem offensichtlich falsch definiert.

Für die Erfolgsintelligenz – auf persönlicher wie unternehmerischer Ebene – ist die richtige Problemdefinition ebenso wichtig wie die Problemlösung. In der Tat können Probleme nicht gelöst werden, wenn sie nicht richtig definiert sind. Unsere Schulen vermitteln Kindern jedoch wenig bis gar keine Praxis im Erkennen und Definieren von Problemen. Versuchen Sie eine kleine Übung. Wenn Sie das nächste Mal jemanden über die Lösung eines Problems in seinem Beruf reden hören, versuchen Sie herauszufinden, ob er das eigentliche Problem anspricht oder die Lösung eines anderen Problems beschreibt. Sie werden bald erkennen, daß die Leute oft nur deshalb auf der Stelle treten, weil sie soviel Zeit damit verschwenden, die falschen Probleme zu lösen.

Menschen mit Erfolgsintelligenz definieren Probleme richtig und lösen daher die Probleme, mit denen sie tatsächlich konfrontiert sind. Somit stehen sie nicht ständig vor denselben Problemen. Außerdem bemühen sie sich, zu entscheiden, welche Probleme lösenswert sind und welche nicht.

3. *Die Formulierung einer Problemlösungsstrategie.* Ist ein Problem definiert, muß der einzelne bzw. die Gruppe eine Lösungsstrategie entwickeln. Strategische Planung halten die meisten Unternehmen für wichtig. Die Frage ist nur, ob es sie wirklich gibt und wie gut sie ist.

IBM und Apple haben Strategien zur Steigerung ihres Verkaufs von Computer-Hardware entwickelt. Diese Strategien zielten jedoch in zwei völlig verschiedene Richtungen. IBM entschied sich für ein offenes System, das deshalb auch kopierbar war, während Apple energisch jedes Unternehmen verfolgte, das sein System zu nutzen versuchte (ironischerweise hatte das Apple-Produkt große Ähnlichkeit mit einem älteren Produkt, dem Star System von Xerox). Offensichtlich waren beide Strategien mit Vor- und Nachteilen verbunden. Unterdessen hat IBM jedoch eine äußerst schwierige Umorientierungsphase so gut wie abgeschlossen, während Apple noch mittendrin steckt. Auf dem Hardware-Markt stellten ähnliche Produkte zwar eine große Konkurrenz dar, doch sie lösten eine rasante Entwicklung im Verkauf von Software für IBM-kompatible Maschinen aus. Und da immer mehr Menschen solche Maschinen kauften, wurde ständig neue Software für sie entwickelt. Als IBM in den Preiswettbewerb einzutreten begann, gelang es dem Unternehmen, sich einen guten Anteil an einem wachsenden Markt zu sichern, während Apple völlig isoliert mit einem Betriebssystem dastand, das in keiner anderen Maschine zu finden war. Schlimmer noch, als dann WINDOWS auf dem Markt erschien, konnte man auf IBM-kompatiblen Maschinen plötzlich Graphiken produzieren, die vorher besser und leichter mit Apple-Computern herzustellen waren.

Menschen mit Erfolgsintelligenz investieren beträchtliche Ressourcen in die strategische Planung, was sich dann auch auf die Ergebnisse auswirkt. Diese Menschen denken eher in langfristigen als in kurzfristig bilanzträchtigen Strategien und sind bereit, auf den Erfolg zu warten. Die Forschung hat gezeigt, daß Personen, die in ihrer Kindheit eher Triebaufschub zu leisten in der Lage waren, als Erwachsene in kognitiven Eignungstests bessere Ergebnisse erzielen.[3] Es ist schwer zu sagen, warum das so ist. Führt Triebaufschub zu höheren kognitiven Fähigkeiten, führen höhere kognitive Fähigkeiten zu mehr Triebaufschub, sind beide abhängig von einem übergeordneten Faktor, oder haben wir es hier mit einem komplexen Verhältnis zu tun, das mehr als eine dieser beiden Optionen involviert? Deutlich ist, daß klügere Menschen, unabhängig davon, wie man »klug« definiert, eher bereit und fähig sind, längerfristig zu denken. Als Jugendliche sind sie z.b. eher bereit, die notwendigen

Vorbereitungen für die Aufnahme in eine gute Universität auf sich zu nehmen. Und als Eltern neigen sie eher dazu, entweder frühzeitig für die Hochschulausbildung ihrer Kinder zu sparen oder aber ihre Ressourcen auszuschöpfen und so den Kindern zu einem Stipendium zu verhelfen.

Auch in persönlichen Beziehungen ist die strategische Planung wichtig. Angenommen, Sie wünschen sich mehr Nähe zu Ihrem Partner, der eine gewisse Distanz zu wahren scheint. Die meisten Menschen entscheiden sich in diesem Fall für die gleiche Strategie. Mit mehr oder weniger subtil ausgeübtem Druck versuchen sie, größere Nähe zu erreichen. Vielleicht beklagen sie sich, daß der andere zu distanziert sei oder zu wenig für sie empfinde, oder sie versuchen, beim anderen Schuldgefühle zu erwecken, weil er sich so distanziert verhält und sie selbst doch so viel geben. Das ist eine ausgesprochen unglückliche Strategie, die im allgemeinen das Gegenteil bewirkt und den anderen noch weiter auf Distanz gehen läßt. Paradoxerweise ist es wirkungsvoller, selbst größere Distanz zu schaffen. Wenn die Distanz größer wird, als dem anderen lieb ist, fällt ihm oder ihr die Rolle zu, für mehr Nähe zu sorgen, um das Gleichgewicht wiederherzustellen.

Wie wichtig die richtige Strategie sein kann, wurde z. B. im Prozeß um O. J. Simpson deutlich. Die Verteidigung hatte schon früh entschieden, bei der Auswahl der Geschworenen einen Fachberater hinzuzuziehen, um Geschworene zu finden, die am ehesten für »nicht schuldig« plädieren würden. Auch die Anklagevertreter hatten einen Berater, entschieden jedoch, seine Dienste nicht in Anspruch zu nehmen bzw. sein Votum nicht zu berücksichtigen. Diese Entscheidung erwies sich als fatal, vor allem, weil der Berater der Staatsanwaltschaft die ausgewählten Geschworenen als sehr verteidigungsfreundlich beurteilt hatte. Daß die Verteidigungsstrategie aufgegangen ist, wissen wir heute. Vermutlich darf man behaupten, daß das Urteil schon vor Prozeßbeginn weitgehend feststand.

Falsche Strategien können ausgesprochen kostspielig sein. Kürzlich traf ein Vertreter der Daiwa Bank in den Vereinigten Staaten eine Reihe von falschen Entscheidungen und verlor etwa 400 000

Dollar. Er überdachte seine Strategie und entschied, vermutlich mit dem Einverständnis einiger Vertreter der Chefetage, seine Verluste geheimzuhalten und sie in anderen Geschäften wieder wettzumachen. Das gelang ihm nicht, und als der Handel aufflog, hatten die Verluste Milliardenhöhe erreicht. Heute darf diese Bank in den Vereinigten Staaten keine Geschäfte mehr tätigen. Doch schlechte Strategien gibt es nicht nur im Bankgeschäft. Vor nicht allzu langer Zeit mußte Ford wegen eines schon vor Jahren entdeckten Defektes Millionen von Autos zurückrufen. Man rechnet mit Kosten in Höhe von mehreren Milliarden Dollar.

Ich hatte einmal einen Beratervertrag bei einem Verlag, der nach dem Motto zu handeln schien: »Wir haben nicht genug Zeit, es richtig zu machen, aber immer genug Zeit, es noch mal zu machen.« Die Unternehmensstrategie lautete: Erst handeln, dann denken. Dies führte dazu, daß die Projekte fast unweigerlich danebengingen, immer wieder neu konzipiert und häufig ganz aufgegeben werden mußten – eine kostspielige Art, ein Unternehmen zu führen.

Menschen mit Erfolgsintelligenz verwenden große Sorgfalt auf die Formulierung ihrer Problemlösungsstrategien. Anstatt übereilt mit der Arbeit zu beginnen und ihre Strategie später ändern zu müssen, konzentrieren sie sich besonders auf eine langfristige Planung.

4. Die Information darstellen. Die Art und Weise, wie man bei der Lösung von Problemen Information darstellt, hat beträchtlichen Einfluß darauf, ob man diese Probleme lösen kann oder nicht und wie die Lösung aussehen wird. Betrachten wir das folgende Rendezvous-Experiment.[4] Männliche Studenten bekamen die Anweisung, eine weibliche Kommilitonin anzurufen und ein Gespräch mit ihr zu führen. Da sie eine potentielle Rendezvous-Partnerin war, wurden einige Vorinformationen über die entsprechende Studentin mitgeteilt. Die eine Hälfte der Studenten erhielt überwiegend positive, die andere überwiegend negative Informationen. Danach tätigten die Studenten ihre Anrufe und wurden anschließend befragt, welchen Eindruck sie von ihren Telefonpartnerinnen hatten. Vermutlich ist es nicht überraschend, daß die Männer mit den positiven Vorinformationen einen besseren Eindruck von ihren Gesprächspartnerinnen hatten als jene mit den eher negativen Informationen. Das Resultat überrascht allerdings, wenn man weiß, daß die Informationen über die Studentinnen nach dem Zufallsprinzip verteilt worden waren. Die Gespräche stellten somit im wesentlichen sich selbst erfüllende Prophezeiungen hinsichtlich der Vorinformationen dar.

Doch es kommt noch schlimmer. Unabhängige Juroren, die nicht wußten, welche Informationen die Studenten bekommen hatten, wurden aufgefordert, die Attraktivität der Frauen anhand einer Tonbandaufnahme ihrer Gesprächsbeiträge – die der Männer waren gelöscht worden – zu beurteilen. Die Frauen, die schon vorher als attraktiver beschrieben worden waren, wurden als tatsächlich attraktiver beurteilt. Wie war das möglich, wo doch die positiven bzw. negativen Informationen ganz zufällig verteilt worden waren? Die sich selbst erfüllende Prophezeiung wirkte sich nicht nur auf die Männer aus, die die Information erhalten hatten, sondern auch auf die von ihnen angerufenen Frauen. Die Prophezeiung hatte sich auf sie übertragen, und sie verhielten sich den Erwartungen entsprechend. Denken Sie einmal darüber nach: Wenn Sie jemand als minderwertigen Menschen behandelt, werden Sie dann nicht früher oder später anfangen, an Ihrem Selbstwert zu zweifeln?

Vorab gelieferte, häufig falsche Information hat fast immer diese Wirkung. Wenn Sie jemanden treffen, den man Ihnen als brillant beschrieben hat, werden Sie ihn wahrscheinlich anders behandeln als jemanden, der als Dummkopf eingeführt wurde. Mit diesem Problem sind wir leider im Begabungsgeschäft konfrontiert. Es unterscheidet sich in keiner Weise von unserem Rendezvous-Experiment. Wenn man einen Menschen glauben macht, daß er nichts leisten wird, setzt er diese Prophezeiung häufig in die Wirklichkeit um. Diese Hypothese wurde getestet.[5] Lehrer erhielten Informationen über jene Kinder ihrer Klasse, bei denen im laufenden Schuljahr ein Entwicklungsschub zu erwarten sei. Die Lehrer glaubten, diese Informationen beruhten auf einem Intelligenztest. In Wirklichkeit wurden die künftigen guten Schüler der Klasse zufällig bestimmt. Das Ergebnis: Die Lehrer berichteten, daß die Kinder, denen man eine Leistungssteigerung vorausgesagt hatte, durchschnittlich betrachtet ihre Leistungen deutlich gesteigert hatten. Obwohl diese Studie im Aufbau nicht eben perfekt war, sind Dutzende anderer Untersuchungen zum gleichen Ergebnis gekommen. Zusammenfassend läßt sich sagen: Die Art, wie wir Informationen über Menschen darstellen, hat Einfluß darauf, wie diese Menschen wahrgenommen und behandelt werden und wie sie reagieren. Ich konnte das an mir selbst feststellen, als die niedrigen IQ-Werte meiner ersten Tests zu meiner Klassifizierung als Dummkopf und zu niedrigen Erwartungen an mich führten und ich meinerseits diese Erwartungen erfüllte.

Bei sämtlichen Formen der Problemlösung, sei es im zwischenmenschlichen Bereich oder anderen, hat die Informationsdarstellung erhebliche Wirkung auf uns. Nehmen wir z.b. ein ganz einfaches Problem: Sie überlegen, ob Sie sich ein zweites Mal mit derselben Person verabreden wollen. Im Rahmen einer Studie organisierten Wissenschaftler eine Tanzveranstaltung und teilten den eingeladenen Studenten mit, man habe ihnen einen ihren persönlichen Eigenschaften entsprechenden Partner zugeteilt.[6] In Wirklichkeit waren die Paare zufällig zusammengestellt worden. Nach dem Tanzabend wurden die Studenten befragt, wie zufrieden sie mit ihrem Partner bzw. ihrer Partnerin waren und wie hoch die Wahrscheinlichkeit sei, daß sie sich noch einmal mit dieser Person verabreden würden. Die Forscher benutzten eine große Bandbreite von Prädiktoren, um herauszufinden, welche Faktoren bei einem ersten Treffen eine Rolle spielen: persönliche Eigenschaften, familiäre Attribute und ähnliches mehr. Sie fanden heraus, daß lediglich ein Faktor die Zufriedenheit und den Wunsch, noch einmal mit der gleichen Person auszugehen, prognostizierte: physische Attraktivität. Die Befragten hätten sich selbst allerdings nicht als Menschen gesehen, die nur auf physische Attraktivität reagieren. Die größere Attraktivität ihres Rendezvous-Partners hatte vielmehr dazu geführt, daß sie anders mit ihm umgingen, die Information über ihn anders kodierten und größere Zufriedenheit empfanden. Und tatsächlich wissen wir ja alle, daß es, allgemein gesprochen, gutaussehende Menschen im Leben leichter haben.[7]

In vielen Lebensbereichen, nicht nur in zwischenmenschlichen Beziehungen, spielt die Darstellung der Information eine gewichtige Rolle. Viele Israelis haben Yasir Arafat und die PLO als Mörder und Lügner betrachtet, deren Worten man nicht trauen kann. Und viele Palästinenser hatten ein ähnliches Bild von den Israelis. Die Richtigkeit ihrer Einschätzung steht nicht zur Debatte. Solange freilich jede Seite auf dieser Darstellung der Information über den anderen beharrte, mußten die Friedensverhandlungen scheitern. Dasselbe gilt für Geschäftsverhandlungen. Wird die eine oder die andere Partei als »der Feind« betrachtet, ist es schwer, eine gemeinsame Basis zu finden.

Menschen mit Erfolgsintelligenz stellen Informationen über ein Problem so genau wie möglich dar, in Hinblick darauf, wie sie diese Informationen effektiv nutzen können.

5. *Die Ressourcen verteilen.* Wenn wir ein Problem lösen, müssen wir entscheiden, welche Ressourcen wir ihm zuteilen wollen. Diese Entscheidung ist wichtig, da wir meist zu wenig Zeit zur Verfügung haben. Bei unserer Forschung zum Problem der Intelligenz untersuchen wir häufig, wie Menschen ihre Kräfte verteilen, und bisher sind die besseren Kräfteverteiler immer die intelligenteren gewesen, egal welchen Standard wir dabei benutzten.

In einer Studie beobachteten wir beispielsweise, wie bessere und schlechtere Leser ihre Zeit beim Lesen nutzen.[8] Die Untersuchung basierte auf der Überzeugung, daß die typischen Lese-Verstehens-Tests (wie sie in fast allen Hochschul- und Promotionszulassungstests vorkommen) Aufgaben, die von Kindern und Erwachsenen beim Lesen zu bewältigen sind, nicht adäquat repräsentieren. In solchen Tests muß eine Reihe von Absätzen gelesen und dann pro Absatz eine ähnliche Gruppe von Fragen beantwortet werden. In der Regel geht es dabei um die dem Text zugrunde liegenden Ideen, um den Inhalt, einzelne Details und darum, welche Schlußfolgerungen sich aus dem Gelesenen ziehen lassen. Die Wertung entspricht der Gesamtzahl der richtigen Antworten.

Warum ist ein solcher Test untypisch für die tatsächlichen Anforderungen beim Lesen? Weil die meisten Menschen gewöhnlich mehr lesen müssen, als ihnen Zeit dafür zur Verfügung steht. Mehr noch:

Sie lesen aus ganz verschiedenen Gründen. Studenten lesen für Multiple-choice-Prüfungen anders als für ein Essay-Examen. Ihr Leseverhalten ist auch abhängig davon, ob sie Fragen eher allgemeiner oder spezieller Natur erwarten. Erwachsene z.B. lesen eine Gebrauchsanweisung anders als die Tageszeitung oder ein Wochenblatt. Es wäre in der Tat kontraproduktiv, etwas anderes zu tun.

In unserer Untersuchung baten wir Erwachsene, verschiedenartigen Lesestoff unter verschiedenen Gesichtspunkten zu lesen – nämlich unter den Aspekten Inhalt, grundlegende Ideen, Details, Hypothesen und praktische Anwendung. Insbesondere interessierte uns, wie bessere und schlechtere Leser ihre Zeit nutzten. Es zeigte sich, daß bessere Leser ihre Zeit den verschiedenen Zwecken entsprechend differenziert einteilten. Gute Leser nahmen sich mehr Zeit für Analyse und Details, während die schlechteren Leser ihre Lesezeit nicht zweckentsprechend variierten. Sie lasen alles auf die gleiche Weise. Warum sind manche Menschen erheblich produktiver als andere? Warum scheinen im gleichen Zeitraum die einen so viel und die anderen so wenig zu erreichen? Die Antwort liegt in der Ressourcenverteilung. Kluge Menschen teilen ihre Zeit effektiv ein, verbrauchen nicht mehr Zeit für eine Sache, als sie wert ist. Weniger Kluge überlassen das eher dem Zufall und bringen dabei weniger zustande.

Wir alle entwickeln Strategien, um Zeit zu sparen. Als Herausgeber der Zeitschrift *Psychological Bulletin* lese ich z.B. eine große Zahl eingesandter Manuskripte. Wenn ich sie alle gründlich lesen wollte, könnte ich nichts anderes mehr tun, und tatsächlich werden viele Kollegen während ihrer Zeit als Herausgeber völlig unproduktiv, weil sie nur noch lesen. Auf der Grundlage meiner eigenen Lektüre und der Rezensionen anderer treffe ich statt dessen ziemlich rasch die Entscheidung, welche Artikel es wert sind, meine Zeit in Anspruch zu nehmen. Die wirklich guten erfordern keine sehr sorgfältige Lektüre, weil sie vermutlich mit minimalen Änderungen akzeptiert werden. Die wirklich schlechten Artikel werden ohnehin nicht angenommen. Daher sind es die Artikel mittlerer Qualität, die ich am sorgfältigsten lesen muß.

Das Problem besteht darin, daß die Strategien zur Zeitersparnis mitunter auf Regeln basieren, die nicht zu den bestmöglichen Entscheidungen führen. Denken wir z.B. an Zulassungen zu Begabtenförderprogrammen, Forschungsprogrammen, Promotionsstudiengängen etc. Viele Angestellte in den Zulassungsbüros sparen Zeit, indem sie all jene Bewerbungen aussortieren, deren Eignungstestwerte unterhalb einer bestimmten Punktzahl liegen. Warum sollte man seine Zeit mit ihnen verschwenden, wo es doch so viele andere zu lesen gibt? Dabei wird vorausgesetzt, daß Menschen mit einer Wertung unterhalb eines Ausschlußwerts – etwa einem IQ von 130 – die betreffende Leistung ohnehin nicht erbringen könnten. Kann man jedoch ernsthaft annehmen, daß jemand mit einem IQ von 129 nicht dieselbe Arbeit zu leisten imstande ist wie jemand mit einem IQ von 130? In Anbetracht der Meßfehler bei den Tests ist der Unterschied ohnehin bedeutungslos.»Numerus clausus«-Verfahren funktionieren auf genau diese Weise.

Manchmal sind nicht nur die Regeln starr und unbeweglich geworden, sondern die Institutionen selbst scheinen vergessen zu haben, zu welchem Zweck sie gegründet wurden. Als ich vor einigen Jahren während des Sommers bei einem Testherausgeber arbeitete, kam eines Tages ein Beschwerdebrief von einer Frau, die einen der Tests dieses Verlages absolviert hatte. Es handelte sich um einen Test mit hundert Fragepunkten und jeweils vier Antwortmöglichkeiten, der angeblich fortgeschrittenes Schlußfolgern testen sollte, in Wahrheit jedoch eher Wortschatz und Allgemeinbildung abfragte. Die betreffende Schule verlangte für die Zulassung einen Wert von 25, was an sich schon lächerlich war, weil dies der Zufallstrefferquote (100/4) in diesem Test entspricht. Mit anderen Worten: Wer seine Kreuze ganz zufällig verteilte, konnte mit einer Trefferquote von 25 rechnen. Diese Dame hatte einen Wert von 24 erreicht, doch ihre übrigen Zeugnisse waren so hervorragend, daß die Schule ihr die Zulassung gewährte.

Nun hatte sie das Ausbildungsprogramm beendet und sich für einen Abschluß mit Auszeichnung qualifiziert. Es gab da nur ein Problem. Die Schule verweigerte ihr das Diplom, weil die Studentin in ihrem Eignungstest unter der Zulassungsziffer gelegen hatte. Was einst als Instrument eingeführt worden war, um zu entscheiden, wem die Schule ihre Ressourcen – d. h. Ausbildung – zukommen läßt, war selbst zu einer Leistung geworden, die wichtiger war als die Ressourcen selbst. Dieser Schule war der Prädiktor wichtiger als die damit zu prognostizierende Leistung. Glücklicherweise konnte man sich einigen. Die Studentin durfte den Test wiederholen, erreichte 26 Punkte, also einen ganzen Punkt über der Ausschlußziffer, und bekam ihr Abschlußdiplom. Nicht die Studentin, sondern die Schule war zurückgeblieben.

Die Überbleibsel falsch verteilter Ressourcen sind allerorts zu finden: Menschen mit enormen Kreditkartenschulden; Unternehmen, die ungenutzte Investitionen im Keller stehen haben; Regierungen, die ihren Führern gigantische, kostspielige Denkmäler bauen, während die Bevölkerung hungert. In diesen Fällen scheint keiner innezuhalten und über die Ressourcenverteilung nachzudenken.

Erfolgsintelligenz ist nicht nur eine kognitive Fähigkeit – sie ist in sehr hohem Maße eine reflektierende Einstellung zum Leben und wie man es lebt. Wie alle anderen machen auch Menschen mit Erfolgsintelligenz zuweilen Fehler bei der Verteilung ihrer Ressourcen. Mit dem Unterschied, daß sie gelegentlich innehalten und einen Blick auf die Ergebnisse werfen. Sofern diese ihren Erwartungen nicht entsprechen, verteilen sie ihre Ressourcen neu. Menschen mit geringer Erfolgsintelligenz graben sich die eigene Grube immer tiefer.

Menschen mit Erfolgsintelligenz denken sorgfältig über die kurz- und langfristige Verteilung ihrer Ressourcen nach. Sie wägen das Risiko-Gewinn-Verhältnis ab und entscheiden sich dann für jene Verteilung, von der sie annehmen, daß sie ihren Gewinn maximiert.

6. *Kontrolle und Bewertung.* Kontrolle bedeutet, seine Fortschritte im Problemlösungsprozeß zu beobachten und zu registrieren; Bewertung bezeichnet das eigene Urteil über die Qualität des Problemlösungsprozesses und der damit erzielten Lösung.
Ein eher erstaunlicher Aspekt unseres Bildungssystems ist die Tatsache, daß so wenig ausgewertet und beurteilt wird. Bildungsprogramme kommen und gehen, doch nur wenige werden jemals ausgewertet. An die Stelle der Auswertung treten die subjektiven Ein-

drücke von Pädagogen, die sich häufig eher an den Problemen als an den Stärken von Bildungsinitiativen orientieren. Dementsprechend bewegen wir uns nicht selten wie ein Pendel von einem Extrem zum anderen. Unsere heutige Testpraxis ist ein gutes Beispiel für einen dieser Pendelschwünge. Traditionsgemäß werden Begabung und Leistung in den Vereinigten Staaten mit Hilfe von Multiple-choice-Prüfungen gemessen. Die Testverlage produzieren sie, und die Lehrer machen ausgiebigen Gebrauch davon. In den meisten europäischen Ländern kommen diese Tests nicht zum Einsatz; dort müssen die Studenten Klausuren schreiben. Die »eine richtige« Testmethode gibt es nicht, und die Grenzen des Multiple-choice-Tests sind allen schon seit langer Zeit bekannt, auch dessen Benutzern. Er läßt keinen Spielraum für Kreativität und setzt voraus, daß der Proband jedes Problem so definiert, wie es der Testhersteller tut, also löst er Angstreaktionen aus usw. Im übrigen gibt er keinen Hinweis darauf, wie man in der Welt von seinem Wissen Gebrauch machen kann.

In letzter Zeit ist ein Trend zum sogenannten *Performance Testing* (praktische Leistungstests) zu beobachten. Bei solchen Tests werden die Studenten aufgefordert, bestimmte Projekte durchzuführen und Essays zu verfassen, mit denen sie beweisen können, wie gut sie in der Lage sind, Produkte verschiedenster Art herzustellen. Das Schöne an diesen Tests ist, daß sie fast keine Einschränkung des Multiple-choice-Tests aufweisen, weshalb sie auch zunehmend an Popularität gewinnen. Wie so oft gibt es dabei auch einen Haken. Die Schwächen der Performance-Tests verhalten sich geradezu komplementär zu den Vorteilen des Multiple-choice-Tests. Sie sind kaum objektiv bewertbar; und sie zeigen eine geringere Konsistenz der Ergebnisse in aufeinanderfolgenden Testgängen; sie sind vor allem viel kulturspezifischer und zeitaufwendiger.

Performance-Tests können ebenso banal sein wie Multiple-choice-Tests. Der Name macht sie noch nicht sinnträchtiger. Als ich fünfzehn Jahre alt war und die neunte Klasse besuchte, begann ich mich für Geologie zu interessieren. Alles, woran ich mich von diesem Kurs erinnere, ist jedoch der praktische Test (Performance-Test). Unser Lehrer hatte Steine im Klassenzimmer ausgelegt, und wir mußten von einem Steinhaufen zum nächsten gehen und die Steine bestimmen. Das war ein Performance-Test im schlichtesten Sinn des Wortes. Dennoch habe ich keinen Geologiekurs mehr besucht. Geologie bedeutete für mich nun, Steine auswendig zu lernen, d. h. Langeweile.

Die vernünftige Konsequenz bestünde darin, beide Prüfungsverfahren zu benutzen – Multiple-choice- und Performance-Tests –, damit sie sich gegenseitig ergänzen. Ein noch wichtigerer Gesichtspunkt wäre die Chance, daß jeder Test genau jene Studenten als intelligent ausweisen könnte, die der andere Test übersieht. Auch wenn es unglaublich scheint: Offenbar müssen wir uns für einen von beiden entscheiden. Es gibt im Bildungswesen das Lager der Traditionalisten und das der Avantgardisten, und beide argumentieren so, als müßte die eine Alternative die andere ausschließen. Kein Wunder, daß das Pendel so heftig hin und her schwingt.

Theoretiker der intellektuellen Entwicklung behaupten, daß Menschen mit zunehmendem Alter und echter intellektueller Reife irgendwann realisieren, daß bei vielen Themen und Fragen keine eindeutigen Antworten möglich sind und die Wahrheit oft dialektisch zu verstehen ist.[9] Wir bewegen uns von einem Extrem zum anderen und finden schließlich eine Mitte, die von beiden Extremen das Beste verkörpert. Zum Beispiel arbeiten wir hart, um ein Ziel zu erreichen, und wenn wir scheitern, schließen wir daraus, daß kein Ziel die Mühe wirklich lohnt, und steigen einfach aus. Dialektisch denkende Menschen lernen, sich realistische Ziele zu setzen.

Auch beim Testen müssen wir diese Mitte finden und zu der Erkenntnis gelangen, daß die Lösung unserer derzeitigen Probleme nicht darin bestehen kann, alles bisher Erreichte über Bord zu werfen. Unsere Tests sind zwar alles andere als vollkommen, aber deshalb nicht unbrauchbar. Sie liefern uns gewisse Informationen, die jedoch unvollständig sind und häufig nicht einmal zutreffen. Wir brauchen neuere, bessere Tests, die das Beste aus unseren jetzigen Tests übernehmen und sie zugleich hinter sich lassen.

Die Unfähigkeit, unsere Problemlösungen zu überwachen und zu bewerten, kann zu undurchführbaren, ja sogar falschen Lösungen führen. Im Testgewerbe sind zu viele den Lösungen, die sie gefunden, und den Entscheidungen, die sie getroffen haben, so verhaftet, daß sie nur widerstrebend Probleme und die Möglichkeit besserer Lösungen einzugestehen bereit sind. In der Wirtschaft kann ein derartiges Verhalten direkt in den Ruin führen; in der Ehe zur Scheidung. Letztlich zählt, was das gewünschte Ergebnis herbeiführt – eine Lösung des Problems – , und die Fähigkeit, sich auf Resultate zu konzentrieren, macht einen Teil der Erfolgsintelligenz aus.

Menschen mit Erfolgsintelligenz treffen nicht immer die richtigen Entscheidungen, doch sie überwachen und beurteilen ihre Entscheidungen und korrigieren ihre Fehler, sobald sie Fehlentscheidungen als solche erkennen.

Gut und schlecht strukturierte Probleme

Kognitionspsychologen unterscheiden im allgemeinen zwischen zwei verschiedenen Arten von Problemen. Probleme mit klaren Lösungswegen werden auch als *gut strukturierte Probleme* bezeichnet (z. B. »Wie berechnet man die Fläche eines Parallelogramms?«), während man bei Problemen ohne klare Lösungswege von *schlecht strukturierten Problemen* spricht (»Wie erreicht man beruflichen Erfolg?«). Die konventionelle, auf dem IQ basierende akademische Intelligenz wird gewöhnlich an der Fähigkeit gemessen, gut strukturierte Probleme zu lösen. Die in der Praxis des Alltags so wichtige Erfolgsintelligenz hingegen ist die Fähigkeit, schlecht strukturierte Probleme zu lösen.

Es gehört zu den weniger glücklichen Merkmalen unseres Bildungssystems sowie der Beurteilung von Lernfortschritten, daß gut strukturierte Probleme eine so wichtige Rolle spielen. Es ist einfacher, nur Fakten zu vermitteln und sie zur Testgrundlage zu machen. Fakten bieten sich für gut strukturierte Probleme mit klaren Lösungen geradezu an (»Wie heißt der Erfinder der Nähmaschine?«). Kinder entwickeln sich zu Experten im Lösen solcher Probleme.

Die zur Lösung gut strukturierter Probleme geeigneten Strategien helfen freilich bei schlecht strukturierten Problemen nicht viel oder überhaupt nicht. Für die wichtigen Probleme des Lebens gibt es eben keine Lösungen, die so eindeutig wären wie die Formel zur Flächenberechnung eines Parallelogramms oder der Name des Erfinders der Nähmaschine. Menschen, die im Lösen gut strukturierter Probleme besondere Fähigkeiten besitzen, wissen möglicherweise keinen Rat, wenn sie mit schlecht strukturierten Problemen konfrontiert werden. Das ist nicht weiter überraschend, weil man ihnen weder Problemlösungsstrategien beigebracht noch ihre Fähigkeiten, schlecht strukturierte Probleme zu lösen, je getestet hat. Gut strukturierte Probleme sind häufig mit Algorithmen zu lösen, d. h. Formeln, die bei strikter Anwendung eine richtige Lösung garantieren. Bei einem Algorithmus wird in der Regel eine bestimmte Strategie so lange mehr oder weniger mechanisch wiederholt, bis man zur richtigen Lösung gelangt. Schlecht strukturierte Probleme sind nicht so einfach zu lösen. Sie erfordern völlig andere Strategien, die dem Reich der Heuristik entstammen – informelle, intuitive, spekulative Strategien, die manchmal zum Erfolg führen und manchmal nicht. Ein Beispiel: Sie probieren verschiedene Möglichkeiten aus, um ein Beziehungsproblem zu lösen, doch keine davon kann eine Lösung garantieren. Der heuristische Ansatz bei der Problemlösung ist zu definieren als Verfahren, das jemanden dazu bringt, selbständig eine Lösung zu finden. Der Unterschied zwischen dem algorithmischen und dem heuristischen Ansatz wird deutlich, wenn man sieht, wie Naturwissenschaft einerseits in unseren Schulen gelehrt und andererseits in einem Forschungslabor praktiziert wird. In einem Schullabor werden die Schüler zunächst mit einem Problem konfrontiert, danach folgt eine Reihe vorgeschriebener algorithmischer Schritte, die zur Lösung führen. In einem Forschungslabor hingegen arbeiten die Wissenschaftler nicht an Problemen, die sich unmittelbar mit Hilfe von Formeln lösen lassen. Sie beschäftigen sich mit Problemen, deren Lösung ihnen nicht bekannt ist und die durch ihre Arbeit erst gefunden werden muß – d. h. sie arbeiten heuristisch.
Problemlöser wenden Heuristiken in einem sogenannten Problem-

raum an – der Gesamtheit aller möglichen Schritte, die zu einer Lösung führen können.[10] Die Suche kann auf viele verschiedene Weisen vonstatten gehen, es gibt jedoch vier Methoden, die sich in vielen Problemlösungssituationen als besonders nützlich erwiesen haben:

1. *Die Mittel-Ziel-Analyse.* Hier geht der Problemlöser sein Problem mit dem Blick auf das angestrebte Ziel an und analysiert danach, welche Mittel notwendig sind, um die Distanz zwischen der derzeitigen Position im Problemraum und dem Endziel zu verringern. Wenn Sie etwa versuchen, von Ihrem Haus in Seattle, Washington, zum Haus eines Freundes in Poughkeepsie, New York, zu gelangen, dann kann die Mittel-Zweck-Analyse darin bestehen, sich zuerst von Ihrem Haus zum Flughafen von Seattle zu begeben, von Seattle nach New York zu fliegen und dann mit dem Auto von New York zum Haus Ihres Freundes in Poughkeepsie zu fahren. Das Problem wird in Einzelschritte unterteilt.

2. *Vorwärts arbeiten.* Bei diesem Verfahren beginnt man ganz einfach am Ausgangspunkt eines Problems und arbeitet sich bis zum Ende durch. Man nähert sich Schritt für Schritt dem Ziel, der Lösung des Problems, wie wenn man ein Buch vom ersten Kapitel bis zum letzten schreibt.

3. *Rückwärts arbeiten.* Hier beginnt man bei der gewünschten Lösung und arbeitet sich bis zu dem Problem zurück, das man lösen möchte. Kennt man den Schlußsatz eines mathematischen Beweises, kann man bisweilen bis zur Prämisse gelangen.

4. *Generieren und testen.* Hier generiert der Problemlöser alternative Schritte oder Handlungsweisen – wobei er nicht unbedingt systematisch vorgeht – und stellt dann fest, inwieweit ihn jeder seiner gewünschten Lösung näher bringen würde. Dieses Verfahren funktioniert gut, wenn es nicht zu viele mögliche Lösungswege gibt. Müssen Sie sich z.B. für ein bestimmtes Gericht aus einer Reihe italienischer Speisen zum Mittagessen entscheiden, könnten Sie ver-

suchen, sich die verschiedenen Alternativen vorzustellen, zu überlegen, ob sie Ihnen zusagen, und dann jenes Gericht wählen, das
Ihnen am meisten zusagt.

Für viele Probleme gibt es mehr als eine Lösung, und häufig ist die
Betrachtungsweise eines Problems vom kulturellen Kontext geprägt. Angenommen, Sie wollen von einer Insel zur nächsten segeln.
Als geborener Westmensch werden Sie vermutlich mit Karten und
Navigationsinstrumenten reisen wollen. Die Einwohner mancher
Inseln im Südpazifik hätten für derlei technischen Kram wohl nicht
mehr als ein Lächeln übrig, ja, schon die Vorstellung, zu einer anderen Insel »hinzufahren«, würde ihnen vermutlich Rätsel aufgeben. Sie stellen ihre Information anders dar. Sie benutzen die Vorstellung von Inseln, die sich »bewegen«, wenn sie auf den unendli-
chen Weiten des Ozeans navigieren.[11] In ihren Augen schwimmen
Inseln auf der Meeresoberfläche, und sie selbst »bewegen« sich
nicht im eigentlichen Sinne, um von einer dieser schwimmenden
Inseln zur nächsten zu gelangen. Sie sitzen vielmehr in ihren kleinen Booten, beobachten die Strömungen und die Farbe des Was-
sers und warten, bis die betreffende Insel vorbeischwimmt. Im heuristischen Problemlösungsprozeß gibt es nicht nur eine Möglichkeit,
ein Problem zu lösen. Die Verfahrensweise ist häufig abhängig von
dem, was man für wahr hält. Dabei mögen manche Strategien ein-
leuchtender erscheinen als andere, doch was in einer Kultur als intelligent gilt, mag in einer anderen als ganz dumm erscheinen.

Voreingenommenheit und Fixierung

Viele Probleme sind deshalb schwer zu lösen, weil die Menschen dazu neigen, ihnen mit einer mentalen Erwartung zu begegnen, die
meist eine mentale Voreingenommenheit ist, über ein Problem oder
eine Situation in einer ganz bestimmten Weise zu denken. Pro-

blemlöser mit einer solchen mentalen Voreingenommenheit sind auf eine Strategie fixiert, die bei der Lösung vieler Probleme funktioniert, beim vorliegenden jedoch versagt.

Es kommt häufig vor, daß ein erfolgreicher Manager von einem anderen Unternehmen mit Hilfe einer beträchtlichen Gehaltserhöhung abgeworben wird und bei seinem neuen Arbeitgeber kläglich versagt. Der Grund kann eine solche mentale Voreingenommenheit sein. Der Manager versucht Lösungsstrategien anzuwenden, die bei ähnlichen Problemen in einem anderen Setting funktioniert haben, in seinem neuen Setting jedoch nichts nützen.

Ein besonderer Typus der mentalen Voreingenommenheit ist z. B. die »funktionale Fixierung«, d. h. die Unfähigkeit, zu erkennen, daß ein Ding mit einer bestimmten Funktion auch für andere Zwecke eingesetzt werden kann. Funktionale Fixierungen hindern uns daran, alte Werkzeuge auf neue Weise zu gebrauchen, um auf diese Weise neue Probleme zu lösen – z. B. mit einem zurechtgebogenen Kleiderbügel eine Autotür zu öffnen oder ein einfaches Schnappschloß mit einer Kreditkarte zu öffnen.

Funktionale Fixierungen werden in einem Ausmaß durch den kulturellen Kontext beeinflußt, das manchen Angehörigen unserer westlichen Kultur überraschen mag. Einige Autoren gehen von der Hypothese aus, daß verschiedene Kulturen auf unterschiedlichen Stufen der mentalen Entwicklung stehen und diese Stufen Tiefe und Qualität kognitiver Prozesse beeinflussen. Der französische Anthropologe Claude Lévi-Strauss hat diese Annahme verworfen und die These aufgestellt, das menschliche Bewußtsein arbeite in allen Kulturen im wesentlichen gleich.[12] Die Denkweise von Menschen in nichtindustrialisierten bzw. industrialisierten Gesellschaften unterscheidet sich vermutlich nur durch die Strategien, die die Menschen anwenden. In nichtindustrialisierten Gesellschaften, so Lévi-Strauss, treten wissenschaftliche Denker und Problemlöser meist in Gestalt des sogenannten *bricoleur* (Bastler, Tüftler) auf. Der *bricoleur* besitzt eine Tasche mit den verschiedensten Werkzeugen, die er für alle möglichen Reparaturen braucht, während der hochspezialisierte Experte der Industriegesellschaft wohl nur innerhalb eines begrenzten Bereichs wirken kann. So betrachtet, könnte man zu dem Schluß kommen, daß Menschen in weniger spezialisierten, nichtindustrialisierten Gesellschaften wahrscheinlich nicht im selben Maße von funktionalen Fixierungen betroffen sind wie ihre hochspezialisierten, hochindustrialisierten Pendants. Wenn man beim Lösen eines Problems nicht mehr weiterkommt, sei es aufgrund funktionaler Fixierung oder aus anderen Gründen, bietet sich die Inkubation als Technik zur Überwindung der Blockade an. Inkubation bedeutet einfach, das Problem für eine Weile beiseite zu legen und es sich später noch einmal vorzunehmen. Während der Inkubation denkt man nicht bewußt über das Problem nach, es kann jedoch unbewußt bearbeitet und eine Lösung gefunden werden. Wir wissen nicht genau, wie die Inkubation funktioniert, aber es gibt eine Reihe von Erklärungsversuchen. So vermutet man, daß sich im Laufe der Zeit aufgrund neuer externer und interner Reize neue Perspektiven auf das Problem eröffnen und die Wirkung der mentalen Voreingenommenheit schwächen.[13] Andere meinen, sobald man ein Problem nicht länger aktiv im Bewußtsein bewegt, verliere man weniger wichtige Details aus dem Auge und erinnere lediglich die wichtigeren, bedeutungsvolleren Aspekte, was dann zu einer neuen, von mentaler Voreingenommenheit weniger beeinträchtigten Sichtweise führt.[14] Im allgemeinen scheint die Inkubation am besten dann zu funktionieren, wenn man zu Beginn genügend Zeit für die Auslotung des Problems in all seinen Aspekten investiert und sich ausreichend Zeit für die Inkubationsphase läßt.[15] *Menschen mit Erfolgsintelligenz denken heuristisch, wenn sie Probleme lösen. Sie arbeiten nicht mit festen Formeln, sondern mit Inkubation. Zuerst analysieren sie ein Problem sorgfältig, dann suchen sie mit Hilfe kreativer Strategien eine Lösung.*

Entscheidungsfindung

■

Ökonomische Modelle

Wie analysieren die Menschen ihre Wahlmöglichkeiten, und wie treffen sie ihre Entscheidungen? Früher glaubte die Psychologie an das Modell des *homo oeconomicus*. Es besagt, daß der Mensch jede verfügbare Information benutzt, sie vernünftig und richtig abwägt und schließlich die optimale Entscheidung trifft. Wenn dies stimmen würde, gäbe es keine Drogensüchtigen, immer weniger Aidskranke und kaum einen, der über seine Verhältnisse lebt und deshalb Bankrott macht. Es ist erstaunlich für uns Psychologen, daß dieses Entscheidungsfindungsmodell bei vielen Ökonomen noch immer in Gebrauch ist. Kein Wunder also, wenn man ihr Fach die »trostlose Wissenschaft« (Carlyle) genannt hat.

Nutzenmodelle

In der Psychologie wurde die Theorie vom ökonomischen Menschen bald von der sogenannten *Nutzenmaximierungstheorie* abgelöst, wonach das Ziel menschlichen Handelns darin besteht, Lustgewinn zu suchen und Unlust zu vermeiden. Daher wird man in seiner Entscheidungsfindung danach streben, die Lust (den sogenannten positiven Nutzen) zu maximieren und die Unlust (den negativen Nutzen) möglichst gering zu halten. Die Theoretiker der Nutzenmaximierung halten Voraussagen über das, was jemand tun wird, für möglich, wenn wir davon ausgehen, daß er den größtmöglichen Nutzen, d. h. die Entscheidung anstreben wird, die seinen Lustgewinn maximiert und die Unlust minimiert.

Nehmen wir einmal an, Sie müssen entscheiden, ob Sie jemanden um ein Rendezvous bitten. Es könnte eine Person sein, mit der Sie noch nie ausgegangen sind, oder auch Ihr Lebenspartner, mit dem

Sie das schon häufig getan haben. Sie möchten gerne etwas Ungewöhnliches unternehmen – z. B. eine Bauchtanz-Show besuchen. Sie scheuen sich, den Vorschlag zu machen, aus Angst, einen Korb zu bekommen oder dümmlich zu erscheinen; darüber hinaus sind Sie nicht sicher, ob Sie sich tatsächlich amüsieren werden. All diese Faktoren könnte man als negativen Nutzen betrachten. Andererseits hoffen Sie, daß es ein unterhaltsamer Abend wird. Mehr noch, vielleicht wird dieser Abend der Beginn einer neuen, dauerhaften Beziehung, oder er trägt dazu bei, Ihre Beziehung zu festigen. Diese Faktoren stellen den positiven Nutzen dar. Ob Sie den Vorschlag nun tatsächlich äußern, hängt davon ab, ob für Sie der positive Nutzen den negativen überwiegt. Es ist so, als hätten Sie eine Art Bilanztabelle für Entscheidungen vor sich und wägten nun, vielleicht unbewußt, plus und minus gegeneinander ab.

Obwohl mathematische Modelle für Entscheidungsprozesse ihren Reiz haben, ist es in der Praxis doch sehr schwierig, Entscheidungen objektive Nutzenwerte zuzuordnen. Auf derlei Zuordnungen basierende Modelle werden vermutlich eine ungenaue Darstellung der Wirklichkeit abgeben. Daher haben die an Entscheidungsprozessen interessierten Kognitionspsychologen die Theorie vom subjektiven Nutzen eingeführt. Diese Theorie trägt dem Umstand Rechnung, daß der Nutzen einer bestimmten Handlung für jeden ein anderer sein kann, abhängig vom Wertesystem der betreffenden Person. Aber selbst dieses System erwies sich als nicht komplex genug, um menschlichen Entscheidungen gerecht zu werden.

Die Spieltheorie

Die Spieltheorie besagt, daß viele Entscheidungen, besonders wenn mehrere Personen daran beteiligt sind, spielähnliche Aspekte aufweisen. Manchmal sind diese spielähnlichen Eigenschaften einer Entscheidung ganz simpel. In einem Schach- oder Damespiel gibt es z. B. einen Gewinner und einen Verlierer. Diese Art von Spiel nennt man *Nullsummenspiel,* weil das positive Ergebnis für den Gewinner durch das negative Ergebnis für den Verlierer aufgewogen wird – positiv plus negativ ist gleich null. Manche Spiele sind freilich komplexer als Schach oder Dame.

Ein solches Spiel ist das *Gefangenendilemma*.[16] Angenommen, zwei Männer werden verhaftet und beschuldigt, einen Banküberfall begangen zu haben. Beide sind zum Zeitpunkt der Verhaftung im Besitz einer nicht registrierten Waffe. Die Polizei hat keine schlüssigen Beweise, daß die beiden tatsächlich die Täter sind, und sie braucht das Geständnis von mindestens einem der beiden Beschuldigten, damit die Staatsanwältin den Prozeß gewinnen kann. Sie heckt einen geradezu machiavellistischen Plan aus, um zumindest einem der beiden ein Geständnis zu entlocken.

Die beiden Gefangenen werden voneinander getrennt und können sich nun nicht mehr verständigen. Die Staatsanwältin teilt jedem der beiden mit, seine Zukunft hänge nicht nur davon ab, was er selbst tun wird, sondern auch von den Entscheidungen des anderen. Wenn keiner ein Geständnis ablegt, kann sie die Anklage nicht beweisen, wird aber beide wegen unerlaubten Waffenbesitzes vor Gericht stellen, und jeder wird für ein Jahr ins Gefängnis wandern. Falls beide geständig sind, wird sie ein mittleres Strafmaß für beide beantragen: zehn Jahre. Zusätzlich sichert sie jedoch jedem Gefangenen Immunität zu, wenn er als einziger die Tat gesteht. In diesem Falle wird der geständige Gefangene frei sein, während der nicht geständige Gefangene mit dem höchsten Strafmaß rechnen muß: zwanzig Jahre.

Diese Situation stellt die Gefangenen vor ein kompliziertes Dilemma. Der größte persönliche Nutzen winkt demjenigen, der seinen Partner verrät, Immunität erlangt und frei ausgeht. Wenn jedoch beide Gefangene einander verraten, gehen auch beide für zehn Jahre ins Gefängnis. Den größten persönlichen Schaden hat der Gefangene, der seinen Partner nicht verrät und das höchste Strafmaß absitzen muß. Das beste wäre, wenn beide Gefangene schweigen – eine Strategie, die einen der beiden teuer zu stehen kommt, falls der andere weniger altruistisch ist als er selbst.

Die subjektive Nutzentheorie taugt nicht viel, wenn man erklären möchte, welche Entscheidung in einem Fall wie dem Gefangenendilemma oder vergleichbaren Situationen zu treffen ist, weil derjenige, der entscheidet, den subjektiven Nutzen nicht feststellen kann, ohne die Entscheidung der anderen Partei zu kennen. Es ist jedoch unmöglich, etwas über die Entscheidung des anderen zu erfahren, bevor man seine eigene Entscheidung getroffen hat. Die Spieltheorie hält für Situationen dieser Art verschiedene Strategien bereit. Gemäß der Minimax-Verlust-Regel trifft man eine Entscheidung, die den maximalen Verlust minimiert. Nach dieser Regel würde der Gefangene sich in oben beschriebenem Dilemma befinden und ein Geständnis ablegen, um die Möglichkeit, für zwanzig Jahre ins Gefängnis zu wandern, zu verringern. Bei Geldanlagen würde man sich in diesem Falle für erstklassige Aktien, die schnelle Gewinne versprechen, entscheiden, um die potentiellen Verluste möglichst gering zu halten.

Eine weitere Strategie ist die Maximin-Gewinn-Regel, der zufolge man versucht, seinen kleinsten Gewinn zu maximieren – z. B. indem man an einem langweiligen Job mit niedrigem Salär festhält (ein ziemlich minimaler Gewinn), anstatt ein Risiko einzugehen und etwas Neues anzufangen. Durch das Festhalten am alten Job maximiert man seinen minimalen Gewinn, während eine neue Geschäftsidee zwar den potentiellen maximalen, aber nicht den potentiellen minimalen Gewinn maximieren würde.

Nach der Maximax-Gewinn-Regel zielt die Strategie darauf ab, den maximalen Gewinn zu maximieren. Ein Investor würde demnach den potentiellen Gewinn mit dem Risiko maximieren, daß er dabei sein gesamtes Kapital verliert. Man könnte ihn sich gut als Lotterieloskäufer vorstellen. Der maximale Gewinn ist riesig, doch die Gewinnchancen sind klein.

Die Spieltheorie ist für Psychologen ziemlich interessant, weil sie viele Verhandlungssituationen abzubilden scheint, vor allem bei internationalen Verhandlungen. Man weiß nie mit absoluter Sicherheit, was die anderen Parteien tun werden oder was ihre eigentlichen Beweggründe sind. Auch in Geschäftsverhandlungen ist es mitunter schwierig, die wahren Absichten des Verhandlungspartners zu durchschauen. Im Gefangenendilemma hat man nur einen Versuch, doch in vielen Verhandlungssituationen kehren die Parteien immer wieder an den grünen Tisch zurück und verfügen dabei über ein immer größeres Wissen in bezug auf die Entscheidungen, die sie treffen müssen, um ihre Ziele zu erreichen. Man hat mit Hilfe von Computersimulationen zu bestimmen versucht, welche Strategien im Gefangenendilemma die Gewinne maximieren. Einige sind außerordentlich kompliziert, interessanterweise jedoch ist die erfolgreichste Strategie zur Gewinnmaximierung sehr einfach – nämlich: Gleiches mit Gleichem vergelten. Wenn die Verhandlungen mit der Staatsanwältin kontinuierlich geführt werden, gewähren Sie der anderen Partei in der ersten Runde den Zweifelsbonus und entscheiden zu seinem bzw. Ihrem Besten. Nach dieser ersten Runde tun Sie genau das, was der andere tut. Wenn er sich vertrauenswürdig verhält, verhalten auch Sie sich so. Wenn nicht, handeln Sie demgemäß. Sollte sein Handeln darauf hinweisen, daß er versucht, den gemeinsamen Nutzen zu maximieren, folgen Sie ihm auch in dieser Hinsicht; wenn nicht, unternehmen Sie ebenfalls nichts. Und so weiter. Natürlich riskieren Sie, für zehn Jahre ins Gefängnis zu wandern, sofern Sie beide ein Geständnis ablegen. Wenn Sie dies aber beide nicht tun, wird die Gefängnisstrafe nur ein Jahr dauern – und das wäre in diesem Fall der größte gemeinsame Gewinn. Dieselbe Strategie wird auch in der Wirtschaft häufig angewendet. Solange beide Parteien im Sinne des gemeinsamen Nutzens, des maximalen gemeinsamen Gewinns handeln, werden sich die Verhandlungen vermutlich zu einem erfolgreichen Ende führen lassen; falls nicht, werden sie abgebrochen. Vielleicht ist es kein Zufall, daß sich diese einfache Verhandlungsstrategie rund um den Erdball und in sämtlichen Kulturen früher wie heute so große Beliebtheit erfreut.

Die Versuchung, in einer Verhandlungssituation die Oberhand zu gewinnen, ist immer groß. Man setzt auf seine Stärken und nutzt die Schwächen der gegnerischen Seite aus. Menschen mit Erfolgsintelligenz sind jedoch selten auf Ausbeutung aus, und eine Analyse des Gefangenendilemmas zeigt, warum. Wenn sie sich nicht in einer absoluten oder annähernd absoluten Machtposition befinden, wissen sie, daß sie zurückbekommen, was sie austeilen. Wenn sie ihre Kollegen, Klienten oder Kunden, Konkurrenten oder Angestellten ausnehmen, werden sie es mit gleicher Münze zurückbekommen.

Menschen mit Erfolgsintelligenz verfallen auch nicht der irrigen Annahme, das Leben sei ein Nullsummenspiel – mit einem Gewinner und einem Verlierer. Da sie über ihre eigenen Interessen und die anderer nachdenken, sind sie häufig in der Lage, Verhandlungen zu einer für jede Seite befriedigenden Lösung zu führen, anstatt auf Kosten anderer nur wenige zufriedenzustellen.

Sich zufriedengeben

Das ökonomische Modell und die verschiedenen Regeln der Spieltheorie basieren auf der Vorstellung, daß Menschen in ihren Entscheidungen sowohl vernünftig als auch objektiv sind. Sie entscheiden darüber, welche Kriterien sie einsetzen, um zu maximieren oder zu minimieren, und treffen dann die beste Entscheidung. Aber schon in den fünfziger Jahren dämmerte es einigen Psychologen, daß Menschen nicht immer ideale Entscheidungen treffen, daß wir für gewöhnlich subjektive Überlegungen in unsere Entscheidungen einfließen lassen und nicht immer völlig rational sind. Die bekannteste Herausforderung an das konventionelle ökonomische Modell stellt die These dar, daß wir Menschen nicht irrational sind, sondern eine beschränkte Rationalität an den Tag legen – wir sind in Grenzen vernünftig.[17] Demnach gehört es zu den am weitesten verbreiteten Entscheidungsstrategien, sich mit dem erstbesten zufriedenzugeben *(satisficing)*. Das bedeutet, daß wir nicht sämtliche mögliche Optionen bedenken und sodann sorgfältig abwägen, welche unseren Gewinn maximieren und unsere Verluste minimieren. Vielmehr betrachten wir eine Option nach der anderen und wählen dann die erste aus, die wir zufriedenstellend – gerade gut genug – finden. Wir bedenken also die kleinstmögliche Zahl an Optionen, um zu einer Entscheidung zu kommen, von der wir glauben, daß sie unseren Mindestanforderungen genügt. Wenn Sie z. B. ein Auto kaufen wollen, sehen Sie sich nicht jedes Modell auf dem Markt an oder besuchen sämtliche Autohäuser im Lande. Sie werden sich vermutlich für das erste Modell entscheiden, das Ihre Akzeptanzkriterien erfüllt, oder dem ersten Autohändler den

Zuschlag geben, der Ihnen zufriedenstellende Bedingungen anbietet. Manche setzen dieses Verfahren auch bei Entscheidungen in Beziehungsfragen ein und heiraten den ersten Menschen, der ihre Minimalkriterien erfüllt. Wenn danach jemand auftaucht, der mehr bietet, kann es natürlich Probleme geben.

Dem Trend von ausschließlich rationalen Modellen der Entscheidungsfindung hin zu Modellen begrenzter Rationalität liegt die wachsende Einsicht zugrunde, daß Menschen keine perfekten Entscheidungen treffen. Wir fällen unsere Entscheidungen unter durchaus unvollkommenen Bedingungen, mit unvollständigen oder inadäquaten Informationen, unter Einsatz begrenzter Objektivität und Vernunft. Häufig sind wir sogar bereit, uns mit der ersten akzeptablen Option zufriedenzugeben, wohl wissend, daß es bessere geben könnte. Wir sind jedoch nicht willens, die Zeit oder die Energie aufzubringen, um sie ernsthaft in Betracht zu ziehen.

Die Heuristik der Repräsentativität und Base-rate-Vorurteile

Mitunter fallen wir in unserem Entscheidungsdrang untauglichen Heuristiken und Vorurteilen zum Opfer. Nach der Wahrscheinlichkeit einer bestimmten Reihenfolge beim Münzenwerfen befragt, halten die meisten K Z K K Z K für wahrscheinlicher als K K K K Z K. Warum scheint ihnen eine Sequenz wahrscheinlicher als eine andere? Offenbar benutzen sie die Heuristik der Repräsentativität, mit der wir die Wahrscheinlichkeit eines ungewissen Ereignisses danach beurteilen, (a) wie offensichtlich es der zugrunde gelegten Population ähnelt bzw. sie repräsentiert, und (b), in welchem Ausmaß es die hervorstechendsten Merkmale des Prozesses reflektiert, durch den es zustande kommt (wie z.B. der Zufall).[18] Wenn man eine zufällige Reihenfolge erwartet, neigt man dazu, eine »zufällig wirkende« Reihenfolge für die wahrscheinlichere zu halten. Es wird häufig bemerkt, die Anordnung der Zahlen in einer zufällig zusammengestellten Zahlengruppe »erscheine nicht zufäl-

197

lig«, weil man unterschätzt, wie oft die gleiche Zahl rein zufällig auftauchen kann.

Repräsentativität ist auch eine Erklärung für die fatale Wirkung niedriger Testwerte bei Zulassungen oder sogar wenn persönliche Anerkennung auf dem Spiel steht. Man geht davon aus, daß Testwerte die Fähigkeiten eines Menschen »repräsentieren«. Gute Werte scheinen Intelligenz zu erfordern, und je mehr der Test unsere Vorstellung von Intelligenz repräsentiert (z. B. ist ein Intelligenztest repräsentativer als ein Geschwindigkeitstest beim Fingerklopfen), desto mehr Vertrauen wird man in ihn setzen. Vielleicht liegen wir völlig falsch, doch sobald wir einmal begonnen haben, die Heuristik der Repräsentativität zu benutzen, sind wir uns dessen kaum noch bewußt; ähnlich wie wir bei attraktiven Menschen eine gewisse Persönlichkeit erwarten, weil wir ihre physische Attraktivität als ein Zeichen allgemeiner Attraktivität ansehen. Kein Wunder, daß attraktive Menschen im Vorteil sind.

Für das Verständnis der Heuristik der Repräsentativität spielt der Begriff *base rate* eine wichtige Rolle. *Base rate* bedeutet, daß ein Ereignis oder Merkmal innerhalb seiner Gruppe von Ereignissen oder Merkmalen überwiegt. Die meisten Menschen ignorieren *base-rate*-Informationen, obwohl sie für gültige Urteile und Entscheidungen von Bedeutung sind. In vielen Berufen ist der Einsatz von *base-rate*-Informationen und der Heuristik der Repräsentativität Voraussetzung für eine adäquate Berufspraxis. Ein Beispiel: Wenn ein Arzt von einem zehnjährigen Mädchen hört, das unter Schmerzen in der Brust leidet, wird er vermutlich nicht im selben Maß einen drohenden Herzanfall befürchten wie bei einem fünzigjährigen Mann mit den gleichen Symptomen. Warum? Weil die *base rate* an Herzanfällen bei fünfzigjährigen Männern um ein Vielfaches höher liegt als bei zehnjährigen Mädchen.

Manche Studenten in niedrigen Semestern, die an einer guten Universität studieren, zeigen miserable Leistungen. Sie sind an der Universität aufgrund besonderer sportlicher Leistungen, weil ihre Eltern zum Kreis der Ehemaligen gehören oder als potentielle Megaspendengeber betrachtet werden. Doch wenn wir erfahren, daß jemand eine gute Universität besucht, sind wir wahrscheinlich beeindruckt. Warum? *Base rates*. Die meisten Studenten guter Universitäten verfügen über gute akademische Zeugnisse. Und wenn wir wissen, daß ein Produkt von einem Hersteller stammt, dessen Produkte wir im allgemeinen schätzen, werden wir es vermutlich kaufen. Warum? Schon wieder *base rates*. Die Firma hat immer gut gearbeitet. *Base-rate*-Vorurteile helfen uns, Entscheidungen zu treffen. Wenn wir ihnen freilich gestatten, unsere Entscheidungen zu bestimmen, werden wir unsere Meinung über manche Dinge vermutlich niemals ändern. Wir könnten nämlich aufgrund völlig inadäquater Informationen entscheiden (z. B. wenn eine Frau beschließt, nie wieder einen New Yorker zu heiraten, weil ihr erster Ehemann, der aus New York stammte, ein Versager war).

Zuweilen sind die *base rates* von Ereignissen recht überraschend. Wie häufig sind Ihrer Meinung nach Unfälle im Flugverkehr? Tatsächlich gibt es bei nicht mehr als einem unter 250 000 Flügen nur den kleinsten Zwischenfall, und nicht mehr als einer von 1,6 Millionen Flügen endet mit Todesfällen.[19] Im Jahre 1988 standen die Chancen, bei einem Flugzeugabsturz ums Leben zu kommen, bei eins zu 2,2 Millionen.[20] Mit solchen Zahlen machen die Versicherungsgesellschaften ein Riesengeschäft. Obwohl die Chancen, bei einer Autofahrt (wie kurz sie auch sein mag) ums Leben zu kommen, nicht hoch sind, wird mehr als einer von 125 Amerikanern bei einem Autounfall sein Leben lassen.[21] Männliche Autofahrer im Alter von achtzehn Jahren, betrunken und nicht angeschnallt, sterben tausendmal häufiger bei einem Autounfall als vierzigjährige, nüchterne, angeschnallte Männer oder Frauen.[22] Wenn Versicherungsgesellschaften verschiedenen sozialen Gruppen Beiträge in deutlich unterschiedlicher Höhe abknöpfen, so tun sie dies auf der Basis von Durchschnittswerten, den *base rates*.

Verfügbarkeit

Angesichts dieser Statistiken erhebt sich die Frage, warum so viele Menschen mehr Angst vor dem Fliegen als vor dem Autofahren haben. Ein Grund dafür ist die Heuristik der Verfügbarkeit, die besagt, daß Menschen danach urteilen, wie leicht sie sich an etwas erinnern können, das sie als die relevanten Merkmale eines Phänomens ansehen.

Zeitungen berichten über Flugzeugabstürze viel ausführlicher als über Autounfälle, und normalerweise erinnert man sich eher an die schrecklichen Umstände eines Flugzeugunglücks als an einen Autounfall. Deshalb haben die Menschen mehr Angst, im Flugzeug zu fliegen, als im Auto zu fahren.

Die Verfügbarkeitsheuristik läßt sich auch demonstrieren, indem man jemandem fünf Sekunden Zeit gibt, um das Produkt aus einer von zwei vorgelegten Zahlenreihen zu schätzen: $8 \times 7 \times 6 \times 5 \times 4 \times 3 \times 2 \times 1$ und $1 \times 2 \times 3 \times 4 \times 5 \times 6 \times 7 \times 8$. Bei einem solchen Versuch lag der mittlere Schätzwert für die erste Reihe bei 2 550, für die zweite bei 512. Das tatsächliche Produkt ist übrigens 40 320. Beide Zahlenreihen haben das gleiche Ergebnis, notwendigerweise, da sie aus exakt den gleichen Zahlen bestehen (und somit dem Kommutativgesetz der Multiplikation unterliegen). Dennoch geben die Leute für die erste Sequenz eine höhere Schätzung an, weil die Multiplikation der ersten drei Zahlen eine höhere Schätzung plausibler – und somit verfügbar – macht.

Zuweilen führen Verfügbarkeit und Repräsentativität, zusammen, nicht zu optimalen Schlußfolgerungen. Als Beispiel eine wahre Geschichte:[23] Ein Abiturient hat sich zwei Universitäten gründlich angeschaut, Uni A und Uni B. Er hat Universitätsführer gelesen und mit Leuten gesprochen, die beide Hochschulen gut kennen. Auf der Grundlage sämtlicher verfügbarer Informationen macht Uni A den besseren Eindruck. Als er dann beiden Universitäten einen Besuch abstattet, ist ihm sein Gastgeber in Uni B sympathischer als der in College A. Das Seminar, das er in Uni B besucht, ist interessanter als das in Uni A. Und schließlich ist das Wetter bei seinem Besuch in B herrlich, während es in A fürchterlich stürmt und regnet. Es fällt ihm schwer, sich nicht für B zu entscheiden.

Besuche vor Ort scheinen, was ihren Informationsgehalt anbelangt, repräsentativer zu sein als Informationen aus zweiter Hand, und die Informationen aufgrund der Besuche sind besser verfügbar. Und dennoch ist Uni A vermutlich die bessere Wahl, denn es ist mit Sicherheit ein Fehler, zwei Universitäten nach einem Gastgeber, einem Seminar und dem Wetter an einem Besuchstag zu beurteilen.

Allerdings sollte man beachten, daß heuristische Annahmen wie Repräsentativität und Verfügbarkeit nicht immer zu falschen Urteilen führen. Wir benutzen sie ja, weil sie häufig richtig sind. Wenn Sie z. B. einen Computer kaufen wollen, entscheiden Sie sich vielleicht für eine Ihnen bekannte Marke, weil Sie glauben, ein größeres Risiko einzugehen, wenn Sie sich für eine weniger bekannte Marke entscheiden. Der bekanntere Hersteller macht jedoch nicht unbedingt die besseren Computer. Weil es sich aber um eine größere Investition handelt, möchten Sie vielleicht nicht unbedingt das Risiko eingehen, von einem unbekannten Hersteller zu kaufen. Manchmal ist das die richtige Entscheidung und manchmal nicht. Mein Sohn bestand darauf, seinen Computer von einem unbekannten Hersteller zu kaufen, weil er eine wesentlich bessere Ausstattung hatte als das Modell einer bekannteren Firma, das genausoviel kosten sollte. Schon nach kurzer Zeit hatte das Gerät einen technischen Schaden – großes Pech für meinen Sohn, da es die Herstellerfirma inzwischen nicht mehr gab.

Einige weitere Phänomene, das Urteilen betreffend

Wenn Menschen urteilen, kommen noch weitere Merkwürdigkeiten ans Tageslicht. Übermäßiges Selbstvertrauen gehört dazu – d. h. die Überschätzung der eigenen Fähigkeiten, des eigenen Wissens oder Urteils. In einer Studie sollten die Probanden auf zweihundert Aussagen mit zwei Alternativen antworten, z. B. »Absinth ist (a) ein Likör, (b) ein Edelstein« (Absinth ist ein Likör mit Lakritzgeschmack). Als man sie fragte, wie sicher sie seien, die richtigen Antworten gegeben zu haben, offenbaren sie ein merkwürdig übertriebenes Selbstvertrauen. Wenn sie etwa zu 100 Prozent sicher waren, richtig geantwortet zu haben, waren nur 80 Prozent ihrer Antworten korrekt.[24] In anderen Studien formulierten Wissenschaftler Fragen wie:»Ich bin mir zu 98 Prozent sicher, daß die

Anzahl der 1980 weltweit betriebenen Kernkraftwerke mehr als ..., aber weniger als ... betrug.« Fast ein Drittel der Antworten (die korrekte Antwort hätte 189 gelautet) gab einen Zahlenbereich an, in dem diese Zahl nicht enthalten war. Es ist nicht ganz klar, warum wir in unseren Urteilen häufig so übertrieben selbstsicher sind. Eine einfache Erklärung könnte sein, daß wir es vorziehen, uns für unfehlbar zu halten.[25] Eine andere wäre die Überzeugung, daß wir uns in der Vergangenheit nicht geirrt haben und somit gegen falsches Urteilen gefeit sind.

Das übertriebene Vertrauen in Testwerte gehört zu den eher frustrierenden Phänomenen, mit denen ich mich in meiner eigenen Arbeit auseinanderzusetzen habe. Ich habe schon vor vielen verschiedenen Zuhörergruppen gesprochen, doch keine schien mir so selbstsicher zu sein wie die Zulassungsausschußmitglieder, zu denen ich während einer College-Board-Konferenz sprach. Sie waren von ihrem Test aufrichtig überzeugt. Dieser Test hatte im besten Fall bescheidene bis mäßige Korrelationen mit den College-Noten im ersten oder zweiten Studienjahr und noch niedrigere mit anderen Erfolgsmessungen (im College oder später). Ich vermutete, daß nur wenige im Publikum, vielleicht sogar niemand, die statistischen Daten kannten. Außerdem schien es sie nicht zu interessieren.

Ein anderer weitverbreiteter Irrtum beim Urteilen geht auf den Spielertrugschluß zurück: die Überzeugung, es liege in der Natur der Sache, daß das Glück wechselhaft sei. Deshalb glaubt ein Spieler, der fünfmal hintereinander verloren hat, daß er beim sechsten Mal wahrscheinlich gewinnen wird. In Wahrheit ist die Wahrscheinlichkeit, daß er beim sechsten Mal gewinnt, nicht höher als beim ersten oder beim tausendsten Mal. Ein weiterer häufiger Fehler wird durch den Kompositionstrugschluß verursacht, wenn wir glauben, daß für das Ganze dasselbe wie für seine Teile gelte. In Wahrheit verhält es sich häufig so, daß die Qualität eines Ganzen, das aus mehreren Teilen besteht, ganz wesentlich durch die Qualität der Integration dieser Teile bestimmt wird. Ein Beispiel: Baseballmannschaften aus lauter Stars, Ballettkompanien, die nur aus Primaballerinen bestehen, und Spezialistenkomitees können sich im Endeffekt als völlig ineffektiv erweisen, weil ihre Mitglieder trotz herausragender individueller Fähigkeiten und Befähigungsnachweise nicht in der Lage sind zusammenzuarbeiten.

Einer der Gründe, warum die Psychologen so viel Zeit brauchten, um ernstzunehmende Veränderungen an den Intelligenztestverfahren vorzunehmen, liegt darin, daß die entsprechenden Untersuchungskomitees sorgfältig ausgewählt werden, damit die Experten auch wirklich unterschiedliche Standpunkte vertreten. Meiner Erfahrung nach stimmen die Experten in verhältnismäßig wenigen Dingen überein und sind daher unfähig, einen Konsens über das, was geschehen muß, herzustellen. Also ändert sich nicht viel.

Ein Großteil der Forschung über Urteilen und Entscheidungsfindung hat sich mit den Fehlern beschäftigt, die Menschen unterlaufen. In vielen Situationen handeln Menschen jedoch durchaus rational. Dennoch kann die Vernunft durch die Art und Weise, wie wir unsere Probleme lösen und unsere Entscheidungen treffen, eingeschränkt werden.

Menschen mit Erfolgsintelligenz erkennen die Grenzen der Rationalität und wissen um die Fallstricke, in denen sie sich beim Denken verfangen können. Ihre Lösungen und Entscheidungen können entweder intuitiv oder überlegt oder eine Kombination aus beidem sein, aber nur selten unterlaufen ihnen Denkprozesse, die zu falschen Urteilen führen.

Trotz ihrer Beschränkungen spielt die analytische Intelligenz zweifellos eine wichtige Rolle bei der Fähigkeit, gut zu urteilen und zu entscheiden. Aber sie allein ist so, wie sie in herkömmlichen Tests gemessen wird, keine Garantie für akademischen Erfolg und stellt so, wie sie zum Beispiel in der nichtakademischen Welt der Wirtschaft eingesetzt wird, keine Garantie für gutes Urteilen dar. Analytische Intelligenz ist der erste, aber nicht der einzige Schlüssel zur Erfolgsintelligenz.

6

Der zweite Schlüssel: Mit kreativer Intelligenz gute Probleme finden

■

»Alice ist intelligent, aber sie hat nicht die Spur kreatives Talent.«
»John ist sehr kreativ, aber bei standardisierten Tests schneidet er furchtbar schlecht ab.«
Wie oft haben wir solche Bemerkungen schon gehört? Und wie oft daraus geschlossen, daß Begabungen wie Hieroglyphen sind, in Stein gehauen, unerklärlich und unveränderbar?
Da wir nun schon so lange Schwierigkeiten mit der Definition von Intelligenz haben, von ihrer Messung ganz zu schweigen, ist es keineswegs überraschend, daß die Kreativität ähnlich schwer zu bestimmen ist. Was bedeutet es, kreativ zu sein? Kann man Kreativität messen? Vielleicht schließen sich diese beiden Begriffe gar nicht aus, und es gibt so etwas wie kreative Intelligenz? Wenn ja, wie kann man sie definieren und messen? Oder was noch wichtiger ist: Wie kann man sie entwickeln und fördern? Um all diese Fragen zu beantworten, müssen wir erst einmal versuchen zu verstehen, was Kreativität ist.

Die Investmenttheorie der Kreativität

■

Kreativ intelligente Menschen sind wie gute Investoren. Sie kaufen günstig ein und verkaufen teuer.[1] Während Investoren dies in der Finanzwelt tun, handeln kreative Menschen in der Welt der Ideen. Genauer gesagt, produzieren sie Ideen wie unterbewertete Aktien, die vom Publikum im allgemeinen nicht angenommen werden. Sie erscheinen nicht selten als regelwidrig, kontraproduktiv und sogar unsinnig, weshalb man ihnen häufig mit Ablehnung und ihren Produzenten mit Mißtrauen, Geringschätzung und Spott begegnet. Kreative Ideen sind per definitionem neuartig und nützlich. Warum werden sie also abgelehnt? Weil der kreative Neuerer gegen den Strom schwimmt und verborgenen Interessen entgegentritt, was Menschen mit solchen Interessen einiges Unbehagen bereitet. Die große Mehrheit lehnt kreative Vorstellungen nicht aus Bösartigkeit oder gar absichtlich ab. Meist sind die Menschen einfach nicht in der Lage – oder willens – zu erkennen, daß kreative Ideen eine gültige und häufig sogar überlegene Alternative zu ihrer eigenen Denkweise darstellen. Für sie sind kreative Menschen gewohnheitsmäßige Querschläger, was dann als ärgerlich und mitunter schlicht als Zumutung empfunden wird.

Menschen mit Erfolgsintelligenz kaufen günstig und verkaufen teuer. Sie schwimmen gegen den Strom und sind am Ende ganz vorn zu finden.

Daß kreative Ideen in der Regel auf Ablehnung stoßen, kann vielfach belegt werden.[2] So sind die ersten Rezensionen bedeutender Werke aus Kunst und Literatur häufig negativ. Im *New Yorker* stand folgendes zu lesen:»... schwerfällig und letztlich unverständlich ... ein Sturz in die grausigen Tiefen des Bombastischen.« Das Zitat stammt aus einer Rezension des Romans *Teerbaby* von Toni Morrison, der heute allgemein zu den großen Romanen der amerikanischen Gegenwartsliteratur zählt. Oder wie wäre es damit:»Im höchsten Maße autobiographisch und ... da es die Empfindungen und Ansichten eines jungen Mädchens im Stadium der Geisteskrankheit repräsentiert, unaufrichtig.« Das schrieb die Zeitschrift *Atlantic Monthly* über Sylvia Plaths *Die Glasglocke*, inzwischen ebenfalls ein Klassiker. Den Rezensenten ist die Kreativität dieser großen literarischen Werke offensichtlich entgangen.

Manch einer der bedeutendsten naturwissenschaftlichen Artikel wird nicht von einer, sondern von mehreren Zeitschriften abgelehnt, bevor man ihn veröffentlicht und schließlich als Klassiker feiert. Der herausragende Biopsychologe John Garcia z. B. stieß mit seiner These, die klassische Konditionierung, eine Form des Lernens, könne in einem einzigen Lernversuch zustande kommen, auf vehemente Kritik und erntete die blumigsten Bezeichnungen.[3] Im Jahre 1769 ließ Sir Richard Arkwright seine »spinning Jenny«, eine Maschine zum Spinnen von Baumwollfaden, patentieren. Handspinner und Weber nahmen seine Erfindung mit größter Feindseligkeit auf, sie setzten seine Mühlen in Brand und weigerten sich, das von ihm produzierte Garn zu benutzen. Etwa um dieselbe Zeit erfand Edmund Cartwright einen mechanischen Webstuhl, und seine Webereien ereilte dasselbe Schicksal. Im 19. Jahrhundert stellte der ungarische Arzt und Geburtshelfer Ignaz Semmelweis eine These auf, wonach das Krankenhauspersonal die eigenen Patienten infiziere, weil es sich vor den Operationen die Hände nicht gründlich genug reinige. Die bis dahin noch nicht akzeptierte Vorstellung einer Übertragung von Krankheiten durch Bakterien war einleuchtend und wurde durch die Tatsachen erhärtet: Als Semmelweis den Gebrauch von Desinfektionsmitteln einführte, nahmen die Fälle von Kindbettfieber merklich ab. Trotzdem wurde er von seinen Medizinerkollegen lächerlich gemacht und endete in geistiger Umnachtung.

Nach meinem Promotionsstudium hoffte ich, meine neue Intelligenztheorie könne dazu beitragen, die Stagnation – bzw. was ich als solche erkannt hatte – in einem Bereich zu beenden, in dem man über die auf dem IQ basierenden Konzeptionen eines Intelligenzkonstrukts nicht hinauskam. Eine der ersten Einladungen, einen Vortrag zu halten, kam vom Educational Testing Service, einem Unternehmen, das viele standardisierte Tests herausgibt, z. B. den SAT, GRE und LSAT. In meiner Naivität nahm ich an, man würde meine neue Sichtweise der Intelligenz mit Freude zur Kenntnis nehmen. Statt dessen haben sich wohl alle darüber mokiert, daß so ein fünfundzwanzigjähriger Spund sich erdreistete, ihnen etwas über Intelligenz zu erzählen. Sie waren schon in diesem Geschäft gewesen, als der noch in seinen Windeln lag. Was sollte er ihnen also schon zu sagen haben? Kurz und gut, die Reaktion war nicht eben das, was man warm und herzlich zu nennen pflegt. Dabei ging es gar nicht darum, ob meine Thesen richtig oder falsch waren. Nein, wenn Menschen ein heimliches Interesse an bestimmten Ideen haben, vor allem dann, wenn sie Millionen Dollar in diese Ideen investiert haben, sind sie nicht darauf erpicht, von anderen Ideen sprechen zu hören.

Gemäß der Investmenttheorie kauft der kreative Mensch also billig ein – er hat eine Idee, die wahrscheinlich abgelehnt und belächelt wird. Dann versucht er, andere vom Wert der Idee zu überzeugen und damit den Investitionswert zu steigern. Wenn er die anderen schließlich überzeugt hat, wird die Idee teuer verkauft – er überläßt sie anderen und wendet sich dem nächsten unpopulären Gedanken zu.

Wenn wir Kreativität fördern wollen, müssen wir den Menschen Mut machen, billig zu kaufen und teuer zu verkaufen – gegen den Strom zu schwimmen. Kreativität ist also gleichermaßen eine Frage von Lebenseinstellung und Begabung. Kleine Kinder verfügen über diese Form der Kreativität auf ganz natürliche Weise. Bei Jugendlichen und Erwachsenen hingegen ist sie kaum noch anzutreffen, nicht etwa weil ihnen das Potential dazu fehlt, sondern weil die Kreativität durch Erziehungs- und Bildungssysteme, die den intellektuellen Konformismus fördern, unterdrückt wurde. Bei Kindern beginnt die Unterdrückung ihrer natürlichen Kreativität, wenn sie, buchstäblich und bildlich gesprochen, gezwungen werden, beim Schreiben innerhalb der Linien zu bleiben; und wenn man sie belohnt, wenn ihnen dies gelingt.

Die Bedeutung der kreativen, analytischen und praktischen Intelligenz für die Kreativität

Für mich ist Kreativität nicht nur die Fähigkeit, neue Ideen zu entwickeln, sondern auch ein Prozeß, der den ausgewogenen Einsatz der drei wesentlichen Intelligenzaspekte erfordert – des kreativen, analytischen und praktischen, d. h. jener Aspekte, die im Verbund miteinander und im harmonischen Gleichgewicht zur Erfolgsintelligenz führen.[4] Der erste und wichtigste Aspekt der Kreativität ist die *kreative Intelligenz*, d. h. die Fähigkeit, über das Bestehende hinauszudenken und neuartige, interessante Ideen zu entwickeln. Kreative Menschen sind häufig überdurchschnittlich gute synthetische Denker, sie können Verbindungen (Synthesen) wahrnehmen, die anderen verschlossen bleiben. Kreative Intelligenz ist ein wichtiger Bestandteil der Kreativität, aber nicht alles.

Der zweite Aspekt der Kreativität ist die *analytische Intelligenz*, die Fähigkeit, Ideen zu analysieren und zu beurteilen, Probleme zu lösen und Entscheidungen zu treffen. Alle Menschen – selbst die kreativsten – haben mehr oder minder gute Ideen. Gerade kreative Menschen müssen jedoch imstande sein, ihre eigenen Ideen zu analysieren und deren Wert zu beurteilen. Andernfalls laufen sie Gefahr, gute Ideen mit dem gleichen Nachdruck zu verfolgen wie weniger gute. Darüber hinaus benötigen sie analytische Fähigkeiten, um die Tragweite neuer Ideen zu erkennen und sie möglicherweise zu überprüfen.

Der dritte Aspekt der Kreativität, die *praktische Intelligenz*, ist die Fähigkeit, Theorie in die Praxis und abstrakte Ideen in praktische Leistungen umzusetzen. Die Investmenttheorie der Kreativität impliziert, daß sich gute Ideen nicht einfach von selbst verkaufen. Wir müssen die anderen aktiv von ihrem Wert überzeugen. Jeder, der einmal in der Schule gearbeitet hat, wird dieses Prinzip verstehen. In einer Schule gibt es, wie in jeder Organisation, festgefahrene Vorstellungen davon, wie alles seinen Gang zu gehen hat. Schlägt jemand ein anderes Verfahren vor, liegt es an ihm oder ihr, die Idee zu verkaufen und andere von ihrem Wert zu überzeugen. Auch sind praktische Fähigkeiten angesagt, wenn es darum geht, zu erkennen, welche der eigenen Ideen eine praktische Nutzanwendung haben, unabhängig davon, wie sie anfänglich aufgenommen werden. Kreativität stellt also eine Art Brücke zwischen der im vorigen Kapitel erörterten analytischen und der im nächsten Kapitel dargestellten praktischen Intelligenz dar. Das zentrale Brückenelement ist die kreative Intelligenz, zur Kreativität bedarf es jedoch der Harmonie der drei Intelligenzaspekte. Wer lediglich eine starke kreative Intelligenz besitzt, wird wahrscheinlich viele innovative Ideen haben, aber nicht erkennen, welche davon gut und brauchbar sind und wie er sie an den Mann bringt. Wer nur über eine ausgeprägte analytische Intelligenz verfügt, mag ein ausgezeichneter Kritiker der Ideen anderer sein, doch vielleicht keine eigenen Ideen entwickeln können. Wer lediglich eine starke praktische Intelligenz besitzt, mag ein ausgezeichneter Verkäufer sein, aber vermutlich Ideen (oder Produkte) von minderer Qualität ebenso an den Mann bringen wie die wirklich kreativen. Wenn wir also Kreativität fördern wollen, müssen wir diese drei Fähigkeiten in ein ausgeglichenes Verhältnis zueinander bringen.

Für mein Konzept der Erfolgsintelligenz ist die Vorstellung vom Gleichgewicht besonders wichtig. Unsere Gesellschaft hat eine ausgeprägte Vorliebe für große Mengen. Mehr ist besser. Mehr Geld, mehr Essen, auch mehr Intelligenz ist besser. Viele Kulturen, besonders die östlichen, legen viel größeren Wert auf das Gleichgewicht als auf eine bestimmte Menge. Erfolgsintelligenz ist mindestens ebensosehr eine Frage des Gleichgewichts wie der Menge, sowohl bei der Entwicklung der notwendigen Fähigkeiten als auch hinsichtlich des Wissens, wann man sie einsetzt.

Dieses Gleichgewicht gilt auch für den Einsatz kreativer Fähigkeiten. Niemand weiß Kreativität mehr zu schätzen als ich. Sie muß jedoch in der Durchführbarkeit ihr Gegengewicht finden. Manche Ideen sind kreativ, aber nicht praktikabel. Mehr noch, Kreativität hat ihren Ort und ihre Zeit. Mein Sohn hat eine kreative Ader und wird bei langweiligen Schulaufgaben häufig ungeduldig. Aber diese Aufgaben müssen gemacht werden, es sei denn, es gibt einen zwingenden Grund, der dagegen spricht. Ich rate ihm, sich seine Schlachten gut auszusuchen. Falls er davon überzeugt ist, daß es um ein wichtiges Prinzip geht, sollte er um jeden Preis dafür kämpfen. Viele kreative Menschen verlieren freilich ihren Rückhalt, weil sie jedes unwichtige Scharmützel durchfechten und anderen auf die Nerven fallen. Menschen mit Erfolgsintelligenz kämpfen gut, doch zunächst wählen sie sorgfältig aus, welchen Kampf sie auf sich nehmen.

Außerdem ist es notwendig, eine Einstellung zu fördern, die alle drei Arten von Intelligenz für gleichermaßen wichtig erachtet – d. h., uns ständig gewärtig zu sein und unsere Studenten zu lehren, daß man zur wahren Kreativität ein Gleichgewicht der kreativen, analytischen und praktischen Aspekte der Intelligenz finden muß. Diese *kreative Einstellung* ist mindestens ebenso wichtig wie alle übrigen kreativen Denkfähigkeiten.[5]

Die Investmenttheorie auf dem Prüfstand

Um die Investmenttheorie zu testen, wählten wir einen produktzentrierten Ansatz, wie dies schon viele andere Wissenschaftler getan haben – z. B. auch jene, die sich mit bedeutenden kreativen Persönlichkeiten beschäftigen.[6] Im Rahmen unserer Studie testeten wir Kreativität in den Bereichen Schreiben, Zeichnen, Werbung und Wissenschaft.[7] Wir behaupten nicht, daß sie für alle möglichen Wirkungsbereiche der Kreativität repräsentativ oder gar vollständig sind. Insgesamt jedoch ergeben diese vier Bereiche zumindest eine Art Sample der vielen verschiedenen Kreativitätsformen. Die Aufgaben in unseren Tests sind in allen vier Bereichen etwa parallel angelegt, wobei die Wahl eines Themas integraler Bestandteil des kreativen Prozesses ist. In sämtlichen Bereichen werden die Probanden aufgefordert, möglichst viel Phantasie zu entwickeln, und idealerweise sollten sie für ihre Aufgaben soviel Zeit bekommen, wie sie dafür benötigen.

Im Bereich Schreiben fordern wir sie auf, zwei Titel aus einer Liste auszuwählen und zu jedem eine kurze Geschichte zu verfassen. Wir hatten nach ungewöhnlichen Titeln gesucht, über die sie sich wahrscheinlich noch keine Gedanken gemacht hatten, z. B.: »Jenseits der Grenze«, »Die fünfte Chance«, »Gerettet«, »Unterm Tisch«, »Zwischen den Zeilen«, »Zuwenig Zeit«, »Das Schlüsselloch«, »Die Turnschuhe des Oktopus«, »2983« oder »Es geht rückwärts«. Zu solchen Titeln lassen sich die unterschiedlichsten Geschichten erfinden.

Im Bereich Kunst erhalten die Probanden Zeichenmaterial und werden gebeten, zu zwei Themen aus einer Liste von Themenvorschlägen Zeichnungen anzufertigen. Auch hier versuchten wir, Themen zu finden, die sie vermutlich noch nie künstlerisch bearbeitet hatten: »Ein Traum«, »Das Quark«, »Hoffnung«, »Wut«, »Freude«, »Die Erde vom Blickpunkt eines Insekts aus betrachtet«, »Kontrast«, »Spannung«, »Bewegung« und »Vom Anfang der Zeit«.

Im Bereich Werbung sollen die Probanden Fernsehwerbespots für zwei Produkte konzipieren. Wir hatten versucht, möglichst langweilige, wenig beworbene Produkte zu finden: »Doppelfenster«, »Rosenkohl«, »Das Finanzamt« (mit positivem Image), »Besen«, »Eisen«, »Manschettenknöpfe«, »Die Frackschleife«, »Türklinken« und »Zuckerersatz«.

Im Bereich Wissenschaft müssen die Testpersonen zwei Probleme lösen, mit denen sie vermutlich ebenfalls noch nie konfrontiert waren. Zum Beispiel: »Wie stellen wir fest, ob Außerirdische unter uns leben?«, »Wie finden wir heraus, ob in den letzten Monaten jemand auf dem Mond gewesen ist?« und »Wie wäre das Lockvogel-Problem in einem Star-Wars-Verteidigungssystem zu lösen?« Das Außerirdischenproblem war vielleicht nicht so ungewöhnlich, wie wir gedacht hatten. In einer Boulevardzeitung fanden wir später nämlich einen Artikel mit Hinweisen und Tips zur Identifizierung von Außerirdischen (z.B. kleiden sie sich ungeschickt und haben einen bizarren Humor). In einem anderen Blatt desselben Kalibers wurden zwölf US-Senatoren als Fremdlinge aus dem All identifiziert.

In einer unserer Studien stellten 48 Personen – 24 Männer und 24 Frauen, im Alter von achtzehn bis fünfundsechzig, das Durchschnittsalter lag bei dreiunddreißig – zwei Produkte in jedem der vier Bereiche her. Wir hatten die Probanden über eine Anzeige in einer Lokalzeitung gefunden, und sie wurden für ihre Teilnahme an der Studie bezahlt. Die einzige Bedingung außer einem Mindestalter von achtzehn Jahren war ein Highschool-Abschluß. Eine zweite Gruppe, bestehend aus fünfzehn Erwachsenen, hatte die Produkte der ersten Gruppe mit Hilfe einer Wertungsskala von 1 (niedrig) bis 7 (hoch) auf ihre Kreativität hin zu beurteilen. Jeder Juror legte der Beurteilung seine eigenen Vorstellungen von Kreativität zugrunde. Aus ihren Beurteilungen wurde ein Durchschnittswert errechnet, um einen Kreativitätswert für jedes Produkt zu ermitteln.

Die erste Frage, die wir hier stellen müssen, ist natürlich, ob Juroren Kreativität überhaupt zuverlässig beurteilen können. Manche Hersteller und Benutzer konventioneller standardisierter Tests argumentieren, es gebe bei ihren Tests zumindest eine Übereinstimmung bei den richtigen Antworten, während bei Produkten, die kreative oder andere Fähigkeiten erfordern, kein Konsens darüber herzustellen sei, was gut und was schlecht sei. Im Gegensatz dazu ergab sich aus unserer Studie eine Interrater-Reliabilität (die Konsistenz bei allen Beurteilern) von 0,92 auf einer Skala von 0 bis 1, wobei 0 keine und 1 völlige Übereinstimmung bedeuten. Diese Interrater-Übereinstimmung ist – an sämtlichen Standards gemessen – hoch und läßt den Schluß zu, daß die Menschen eine beträchtliche (wenn auch nicht vollständige) Übereinstimmung an den Tag legen, wenn sie etwas als kreativ bzw. nicht kreativ beurteilen. Auch in anderen Studien wurden Juroren (Experten oder Laien) eingesetzt, mit ähnlich guten Ergebnissen hinsichtlich ihrer Interreliabilität.[8]

In unserer Studie wurden die Geschichten und künstlerischen Erzeugnisse im allgemeinen als deutlich kreativer beurteilt als die Produkte aus den Bereichen Wissenschaft und Werbung. Der Unterschied rührt vermutlich daher, daß die meisten Menschen mit dem

Schreiben von Geschichten und dem Malen von Bildern mehr Erfahrungen haben als mit dem Ausdenken von Werbespots und der Beantwortung wissenschaftlicher Fragen.

Betrachten wir nun die Frage, ob es eine »allgemeine kreative Fähigkeit« gibt. Mit anderen Worten: Sind Menschen, wenn sie eine Aufgabe kreativ lösen, auch bei Aufgaben anderer Art kreativ? Man kann diese Frage auf verschiedene Weisen angehen. Eine Möglichkeit wäre, die Probanden in jedem Bereich danach zu unterteilen, ob ihre Produkte als über- oder unterdurchschnittlich beurteilt wurden. Dementsprechend lautet die Frage, wieviel Prozent der Beteiligten in den verschiedenen Bereichen oberhalb (bzw. unterhalb) des Durchschnitts lagen. Im eingeschränkten Fall, wenn also Kreativität eine bestimmte Fähigkeit wäre, würden wir erwarten, daß 50 Prozent der Leute in keinem Bereich und 50 Prozent in sämtlichen Bereichen über dem Durchschnitt lägen. Wenn es aber andererseits überhaupt keinen allgemeinen Kreativitätsfaktor gäbe, würden wir erwarten, daß etwa 6 Prozent in keinem Bereich, 23,5 Prozent in einem, 41 Prozent in zwei, 23,5 Prozent in drei und 6 Prozent in sämtlichen Bereichen oberhalb des Durchschnitts zu finden wären. Wir fanden heraus, daß 19 Prozent der Probanden in keinem Bereich als überdurchschnittlich bewertet wurden (das bedeutet: all ihre Produkte wurden als unterdurchschnittlich bewertet), 31 Prozent lagen über dem Durchschnitt in einem Bereich, 17 Prozent über dem Durchschnitt in zwei, 15 Prozent in drei und 18 Prozent in allen vier Bereichen. Offenkundig liegen die Ergebnisse zwischen den beiden Extremen. Daraus läßt sich schließen, daß Kreativität weder ganz und gar bereichsunabhängig noch vollkommen bereichsspezifisch ist. Fragt man jedoch, welchem Extrem sie näher kommt, müßte man sagen, daß sie ein größeres Maß an Bereichsabhängigkeit aufweist. Das heißt, Menschen neigen dazu, in bestimmten Bereichen kreativ zu sein und in anderen nicht. Die meisten sind zumindest in einigen Bereichen überdurchschnittlich kreativ, in anderen liegen sie unter dem Durchschnitt.

Eine weitere Möglichkeit zur Überprüfung der Bereichsunabhängigkeit liegt in den statistischen Korrelationen von Kreativitätswertungen in sämtlichen Bereichen. Die Korrelationswerte auf einer Skala von –1 bis +1 sagen etwas über die Kreativitätskonsistenz eines Probanden in den verschiedenen Bereichen aus. Der Korrelationswert 1 wäre somit Ausdruck völliger Konsistenz in allen Bereichen, d. h., der Betreffende wäre durchgehend kreativ bzw. nicht kreativ. Bei 0 gäbe es keinerlei Konsistenz im gesamten Aufgabenspektrum. In diesem Falle ließe sich aus der Kreativität in einem Bereich nicht auf Kreativität in einem anderen schließen. Eine Korrelation von –1 wäre insofern merkwürdig, als sie den Schluß zuließe, daß hohe Kreativität im einen Bereich schwache Kreativität in einem anderen impliziert. Die mittlere Korrelation aus sämtlichen Bereichen war 0,37, eine Zahl, die unsere obige Analyse erhärtet. Kreativität ist weder ganz und gar bereichsunabhängig noch völlig bereichsspezifisch, tendiert jedoch eher zu letzterem.

Diese Ergebnisse haben wichtige Konsequenzen für unsere Vorstellung von Kreativität und die darauf gründenden Entscheidungen. In manchen Schulen gibt es Sonderklassen für höher begabte Kinder; die weniger »begabten« bleiben in regulären Klassen. Den Ergebnissen unserer Studie folgend, kann man unter dem Aspekt »Kreativität« keine wirklich homogene Begabtengruppe zusammenstellen. Bei manchen Menschen liegt die Begabung in einem oder auch in mehreren Bereichen, bei anderen ist sie völlig anders gelagert. Es gibt in der Tat sehr einseitige kreative Hochbegabungen, die auf anderen Gebieten völlig untalentiert sind. Also wäre es sinnlos, eine Gruppe »allgemein kreativ Begabter« zusammenzustellen und von den übrigen Kindern zu trennen. Wir könnten vermutlich kreativ begabte Kinder als solche wahrnehmen, doch lägen ihre Begabungen (das gilt übrigens auch für Erwachsene) in völlig verschiedenen Bereichen. Daraus ergibt sich eine wichtige Erkenntnis für die Erfolgsintelligenz. Bis zu einem gewissen Grad ist nämlich auch sie bereichsbedingt. Wer in einem bestimmten Bereich (z. B. der Wirtschaft) Erfolgsintelligenz beweist, muß sie deshalb nicht notwendig auch in einem anderen (z. B. persönliche Beziehungen) besitzen. Die Vorstellung, jemand sei entweder »begabt« oder nicht, ist das Relikt einer überholten, testorientierten Sichtweise. Menschen haben z.T. durchaus einseitige Begabungen. Deshalb ist es so wichtig, daß man seine Stärken und Schwächen kennt. Einfacher ausgedrückt: Niemand ist in allem gut. Erfolgsintelligente Menschen finden heraus, worin sie wirklich gut sind, manchmal entwickeln sie ihr Talent erst, doch sie machen immer das Beste daraus.

Wenn also ein Unternehmen kreative Leute sucht, muß die Frage lauten: kreativ in welcher Hinsicht? Wer nämlich im Marketingbereich mit kreativen Impulsen aufwarten kann, muß das nicht unbedingt auch in der Finanzabteilung können, und umgekehrt. Kreativität ist nichts Absolutes, sie variiert von einem Gebiet zum anderen. Doch selbst wenn wir feststellen sollten, daß Menschen bereichsunabhängig kreativ sind, müßten wir eines bedenken: Kreativität ist innerhalb eines Bereiches entwickelbar. Obwohl wir Kreativität also messen können, messen wir sie zu einem bestimmten Zeitpunkt und an einem bestimmten Ort.

Wir können die bereichsspezifische Produktwirkung erkennen, indem wir die Kreativitätswertungen korrelieren, die jeder Proband für seine beiden Produkte in jedem der vier Bereiche erhält. Wäre Kreativität in einem Bereich völlig konsistent, würden wir eine Korrelation der Kreativitätswerte aller Produkte (z. B. Zeichnung 1 und Zeichnung 2 jedes Teilnehmers) um 1 erwarten. Wäre Kreativität in einem Bereich gänzlich zufällig, müßte dieser Wert gegen 0 streben. Unsere Daten ergaben eine durchschnittliche Korrelation der Kreativitätswertungen von zwei Produkten in einem Gebiet von 0.58. Offenkundig zeigen die Menschen innerhalb eines Bereiches eine höhere Konsistenz als in verschiedenen Bereichen (wir erinnern uns, dort lag der Wert bei 0.37). Doch nicht einmal innerhalb eines Bereiches sind sie vollkommen konsistent. Also Vorsicht bei verallgemeinernden Rückschlüssen auf den gesamten Produktbereich!

Es ist darauf hinzuweisen, daß unsere Korrelationswerte aufgrund des sogenannten *Meßfehlers* wahrscheinlich niedriger ausfielen, als sie ausfallen hätten können. Das heißt: Keine Messung eines psychologischen Attributs kann jemals perfekt sein, und unsere Korrelationswerte waren den (sicher) unvollkommenen Beurteilungsfähigkeiten unserer Juroren und den damit verbundenen Irrtümern entsprechend niedriger.

Das Problem der falschen Beurteilung darf keinesfalls unterschätzt werden. Wie andere vor uns kamen auch wir zu dem Schluß, daß verschiedene Juroren in dem, was sie für kreativ bzw. nicht kreativ halten, ziemlich konsistent sind.[9] Die Übereinstimmung ist recht gut. Jeder Juror hat seine Meinung, und die durchschnittliche Beurteilung von jedem Produkt läßt eine zentrale Vorstellung von Kreativität erkennen. Es kommt jedoch vor, daß in einer Gruppe von Juroren keiner den Wert eines bestimmten Werkes erkennt oder alle einen Wert erkennen, den es nicht gibt, eine andere Gruppe jedoch zu einem anderen Urteil kommt. Es gibt keinen absoluten Maßstab für das, was Kreativität ausmacht. Was die eine Gesellschaft, Kultur oder Gruppe für kreativ hält, mag eine andere mitnichten als solches erkennen.

Ich möchte Ihnen ein Beispiel für die Gefahren der Kreativitätsmessung geben. In einer unserer Studien wurden 44 Teilnehmer aufgefordert, kreative Produkte in den Bereichen Schreiben und Kunst herzustellen.[10] Wir waren von der Prognose ausgegangen, daß allgemein risikofreudige Menschen und ihre Hervorbringungen als kreativer beurteilt würden als weniger risikofreudige Menschen. Unsere These wurde von den Untersuchungsergebnissen bestätigt, allerdings nur im Bereich Kunst, nicht im Bereich Schreiben.

Aus Neugier beschlossen wir, uns die schriftstellerischen Erzeugnisse der als risikofreudig eingestuften Probanden anzusehen, deren Geschichten nicht als »kreativ« beurteilt worden waren. Das Ergebnis überraschte: Wir hielten ihre Geschichten *durchaus* für kreativ, trotz der abweichenden Beurteilung durch unsere Juroren. Doch die Geschichten selbst stellten Risiken dar – z. B. gingen einige recht kritisch mit Institutionen wie Regierung oder Religion um –, und unsere Juroren hatten deren Inhalt mißbilligt.

Allgemein muß festgehalten werden, daß die Beurteilung von Kreativität sehr stark vom Beurteilenden abhängt. Man kann an eine Jurorengruppe geraten, die ein Werk übereinstimmend als nicht kreativ beurteilt, und ihren Maßstäben entsprechend mag es sich so verhalten. Eine andere Gruppe kann jedoch dasselbe Produkt als durchaus kreativ bewerten. Kreativität ist nichts Abstraktes – sondern verweist auf ein soziokulturell bedingtes Urteil in bezug auf die Neuartigkeit, Angemessenheit, Qualität und Bedeutung eines

Produktes. Bei Kreativitätsurteilen – wie übrigens bei jeder Art von Beurteilung – sollten wir also bedenken, wer hinter dem Urteil steht.

Die Anhänger konventioneller standardisierter Tests sehen in solchen Bemerkungen möglicherweise den Todesstoß für jede Form der Kreativitätsmessung. Ihr Argument könnte lauten, daß es bei ihren Messungen zumindest keine Probleme mit der Subjektivität gebe. In Wahrheit gelten diese Einschränkungen jedoch für *alle* Messungen. Verhaltensweisen, die man in einer Gesellschaft oder in einem Kontext für intelligent hält, gelten in anderen Kontexten bzw. Gesellschaften als dumm. Wesentlich ist jedoch die Tatsache, daß dieselben Einschränkungen, die für die Kreativitätsmessung gelten, auf alle Messungen zutreffen. Es gibt tatsächlich keine völlig »objektive« Messung von Intelligenz, Kreativität oder irgend etwas dergleichen. Messungen beziehen sich stets auf die Normen und Erwartungen einer bestimmten Gruppe zu einer bestimmten Zeit und an einem bestimmten Ort.

Wir vergessen das häufig, wenn wir beurteilt werden. Menschen urteilen unterschiedlich. Wir müssen daher nicht nur die Beurteilung selbst, sondern auch deren Validität bedenken. Vor einigen Jahren erschien in einer bekannten psychologischen Fachzeitschrift ein Artikel mit der These, man könne so ziemlich alles, was man über einen Arbeiter wissen muß, an seiner sogenannten allgemeinen Intelligenz messen. Mein Kollege Richard Wagner und ich waren empört. Hatte denn keiner den Artikel vor seiner Veröffentlichung gelesen? Wir schrieben eine sehr sorgfältige Gegendarstellung und schickten sie der Zeitschrift zu. Nun wurde offenkundig, warum der Artikel publiziert worden war. Der Herausgeber sympathisierte mit dem darin vertretenen Standpunkt. Unsere Replik wurde zwei Kritikern übergeben, die sie in der Luft zerrissen. Wir erhielten eine unverblümte Absage vom Herausgeber, der in seinem Begleitschreiben beinahe an unserem Verstand zweifelte.

Jahre später wechselte der Herausgeber, und wir schickten ihm eine geringfügig veränderte Version des ursprünglichen Artikels zu. Die Gutachten waren begeistert, und der Artikel erschien in fast unveränderter Form. Wie eine Arbeit bewertet wird, hängt eben von der

Person ab, die die Bewertung vornimmt. Auch Kreativitätsmessungen müssen so im Zusammenhang mit der Interaktion von Produkt und denen, die es beurteilen, gesehen werden.

Wie wir kreative Intelligenz entwickeln können

Mir sind noch keine Lehrer, Eltern oder Arbeitgeber untergekommen, die sich selbst als kreativitätsfeindlich eingeschätzt hätten. Im Gegenteil: Die überwältigende Mehrheit der Leute hegt den Wunsch, die eigene Kreativität und die ihrer Mitmenschen zu fördern, wobei sie allerdings häufig nicht sicher sind, wie man dabei vorgeht. Zu den Mythen des IQ gehört auch die »Tatsache«, daß Begabungen nicht zu entwickeln seien. In Wahrheit ist das durchaus möglich.[11] Dies wird am besten deutlich, wenn man zwölf charakteristische Merkmale von Menschen mit Erfolgsintelligenz untersucht und prüft, wie sie entwickelt werden könnten.

1. Menschen mit Erfolgsintelligenz suchen aktiv nach Rollenmodellen und verkörpern ihrerseits neue Rollenmodelle. Nach wie vor ist das beste Mittel, um die kreative Intelligenz Ihrer Angestellten, Studenten oder Kinder zu fördern, selbst ein kreatives Rollenmodell zu verkörpern. Menschen entwickeln kreative Intelligenz nicht auf Anweisung, sondern beziehen sich auf ein Vorbild.

Welche Lehrer sind Ihnen aus Ihrer Schulzeit am lebendigsten in Erinnerung geblieben? Welche hatten den größten Einfluß auf Ihr jetziges Leben? Es werden vermutlich nicht jene sein, die den meisten Lehrstoff in ihre Unterrichtsstunden packten, sondern diejenigen, deren Denken und Handeln Ihnen vorbildlich erschien. Meist bleiben uns jene Lehrer in Erinnerung, die es geschafft haben, uns nicht nur Inhalte zu vermitteln, sondern auch das Denken über diese Inhalte.

Ab und zu veranstalte ich einen Workshop zum Thema Kreativitätsförderung. Dann kommen Lehrer, Eltern oder Manager und fragen nach Anleitungen und Methoden. Das ist kein guter Ausgangspunkt. Für die Kreativitätsförderung gibt es keine Rezepte, außerdem würde man die Kreativität auf diese Weise wieder einschränken. Wollen Sie Kreativität fördern, müssen Sie selbst kreativ sein. Menschen mit Erfolgsintelligenz hatten in der Regel gute Rollenvorbilder. Auch dies ist ein Grund, wieso es so schwierig ist, ältere Kinder aus sozial benachteiligten Schichten in eine neue Umgebung zu bringen, und dann zu erwarten, daß nun alles anders wird. Das Problem ist die Tatsache, daß diese Kinder keine guten Rollenmodelle hatten. Wenn wir Erfolgsintelligenz entwickeln wollen, müssen wir möglichst früh damit beginnen. Es ist nie zu spät, doch schon gar nicht zu früh.

2. *Menschen mit Erfolgsintelligenz stellen grundlegende Annahmen in Frage und ermutigen andere, dasselbe zu tun.* Wir neigen alle zu grundlegenden Annahmen darüber, wie die Dinge sind oder zu sein haben, die allgemein weit verbreitet sind. Menschen mit kreativer Intelligenz stellen jedoch viele Prämissen in Frage, die von anderen akzeptiert werden, und bringen sie dazu, dasselbe zu tun. So wurde etwa Kopernikus' Behauptung, daß sich die Erde um die Sonne dreht, anfangs für völlig absurd gehalten, weil man jahrhundertelang davon ausgegangen war, daß es sich anders verhielt.

Leider dauert es manchmal viele Jahre, und manchmal länger, als der betreffende kreativ intelligente Mensch lebt, bis die anderen die Grenzen oder Irrtümer ihrer Überzeugungen erkennen. Doch ohne den Anstoß jener, die solche Prämissen in Frage stellen, gäbe es im menschlichen Streben wenig oder keinen Fortschritt.

Eltern und Lehrer sollten ihre Kinder ermutigen, Grundannahmen zu hinterfragen. Auf diese Weise machen sie ihnen Mut, kreativ zu denken und ihre eigenen Vorstellungen davon, wie die Dinge sind oder sein sollten, zum Ausdruck zu bringen. Natürlich haben viele Prämissen Gültigkeit. Trotzdem ist es für Kinder – wie übrigens auch für Erwachsene – wichtig zu verstehen, warum wir auf eine bestimmte Weise denken oder handeln. Vermutlich steht am Anfang allen kreativen Denkens die Frage »Warum?«.

3. *Menschen mit Erfolgsintelligenz gestatten sich und anderen, Fehler zu machen.* Günstig zu kaufen und teuer zu verkaufen birgt eine Gefahr in sich. Die meisten »unpopulären« Aktien sind aus gutem Grund nicht populär. Man hält sie für keine guten Investitionen. Anders ausgedrückt: Menschen halten oft an bestimmten Denkweisen fest, weil diese Sicherheit vermitteln und weil sie keine Fehler machen wollen. Gelegentlich tritt jedoch ein großer Denker vom Range eines Freud, Piaget, Chomsky oder Einstein auf den Plan und zeigt uns neue Möglichkeiten, zu denken. Was nicht heißen soll, daß großen Denkern niemals Fehler unterlaufen – im Gegenteil: Wenn man neues Territorium betritt, sind Fehler unvermeidlich – doch sie lernen aus ihren Fehlern oder geben uns die Möglichkeit, aus ihren Fehlern zu lernen.

In der Schule werden Fehler gewöhnlich nicht verziehen, sondern durch den Rotstift gebrandmarkt. Manche Lehrer stürzen sich begeistert auf falsche Antworten, und die übrigen Schüler lachen dazu. Wenn Kinder beim Malen die vorgegebenen Umrißlinien nicht beachten oder falsche Farben benutzen, werden sie ermahnt. Im Laufe ihrer Schulzeit lernen sie auf hundertfache Weise, daß es schlecht ist, Fehler zu machen; mit dem Ergebnis, daß sie Angst vor Fehlern bekommen und vor jenem unabhängigen, wenn auch bisweilen fehlerhaften Denken, das zur Entwicklung kreativer Intelligenz führen kann.

Viel zu oft ist unser Denken von dieser Malbuch-Mentalität bestimmt. Wenn unser ideales Kind stets die Grenzlinien beachtet und die »richtigen« Farben benutzt, wie mag dann der ideale Erwachsene beschaffen sein – bleibt auch er bei seiner Arbeit stets innerhalb der vorgegebenen Linien? Normalerweise schon. Wir können nicht unsere Kinder für ihre Malbuch-Mentalität belohnen und andererseits erwarten, daß sie zu kreativen Erwachsenen werden.

Mancher kindliche Fehler ist im Grunde gar keiner. Die Reaktion des Kindes läuft dem konventionellen Verständnis ganz einfach zuwider. Vor einigen Jahren besuchte meine Kollegin Wendy Williams eine Schulklasse. Im Laufe des Unterrichts fragte die Lehrerin, wer denn Amerika entdeckt habe. Eines der Kinder platzte heraus:»Die Indianer.« Allgemeine Erheiterung. Die Lehrerin beeilte sich, den Fehler zu korrigieren, und sagte, daß es Christoph Kolumbus, der große Entdecker, gewesen sei. Heute würde man diesen»Fehler« vermutlich nicht unmittelbar korrigieren. Eigentlich geht es hier um die Erkenntnis, daß das Insistieren auf»richtigen« Antworten und »richtigen« Verfahren Konformität statt Kreativität fördert.

4. *Menschen mit Erfolgsintelligenz gehen vernünftige Risiken ein und ermutigen andere, dasselbe zu tun.* Günstig einzukaufen und teuer zu verkaufen ist immer mit Risiken verbunden. Kreative Menschen sind jedoch bereit, Risiken einzugehen, ohne die sie die Arbeit nicht leisten könnten, für die man sie letztlich bewundert und respektiert. Weil sie jedoch Risiken auf sich nehmen, fallen sie auch zuweilen auf die Nase. Das müssen wir ihnen zugestehen.

Das Wort *vernünftig* spielt allerdings in diesem Zusammenhang eine große Rolle, denn ich spreche natürlich nicht von halsbrecherischen oder gar lebensgefährlichen Risiken. Vielmehr meine ich jenes Risiko, das immer im Spiel ist, wenn wir neue Ideen erproben bzw. neue Wege gehen: das Risiko,»anders« zu sein.

In den meisten Schulen wird Risikobereitschaft nicht eben gefördert. Und die Kinder lernen schon früh, wie das System funktioniert. Um erfolgreich zu sein, benötigt man gute Noten, und gute Noten bekommt man, indem man klein-fein auf dem geraden Weg bleibt. Man braucht diese Noten, um in die besseren Leistungsgruppen zu kommen, um an Fortgeschrittenenkursen teilnehmen zu können, um studieren zu können, und später für Weiterbildungskurse oder für den besseren Job. Nur Dummköpfe, so hat es den Anschein, gehen Risiken ein, denn es genügen einige wenige schlechte Noten, um jemanden aus dem Rennen um die besten Chancen zu werfen.

Als meine Tochter Sara die dritte Klasse besuchte, wurden im Unterricht die Planeten durchgenommen. In einer Unterrichtsstunde sollten sich die Kinder als Astronauten verkleiden und eine Reise zum Mars spielen. Sara wollte sich gerne als Marsbewohner verkleiden und die Astronauten auf ihrem Planeten begrüßen. Die Lehrerin meinte, das sei unmöglich, denn wie die Weltraumforschung gezeigt habe, gebe es keine Marsianer. Sara ging ein Risiko ein, als sie eine interessante und kreative Idee äußerte, und stieß auf Ablehnung.

Vielleicht muß es nicht verwundern, daß kreative Intelligenz bei kleinen Kindern viel eher zu beobachten ist als bei älteren Kindern und Erwachsenen. Der Grund dafür ist nicht, daß es den älteren Kindern an kreativer Intelligenz mangelt, sondern die Tatsache, daß sie sie unterdrückt haben. Nur indem wir die intellektuelle Risikobereitschaft zulassen, ja sogar fördern, können wir unseren Studenten und uns selbst helfen, kreatives Potential freizusetzen. Außerdem sollten Lehrer risikofreudige Schüler belohnen. Wenn sie bei ihren Aufgaben oder Projekten vernünftige Risiken eingehen, sollte ihre Kreativität gewürdigt werden, selbst wenn ihr Projekt anders besser hätte ausfallen können.

Wir haben in einer unserer Studien Risiko-Belohnungs-Optionen anhand mehrfacher Messungen von eingegangenem Risiko und kreativer Leistung im Bereich Zeichnen und Schreiben untersucht.[12] Vierundvierzig Erwachsene ließen kreative Aufgaben, Messungen des eingegangenen Risikos und andere Tests über sich ergehen. Zur Kreativitätsmessung im Bereich Zeichnen und Schreiben gehört die Umsetzung eines Themas in ein fertiges Produkt (siehe oben). Das eingegangene Risiko wurde in dreifacher Form gemessen – mit Hilfe von Wettbewerben, hypothetischen Szenarien und einem Fragebogen zur Person.

Zwei Wettbewerbe lieferten uns verhaltensspezifische Messungen der Risikobereitschaft. In einem davon konnten die Probanden ihre Zeichnung und im anderen die Geschichte einreichen. Es gab jeweils zwei »Pools« von Arbeiten, aus denen die besten ausgewählt werden sollten. Ein Pool wurde beschrieben als »hohes Risiko/hoher Gewinn«. Hier erhielt der Gewinner 25 Dollar. Im anderen Pool ging es um »weniger Risiko/weniger Gewinn«, dort erhielten die fünf Besten jeweils zehn Dollar. Laut Anweisung mußten sich die Teilnehmer im Zeichenwettbewerb für den einen, im Schreibwettbewerb für den anderen entscheiden. Die Preise wurden zum Abschluß der Studie den Wertungen unserer Juroren entsprechend vergeben.

In den hypothetischen Szenarien wurde Risikobereitschaft ganz anders gemessen. Drei Fragebogen mit schwierigen Entscheidungsdilemmata untersuchten das eingegangene Risiko in den Bereichen Zeichnen, Schreiben und Alltag.[13] Jeder Fragebogen enthielt zwölf hypothetische Situationen, in die sich die Probanden hineinversetzen sollten. In jedem Szenario gab es zwei Handlungsmöglichkeiten: (a) eine mit hohem Risiko, doch großen Gewinnchancen und (b) eine mit niedrigem Risiko und weniger hohem Gewinn verbundene Alternative. Die Probanden bestimmten, wie viele erfolgversprechende Bedingungen sie mindestens benötigten, um sich für die riskantere Option zu entscheiden.

Folgendes Beispiel ist ein solches Szenario aus dem Bereich Kunst: Sie sind Töpfer und fertigen eine große Vase an, die auf einer Kunsthandwerksausstellung gezeigt werden soll. Sie hoffen, in der Fachzeitschrift des Töpferhandwerks, die über diese Ausstellung berichten wird, lobend erwähnt zu werden. Sie haben zwei Ideen für diese Vase. Idee A wäre, auf der Töpferscheibe eine schöne Vase mit weichen, fließenden Konturen zu fertigen. Sie wissen, daß einige der teilnehmenden Töpfer mit dieser Technik arbeiten, sind sich jedoch sicher, daß man Ihre spezifischen technischen Fähigkeiten anerkennen wird. Idee B wäre, mit Hilfe einzelner Tonrollen eine Vase zusammenzusetzen, was eine ungewöhnlich primitive Vase ergeben würde. Die Herausgeber der Zeitschrift könnten ein Foto und eine Besprechung Ihrer Vase bringen, weil sie so ungewöhnlich ist, oder sie völlig außer acht lassen, weil sie nicht dem derzeitigen Trend entspricht. Es folgt nun eine Liste verschiedener Wahrscheinlichkeitsgrade für den Erfolg der spiralförmig aufgebauten Vase (Idee B). Bitte geben Sie den niedrigsten Wahrscheinlichkeitsgrad an, der Ihnen genügen würde, um sich für Idee B zu entscheiden.

Die angebotenen Erfolgsschancen waren: 1 zu 10, 3 zu 10, 5 zu 10, 7 zu 10 oder 9 zu 10. Außerdem konnte man die riskanteste Alternative »unabhängig von den Erfolgschancen« verweigern und erhielt dann eine Wertung von 10 zu 10.

Die Risikobereitschaft wurde weiter mit einem biographischen Fragebogen ermittelt. Die Probanden benutzten eine Sieben-Punkte-Skala, um ihre Risikobereitschaft beim Zeichnen und Schreiben für die Kategorien Gesamtaufgabe, Themenwahl, Themenumsetzung, Materialien und Stil zu beschreiben. Zudem sollten sie angeben, ob sie sich selbst beim Schreiben oder Zeichnen als mehr oder weniger risikofreudig einschätzen würden. Eine separate Gruppe von fünfzehn Teilnehmern beurteilte die Kreativität der Zeichnungen und Erzählungen. Ihre Interrater-Reliabilität war gut (0.81 beim Zeichnen und 0.75 beim Schreiben auf einer Skala von 0 = niedrig bis 1 = hoch). So wie bei früheren Forschungsarbeiten erwiesen sich die Teilnehmer als relativ risikoscheu. Im Zeichenwettbewerb etwa entschieden sich 32 Probanden für die Option »wenig Risiko/wenig Gewinn«, und nur zwölf Teilnehmer wählten die risikoreichere, doch gewinnträchtigere Alternative. Im Schreibwettbewerb entschieden sich 29 Teilnehmer für die risikoarme und 15 für die riskantere Alternative. In beiden Fällen bestand eine deutliche Tendenz zu weniger Risiko.

Am meisten interessierte uns freilich die Frage, ob eine gesteigerte Risikobereitschaft mit höherer kreativer Leistung einhergeht. Im Zeichenwettbewerb erzielten die risikofreudigen Probanden einen durchschnittlichen Kreativitätswert von 4,21 (auf einer Sieben-Punkte-Skala), während die Gruppe, die sich für die weniger riskante Option entschieden hatte, bei einem Mittelwert von 3,90 landete. Zusätzliche Wertungen von drei künstlerisch geschulten Juroren verdeutlichten unsere Basiswerte. Die erste Gruppe erhielt einen durchschnittlichen Kreativitätswert von 4,36, die zweite Gruppe lag bei 2,86. Die kreativeren Menschen tendierten also dazu, mehr Risiko einzugehen.

Auch die Werte aus dem Szenarien-Test erhärteten diesen Zusammenhang. Die Risikobereitschaft in den kunstspezifischen Szenarien wies eine signifikante Korrelation mit der Kreativität beim Zeichnen auf ($r = 0{,}39$). Die Analyse der Wertungen aus den verschiedenen Szenarien-Bereichen Kunst, Schreiben und Alltag in bezug auf die kreativen Leistungen beim Zeichnen untersuchte, ob und in welchem Ausmaß die Beziehung zwischen zeichnerischer Kreativität und Risikobereitschaft bereichsspezifisch ist. Mit anderen Worten: Ist künstlerische Kreativität abhängig von einer allgemeinen Risikobereitschaft oder von einer Risikobereitschaft nur in künstlerischen Fragen? Unsere Ergebnisse sprachen für eine Bereichsabhängigkeit. Kreativität beim Zeichnen weist eine Beziehung zur Risikobereitschaft im künstlerischen Bereich auf, jedoch nicht unbedingt zur Risikofreude in den Bereichen Schreiben und Alltag. Dieses Resultat deckt sich mit anderen Forschungsergebnissen über Risikobereitschaft in verschiedenen Bereichen. So sagt z. b. die Risikobereitschaft in finanziellen Angelegenheiten nicht sehr viel über Risikobereitschaft in körperlichen (Sport, Sex) oder sozialen Zusammenhängen aus.[14]

Im Gegensatz zu den Szenarien und den verhaltensspezifischen Messungen zeigte die Selbsteinschätzung nur wenig Beziehung zur kreativen Leistung. Lediglich ein Fragepunkt (»allgemeine« Risikobereitschaft beim Zeichnen) wies eine Relation zu kreativer Leistung auf (r = 0,34). Insgesamt ergab sich eine gewisse Erhärtung des vermuteten Zusammenhangs zwischen Risikobereitschaft und kreativer Leistung im Bereich Zeichnen. Menschen mit Erfolgsintelligenz sind bereit, vernünftige Risiken einzugehen.

5. *Menschen mit Erfolgsintelligenz suchen für sich und andere nach Aufgaben mit kreativen Spielräumen.* Wenn Multiple-choice-Tests die einzige Form der Beurteilung darstellen, die Studenten in einem Seminar bekommen, dann lernen sie schnell, welche Bewertung die wichtige ist, auch wenn ihre Lehrer sonst anders bewerten. Wenn unsere Schulen zu Kreativität und kreativer Intelligenz ermutigen wollen, müssen sie in ihre Beurteilungen und Tests zumindest die eine oder andere Gelegenheit zu kreativem Denken aufnehmen. Ich gebe einen Einführungskurs in Psychologie für Erstsemester und habe einen Psychologie-Leistungskurs für Gymnasiasten entwickelt. Beiden liegt ein Prinzip zugrunde, das in allen Kursen auf sämtliche Leistungsstufen anwendbar ist. Es fordert, daß sowohl im Unterricht als auch in Prüfungen Fragen gestellt werden, die nicht nur Faktenwissen und analytisches Denken, sondern auch kreatives

(und praktisches) Denken voraussetzen. So müssen meine Studenten z.b. die Hauptthesen aktueller Depressionstheorien kennen, doch werde ich sie auch auffordern, die Theorien miteinander zu verbinden, ihre eigenen Überlegungen einzubringen und auf diese Weise neue Theorien zu entwickeln. Ich erwarte keine veröffentlichungswürdigen Neuansätze. Mein Ziel ist es, die Studenten zu kreativem Denken anzuregen, denn die Übung im kreativen Denken wird ihre kreativen Denkfähigkeiten weiterentwickeln. Dieses Prinzip kann auf sämtliche Kurse angewandt werden. Im Fach Englisch kann man den Studenten die Aufgabe stellen, Kurzgeschichten und Gedichte zu schreiben oder sich für bereits existierende Erzählungen einen alternativen Schluß auszudenken. In Geschichte könnte man sie auffordern, sich in eine Gestalt aus der Vergangenheit zu versetzen und anzugeben, warum und wie sie in einer bestimmten Situation gehandelt hätten. Oder man läßt sie über gewisse Zukunftsaspekte unserer Welt spekulieren. In naturwissenschaftlichen Fächern könnte man die Schüler auffordern, intuitive Theorien zu bestimmten Phänomenen vorzutragen, einfache Versuchsanordnungen zu entwerfen oder unabhängige Forschungsprojekte (theoretisch oder empirisch) durchzuführen. In Mathematik könnten sie ihre eigenen Textaufgaben, Zahlen- oder Meßsysteme entwickeln. In den Fremdsprachen könnte man sich kleine Szenen in fremden Ländern ausdenken, in die nicht nur die Sprache des jeweiligen Landes, sondern auch dessen Sitten und Gebräuche einzubeziehen sind. Solche Aufgaben sind im Grunde nur durch die Phantasie des Lehrers begrenzt.

6. *Menschen mit Erfolgsintelligenz bemühen sich aktiv um die Definition und Neubestimmung von Problemen und unterstützen andere dabei.* Ein leitender Angestellter in der Chefetage eines der drei führenden Autohersteller in den Vereinigten Staaten sah sich vor ein schwieriges Problem gestellt. Einerseits liebte er seinen Job und auch das Geld, das er damit verdiente. Schließlich werden Leute in seiner Position in Detroit gut bezahlt, egal ob sich ihre Autos verkaufen oder nicht. Andererseits konnte er seinen Chef partout nicht ausstehen. Er hatte sich schon einige Jahre mit diesem Scheusal ab-

gefunden und ertrug es nun einfach nicht mehr. Nachdem er seine Optionen sorgfältig überdacht hatte, beschloß er, einen Headhunter aufzusuchen – einen Spezialvermittler für hochdotierte Jobs. Er kam zu dem Gespräch, ohne recht zu wissen, wie es um seine beruflichen Aussichten stand, doch glücklicherweise meinte der Headhunter, es sei kein Problem, ihm eine neue Stelle zu besorgen. Der Manager berichtete seiner Frau, wie das Interview verlaufen war und daß er zuversichtlich sei, eine neue Stelle zu finden. Nachdem er von seinem Arbeitstag erzählt hatte, erzählte ihm seine Frau, eine Lehrerin, von ihrem. Der Zufall wollte es, daß sie zu dieser Zeit mit meinem Buch *Intelligence Applied* arbeitete, einem Programm zur Verbesserung der Denkfähigkeit für Highschool- und Collegestudenten. Sie teilte ihm mit, womit sie sich an diesem Tag beschäftigt hatte – nämlich der Technik *Ein Problem neu definieren.* Die grundlegende Idee besteht darin, das zu lösende Problem einfach auf den Kopf zu stellen. Mit anderen Worten: es wird völlig neu gesehen. Die Betrachtungsweise unterscheidet sich nicht nur von der bisherigen eigenen, sondern auch davon, wie die meisten anderen das Problem wohl sehen würden. Im Laufe ihrer Schilderungen kam unserem Manager plötzlich eine Idee. Er erkannte, wie er die von seiner Frau unterrichtete Technik zu seinem Vorteil nutzen konnte. Am nächsten Tag besuchte er seinen Headhunter erneut, teilte ihm den Namen seines Chefs mit und bat ihn, einen neuen Job zu suchen – für seinen Chef. Der Headhunter erklärte sich damit einverstanden, und wenig später war eine neue Stelle gefunden. Das Stellenangebot erreichte besagten Vorgesetzten ausgerechnet zu einem Zeitpunkt, als er seiner jetzigen Stelle überdrüssig geworden war. Also nahm er kurz entschlossen das Angebot an. Das Beste an der ganzen Geschichte war, daß sich unser Manager um die frei gewordene höhere Position seines ehemaligen Chefs bewarb und sie auch bekam.

Diese wahre Geschichte – die mir die Frau des Managers erzählte – zeigt, wie wichtig es sein kann, Probleme neu zu definieren. Ihr Mann hatte angenommen, sein Problem bestehe darin, eine neue Stelle für sich selbst zu finden. Gelöst hat er es, indem er es auf den Kopf stellte – das heißt, seinem Chef eine neue Stelle besorgte.

Vor ein paar Jahren stand ich vor einem ziemlich lästigen Problem. Jeden Morgen war meine Auffahrt mit Müll übersät. Die Mülleiner waren geöffnet und umgekippt worden. Der Übeltäter war ein Waschbär, der sich von meinem Hausmüll ernährte. Das Problem bestand darin, den Waschbären zu fangen und von meinem Anwesen zu entfernen.

Die Lösung schien klar. Ich suchte einen Metallwarenladen auf und kaufte eine Waschbärenfalle, die das Tier unverletzt gefangensetzen sollte: Man legt zu diesem Zweck einen Köder (z. B. den Inhalt einer Sardinenbüchse) mitten in die Falle, öffnet ihre Seitentüren und plaziert die Falle in der Nähe der Mülleimer. Sobald der Waschbär die Falle betritt, um den Köder zu fressen, schnappen die Türen zu, und das Tier ist gefangen. Danach fährt man ein Stück über Land und läßt den Waschbären frei.

Ich folgte der Gebrauchsanweisung Schritt für Schritt und nahm nun an, mein Waschbärenproblem sei gelöst. Doch meine Mülleimer wurden trotzdem jede Nacht umgekippt. Die Türen der Falle waren geschlossen, und der Köder war aufgefressen, aber im Inneren der Falle befand sich kein Waschbär. Offensichtlich war das Tier imstande gewesen, die Falle zu betreten und den Köder zu fressen, ohne den Mechanismus auszulösen, der die Falle zuschnappen ließ. Ich hatte es mit einem ausgesprochen schlauen Waschbären zu tun.

Also beschloß ich, das Problem neu zu definieren und mir die Hilfe eines professionellen Tierfängers zu holen. Ich rief einen an, und dieser kam mit einigen Tierfallen, die der meinen verblüffend ähnlich sahen. Er stellte sie bei den Mülltonnen auf, und tatsächlich wurden einige Tiere gefangen – ein paar Eichhörnchen und die Katze unseres Nachbarn. Ich war um zweihundertzehn Dollar ärmer und hatte noch immer keinen Waschbären in Gefangenschaft gesehen.

Weitere Informationen zu diesem Problem erhielt ich eines Morgens um drei Uhr früh, als ich von einem lauten Klappern bei den Mülleimern geweckt wurde. Ich stand auf und sah einen riesigen Hund, der seine Pfote in die Falle streckte. Die Türen der Falle hatten sich geschlossen, doch nicht vollständig. Der Hund konnte den Köder herausangeln, und die Türen schlossen sich erst, als er seine Pfote wieder zurückzog. Mein Waschbärenproblem war also gar nicht lösbar gewesen, weil es nie einen Waschbären gegeben hatte. Ich definierte mein Problem neu, ging in das Metallwarengeschäft und kaufte Mülltonnen mit Handgriffen, die zugleich den Deckel fixierten. Tatsächlich war der Hund nicht imstande, den Deckel zu öffnen, und mein Problem schien endlich gelöst. Doch einige Monate später wurden meine Mülltonnen ein Opfer der wahren Übeltäter – für die hungrigen, schlauen Waschbären war es im Gegensatz zu dem Hund kein Problem, die Deckel zu öffnen und sich an meinem Müll zu erfreuen.

Nicht willens, mich von Waschbären überlisten zu lassen, kaufte ich eine Reihe von Gummiseilen und verschnürte die Deckel meiner Mülltonnen. Es dauerte allerdings nur einige Tage, bis die Waschbären auch damit fertig wurden. Ich löste das Problem definitiv, indem ich es nochmals neu definierte, und baute einen verschließbaren Mülltonnenunterstand – und die Waschbären mußten draußen bleiben. Bis zum heutigen Tag sind – nach zahlreichen vergeblichen Lösungsversuchen – die Müllmänner und ich die einzigen geblieben, die an diese Tonnen herankommen.

Vielleicht erscheint Ihnen mein Waschbärenproblem banal, besonders im Zusammenhang mit kreativem Denken. Doch Erfolgsintelligenz kann sogar in ganz banalen Zusammenhängen eingesetzt werden. Dabei geht es nämlich nicht nur um Jahrhundertideen (die nur wenige haben – wie z. B. Einsteins Relativitätstheorie). Es geht auch um Problemlösungen, Entscheidungen und Verbesserungen im Alltag. Kreative Erfolgsintelligenz zeichnet unser Alltagsbewußtsein ebenso aus wie jene seltenen genialischen Geistesblitze.

Sie können kreative Intelligenz fördern, indem Sie anderen die Möglichkeit geben, eigene Lösungswege zu finden und manchmal auch Entscheidungen zu revidieren. Ich verlange in meinen Seminaren z. B. mehrere Kurzreferate und lasse die Studenten bei mindestens einem Referat das Thema selbst bestimmen; sie sind nur insofern meiner Zustimmung unterworfen, als es sicherzustellen gilt, daß das Thema etwas mit dem Lehrstoff meines Seminars zu tun hat und zumindest die Chance besteht, daß die Arbeit zu einem erfolgreichen Abschluß zu bringen ist. Natürlich sollten die Studenten diese Entscheidungsmöglichkeit nicht immer haben, da es bestimmte Themen gibt, die sie auf jeden Fall bearbeiten sollten. Wenn sie jedoch diese Möglichkeit nie bekommen, werden sie auch nicht lernen, solche Entscheidungen, die ernst genommen werden sollten, selbständig zu treffen. Während der Projektwoche einer Schule durften die Schüler den amerikanischen Bundesstaat bestimmen, über den sie eine Projektarbeit anfertigen sollten. Hier war kein großer Entscheidungsspielraum möglich. Je mehr Freiheit Sie Ihren Studenten in dieser Hinsicht lassen, desto kompetenter werden sie Probleme und Projekte, die sie weiterverfolgen möchten, auszusuchen wissen. Dies ist ein wesentlicher Bestandteil der Kreativität.

7. *Menschen mit Erfolgsintelligenz suchen nach Anerkennung für ihre Kreativität, zollen aber auch der Kreativität anderer Anerkennung.* Ich honoriere ausdrücklich jedes kreative Bemühen meiner Studenten. Bei der Verteilung von Themen für Seminararbeiten erkläre ich, daß die üblichen Anforderungen gelten – ich erwarte eine Demonstration ihres Wissens und ihrer analytischen Fähigkeiten sowie natürlich ihres guten Stils. Darüber hinaus suche und belohne ich vor allem Kreativität. Entscheidend ist dabei nicht, ob ich mit den Referaten inhaltlich übereinstimme oder nicht, sondern ob sie Gehörtes, Gelesenes und ihre eigenen Gedanken zu interessanten neuen Ideen zusammenfügen können.

Manche Lehrer bedauern, daß kreative Antworten nicht mit derselben Objektivität zu bewerten sind wie Multiple-choice- oder Kurzantwort-Tests. In gewisser Hinsicht haben sie natürlich recht. Es entsteht ein Objektivitätsverlust. Doch unsere und andere Untersuchungen haben gezeigt, daß die Bewertenden in ihren Kreativitätsurteilen erstaunlich konsistent sind.[15] Darüber hinaus sollte der Zweck einer Beurteilung eigentlich immer die Unterweisung sein – Studenten lernen aus Beurteilungen wie aus jeder anderen Form des Unterrichts. Es ist besser, die kreative Arbeit unserer Schüler und Studenten mit etwas weniger Objektivität zu bewerten, als ihnen die Gelegenheit zu kreativer Arbeit zu entziehen, nur damit Lehrer in ihren Beurteilungen den Anschein von Objektivität wahren können.

8. *Menschen mit Erfolgsintelligenz lassen sich und anderen die Zeit,*
kreativ zu denken. Wir sind eine Gesellschaft, die ständig in Eile
ist. Wir lieben Fastfood, hetzen von einem Ort zum nächsten und
schätzen Schnelligkeit im Denken. Jemanden als »fix« zu bezeichnen ist eine andere Art, ihm Intelligenz zu bescheinigen. Und dies
macht doch deutlich, wo unsere Wertigkeiten liegen.[16] Mehr noch:
Unsere standardisierten Tests bestehen zum Großteil aus (Multi-
ple-choice-)Fragen, die innerhalb kürzester Zeit beantwortet werden müssen. Wer hätte dabei Zeit, kreativ zu denken, selbst wenn
es gestattet wäre?

Entgegen einer weitverbreiteten Ansicht entspringen die meisten
kreativen Erkenntnisse keinen Geistesblitzen.[17] Menschen brauchen
Zeit, um ein Problem zu verstehen, es gedanklich zu bewegen und
eine kreative Lösung zu finden. Wenn Lehrer ihre Prüfungen mit
zu vielen Fragen bestücken oder so viele Hausaufgaben geben, daß
kaum eine davon wirklich zu bewältigen ist, wird ihren Schülern
und Studenten die Zeit für kreatives Denken fehlen. Wenn Arbeitgeber ihren Arbeitnehmern keine Zeit zum Denken lassen, werden
sie in der Regel auch keine kreative Arbeit bekommen.

Leider werden in den Vereinigten Staaten hohe Anforderungen an
Lehrer gestellt, sie haben deutlich weniger Freizeit als z. B. ihre japanischen Kollegen.[18]

Das führt dazu, daß weder Lehrer noch Schüler viel Zeit zum Denken haben, von kreativem Denken gar nicht zu reden. Wenn wir
wollen, daß Studenten oder Arbeitnehmer die Fähigkeit zu kreativem Denken entwickeln, müssen sie auch die dafür notwendige Zeit
bekommen.

9. *Menschen mit Erfolgsintelligenz tolerieren Ambiguität und un-*
terstützen bei anderen diese Einstellung. Im allgemeinen akzeptieren wir Amerikaner Ambiguitäten nur in kleinem Ausmaß. Historisch betrachtet, haben wir die Dinge immer fein säuberlich getrennt: Wir glauben gerne, daß es eine »richtige« und eine »falsche«
Art gibt, Dinge zu erledigen, oder daß eine Idee entweder gut oder
schlecht sei. Problematisch daran ist nur, daß es bei der kreativen
Arbeit gewöhnlich eine Phase gibt, in der die Grautöne überwiegen.

Und selbst wenn die Probleme gelöst sind, kann eine kreative Idee, wie jede andere auch, Vor- und Nachteile haben.

Fast immer benötigt die Entwicklung einer kreativen Idee Zeit, und während dieser Zeit neigen wir zu weniger angenehmen Empfindungen und Ungeduld: Man will die ganze Lösung, auch wenn man erst den halben Weg hinter sich hat. Ohne die entsprechende Zeit oder die Fähigkeit, dieses Zwischenstadium zu überstehen, wird man sich möglicherweise vorschnell auf eine Lösung stürzen, die nicht optimal ist. Linus Pauling hat das Verdienst, als Entdecker der DNA-Struktur in die Geschichte einzugehen, verspielt, weil er den Zustand der Unbestimmtheit nicht lange genug ertragen konnte. Er hatte eine – schneckenförmige – Struktur gefunden, die aber noch nicht ganz richtig war. Ihre Veröffentlichung lieferte Francis Crick und James Watson einige der notwendigen Teile, um ihre Arbeit an der richtigen Struktur zu vollenden.

Kreative Schriftsteller lernen, im Zustand der Ambiguität zu leben, besonders wenn sie das Ende ihrer Arbeit noch nicht genau kennen. Robert Penn Warren sagte über seine Romane *Night Rider* und *At Heaven's Gate*:»Ich möchte die Tatsache hervorheben, daß ich bei meiner Arbeit nicht so sehr nach einem Plan oder einer vorgefaßten Überzeugung vorging, sondern mich eher tastend vorwärtsbewegte.«[19]

Selbst beim Studium der Naturwissenschaften gibt es solche Ambiguitäten. Antoine Lavoisier, einer der Begründer der organischen Chemie und der Biochemie im 18. Jahrhundert, verfügte über sehr ungenaue Meßinstrumente. Also standen ihm nur »unordentliche«, uneindeutige Meßdaten zur Verfügung, und er mußte entscheiden, welchen Beobachtungen er Bedeutung beimaß und welchen nicht. Lavoisier durchlebte lange Perioden, in denen er »mit Inkohärenz leben« mußte.[20] In seinen Untersuchungen über Oxydation und Verbrennung kämpfte er zwei Jahre lang mit widersprüchlichen Definitionen von Luft als einer einheitlichen, veränderbaren Substanz einerseits und als Gemisch verschiedener Grundsubstanzen andererseits.

Da Ambiguität unangenehm ist und zuweilen auch Ängste hervorruft, versucht man sie loszuwerden. Dabei kommt der Druck, das

Problem zu lösen, nicht nur von einem selbst. Zuweilen übt ein Arbeitgeber oder Lebenspartner ebenso starken Druck aus. Der Chef muß vielleicht ein neues Produkt auf den Markt bringen. Ihr Partner fühlt sich unwohl, solange er nicht weiß, was Sie wirklich für ihn empfinden. Der Verleger will den Roman morgen und nicht erst nächstes Jahr. Zuweilen gerät man von allen Seiten unter Druck, die verdammte Angelegenheit – um was auch immer es sich handeln mag – endlich zu erledigen.

Um das Beste aus unserem kreativen Potential zu machen, müssen wir allerdings in der Lage sein, die unangenehmen Begleiterscheinungen einer unbestimmten Situation lange genug auszuhalten, um unser Bestes geben zu können oder zumindest in seine Nähe zu kommen. Zahllose Produkte – Autos, Bücher, Kugelschreiber usw. – wurden auf den Markt gebracht, obwohl sie noch nicht ausgereift waren. Hätte der Hersteller nur ein wenig länger gewartet, wäre das Produkt vielleicht besser geworden. In der Wirtschaft taucht manchmal ein Konkurrent auf und bietet genau das Richtige an. Und ein potentiell blendender Erfolg wird zu einem mäßigen oder gar zu einer Pleite.

Hat ein Student beinahe das richtige Thema für seine schriftliche Arbeit, beinahe die richtige Lösung für ein schwieriges mathematisches Problem gefunden, ist die Versuchung groß, daß er sich damit zufriedengibt. Trifft ein Manager beinahe die richtige Entscheidung, wird er wahrscheinlich dabei bleiben. Sieht ein potentieller Hauskäufer beinahe das richtige Haus, trifft jemand, der sich binden möchte, beinahe den richtigen Partner, ist die Versuchung groß, die Suche zu beenden. Zur kreativen Intelligenz gehören die Fähigkeit, Ungewißheiten auszuhalten, und die Bereitschaft, sich im Sinne einer guten Lösung oder Entscheidung die notwendige Zeit zu nehmen.

10. *Menschen mit Erfolgsintelligenz verstehen die Hindernisse, mit denen kreative Menschen konfrontiert sind und die sie überwinden müssen.* Kreative Menschen werden *immer* mit Hindernissen konfrontiert sein. Dies liegt in der Natur der Sache. Als die medizinische Forschung mit der Verlautbarung an die Öffentlichkeit trat,

säurehemmende Medikamente seien bei Magengeschwüren deshalb relativ wirkungslos, weil diese nicht durch Magensäure, sondern durch Bakterien hervorgerufen werden, war die Pharmaindustrie nicht eben erpicht darauf, zu erfahren, daß ihre millionenschweren Investitionen in Antacide umsonst gewesen waren. Kreatives Denken provoziert fast unausweichlich heftigen Widerstand. Die Frage ist also nicht, ob es Widerstand geben wird, sondern ob der kreativ Denkende die Kraft besitzt, trotz des Widerstands weiterzumachen. Früher habe ich mich häufig gefragt, warum so viele junge und vielversprechende kreative Köpfe einfach von der Bildfläche verschwinden. Heute verstehe ich das viel besser: Sie geben früher oder später einfach auf. Sie beschließen, kreativ zu sein sei der Mühe nicht wert, besonders wenn sie die Erfahrung gemacht haben, daß Kreativität eher bestraft als belohnt wird. Die wahrhaft kreativen Denker jedoch, die auf ihrem Kurs bleiben und vorübergehend den Preis zu bezahlen bereit sind, werden am Ende die reichsten Früchte ernten.

11. *Menschen mit Erfolgsintelligenz sind bereit, sich zu entwickeln.*
Wer eine große, kreative Idee hat, mag die Neigung entwickeln, es dabei bewenden zu lassen und den Rest seiner Laufbahn mit ihrer Ausschlachtung zuzubringen. Die Vorstellung, daß die nächste Idee vielleicht nicht ganz so grandios sein könnte wie die erste oder daß der gewohnte und geschätzte Erfolg mit dieser Idee zu Ende gehe, hat durchaus etwas Beunruhigendes. Oder wir werden ganz einfach selbstgefällig und hören auf, kreativ zu sein.
Selbstgefälligkeit kann auch dem eigenen Expertentum entspringen. Man fühlt sich so wohl damit, daß man zu der Annahme neigt, allwissend zu sein, und aufhört, sich weiterzuentwickeln. Es fallen uns keine neuen Ideen mehr ein, und wir verspüren keine Lust, uns mit den neuen Ideen anderer auseinanderzusetzen. Die Welt läuft an uns vorbei.
Vor einigen Jahren besuchte ich im Ausland einen berühmten Psychologen. Als er mich im Zoo seiner Stadt herumführte, besuchten wir dort das Primatenhaus. Es zeigte sich, daß die Affen dort just im Augenblick unseres Auftauchens mit etwas beschäftigt waren, das

man wohlwollend als »merkwürdiges und unnatürliches Sexualverhalten« bezeichnen könnte. Da ich in New Jersey geboren und aufgewachsen bin, wandte ich meinen Blick ab. Mein Begleiter verfügte allerdings nicht über soviel feine Lebensart. Er beobachtete das Treiben mit großem Interesse und begann einige Minuten später, das Verhalten der Affen im Sinne seiner Intelligenztheorie zu analysieren.

Nun gibt es nicht viel, was ich ganz sicher zu wissen glaube, doch dazu gehört, daß Sexualverhalten, ganz gleich wodurch es motiviert sein mag, nichts mit der Intelligenztheorie dieses Mannes zu tun hat. Und ich begann mich zu fragen, was einen so intelligenten Mann ernsthaft glauben ließ, daß dem so sei. Ich erkannte, daß er, so wie viele Experten, ein Opfer des Tunnelblicks geworden war. Hat man erst einmal eine funktionierende Idee gefunden, versucht man sie bald auf alles anzuwenden, egal ob es angemessen ist oder nicht. In diese Falle können wir alle tappen. Meine Theorie der Intelligenz beispielsweise besteht aus drei Teilen. Einige Jahre nach ihrer Veröffentlichung legte ich eine Theorie der Liebe vor. Auch sie bestand aus drei Teilen. Darauf folgte eine dreiteilige Theorie der Kreativität. Bald wurde ich gefragt, warum meine Theorien aus drei Teilen bestünden. Ich antwortete, dafür gebe es drei gute Gründe. Ich hatte diese Bemerkung eigentlich als Scherz gemeint, doch mir wurde klar, daß auch ich mich festgefahren hatte.

Die Beispiele dafür, welcher Preis für zuviel Wissen im Alltag zu zahlen ist, sind zahlreich. Doch kann dieses Phänomen auch unter sorgfältig kontrollierten Laborbedingungen demonstriert werden? Peter Frensch und ich haben unter solch kontrollierten Bedingungen zu zeigen versucht, daß Expertentum unter gewissen Umständen schädlich sein kann.[21] Eine unserer Versuchsreihen bestand darin, Experten und Neulinge einen Bridge-Wettbewerb gegen einen Computer austragen zu lassen. Da Computer darauf programmiert werden können, sehr gut zu spielen, war dies durchaus eine Herausforderung, selbst für die Experten. Bei einem der Experimente spielten Experten und Anfänger gegen den Computer, der die Punkte zählte. Vermutlich wird es niemanden überraschen, daß die Experten besser spielten als die Anfänger. Aber es ging in diesem Experiment nicht nur darum, ob Experten besser spielen als Anfänger (natürlich tun sie das), wir wollten vielmehr herausfinden, welche Auswirkungen Wissen auf die Spielweise der Spieler hat. Abgesehen vom Standardspiel gab es noch zwei weitere Spielvarianten. Eine Spielform mit veränderter »Oberflächenstruktur«, bei der die Probanden gegen den Computer Bridge spielten, die Form des Spiels jedoch geringfügig verändert wurde. Diese Veränderungen betrafen entweder die Anordnung der Figuren (die normalerweise von unten nach oben folgendermaßen aussieht: Kreuz, Karo, Herz, Pik) oder deren Bezeichnung, die durch Phantasienamen wie »Gliebs« und »Fricks« ersetzt wurde. Wir nannten sie Veränderungen der »Oberflächenstruktur«, weil sie nur in die oberflächlichsten Aspekte des Spiels eingriffen, während sonst die neuen Spielregeln den alten entsprachen. Wir hatten am Spiel nichts Wesentliches verändert. Unter den neuen Bedingungen verschlechterte sich das Spiel unserer Probanden zwar kurzfristig, doch sie erholten sich rasch wieder. Sie mußten sich lediglich die neue Ordnung bzw. die neuen Namen einprägen. Auch bei dieser Spielvariante spielten die Experten besser als die Anfänger.

In einer Spielanordnung mit veränderter »Tiefenstruktur« nahmen wir tiefergreifende Veränderungen vor. Bridge beginnt mit einer Phase, in der »gereizt« wird, darauf folgt ein Spiel mit mehreren Runden. Der Spieler mit der höchsten Karte in einer Runde bekommt normalerweise den Stich und spielt in der nächsten Runde als erster aus. Unsere Eingriffe in die Tiefenstruktur kehrten diese Regel einfach um: Der Spieler mit der niedrigsten Karte bekam den Stich und spielte in der nächsten Runde als erster aus. Für Neulinge wären diese Veränderungen unerheblich. Da sie über keine komplexen Spielstrategien verfügten, konnten sie in dieser Hinsicht auch nicht gestört werden. Die Experten mit entsprechenden Strategien würden vermutlich eher aus der Fassung geraten, wenn sie letztere nicht mehr einsetzen konnten.

Die Ergebnisse entsprachen genau unseren Prognosen. Den Experten schadeten die Veränderungen der Tiefenstruktur mehr als den Anfängern. Mit der Zeit holten sie zwar wieder auf, doch es kostete sie große Anstrengungen, weil sie von ihren üblichen Spielzügen und -strategien absehen mußten. Das Expertenwissen stand ihrer Anpassung an neue Regeln im Wege.

Mit wachsendem Alter sehen wir uns nicht nur mit dem Problem des Älterwerdens konfrontiert, sondern – potentiell – auch mit der Tatsache, daß wir immer stärker von unseren Gewohnheiten bestimmt werden. In meinem Arbeitsbereich, der Psychologie, gibt es zum Beispiel Trends, die ich nicht schätze. Es ist so, als ob wir ständig von einem Karren auf den nächsten springen würden. Liegt dies jedoch an unserer Zunft oder an meiner Unfähigkeit, mitzuhalten? Wahrscheinlich werde ich das nie ganz sicher wissen, ich muß mir aber ständig beider Möglichkeiten bewußt sein.

Ich sage meinen Studenten immer, daß wir einen gleichwertigen Austausch praktizieren. Mein Vorteil ihnen gegenüber ist mein Wissen. Will man kreativ sein, muß man sich in einem Bereich wirklich gut auskennen. Man kann nichts verändern, wenn man nicht weiß, wo das zu Verändernde lokalisierbar ist. Der Vorteil meiner Studenten ist ihre Flexibilität. Gerade weil sie weniger wissen, neigen sie weniger dazu, festgefahren zu sein. Wenn wir einander gut zuhören, werden beide Seiten von diesem Austausch profitieren. So können berufserfahrene Manager lernen, indem sie hören, was jüngere Kollegen zu sagen haben, die noch nicht in die bestehenden Verhältnisse oder Systeme »verstrickt« sind.

Gelegentlich mißfällt mir die Idee eines Studenten oder jüngeren Kollegen. Das spreche ich dann auch aus. Gleichzeitig mache ich dem Betreffenden Mut, es vielleicht ein paar Wochen später noch einmal bei mir zu versuchen. Möglicherweise bin ich dann in der Lage, den Wert einer Sache zu erkennen, der mir beim ersten Mal verborgen geblieben ist. Und selbst wenn das nicht der Fall ist, schließe ich daraus nicht, die Idee sei schlecht. Ich rate dazu, andere Meinungen einzuholen. Vielleicht erkennt ein anderer an dieser Idee etwas, das mir entgangen ist. In meiner Arbeitsgruppe werden keine kreativen Ideen weggeworfen, das lasse ich nicht zu.

Während meines Promotionsstudiums erschien eines Tages ein weltberühmter Psychologe, um einen Vortrag zu halten. In seinen einleitenden Sätzen bemerkte er, er habe sein letztes Forschungsprojekt aus eigener Tasche bezahlt. Niemand hatte ihn finanzieren wollen.

Warum? Weil er sein traditionelles Forschungsgebiet verlassen hatte und Neuland betreten wollte. Die Geldgeber hätten ihm die Arbeit in seinem bewährten Arbeitsfeld ermöglicht, in einem neuen wollten sie ihm kein Vertrauen schenken. Sie hatten ihn in eine Schublade gesteckt und waren nicht bereit, ihn wieder herauszulassen. Es gelang ihm trotzdem, und seine neue Arbeit brachte ihm am Ende Ruhm, Ehre und jede Menge Forschungsgelder ein.

Wir laufen allesamt Gefahr, Opfer unseres eigenen Expertentums zu werden, festgefahren in Denkweisen, die einst funktioniert haben mögen, es aber in Zukunft nicht unbedingt müssen. Kreativ sein ist auch die Bereitschaft, jene Schubladen, die wir und andere für uns eingerichtet haben, zu verlassen, bevor wir endgültig darin festsitzen.

12. *Menschen mit Erfolgsintelligenz wissen um die Bedeutung der richtigen Umgebung.* Die letzte Strategie ist für Eltern und Lehrer ebenso wichtig wie für Schüler und Studenten. Sie basiert auf der Tatsache, daß Kreativität kein wirklich objektivierbares Phänomen ist. Was als kreativ gilt, ist die Interaktion zwischen einer Person (oder Personen) und der Umgebung, in der sie tätig ist (sind).[22] Ein Produkt, das zu einer bestimmten Zeit an einem bestimmten Ort als kreativ beurteilt wird, mag anderswo vollkommen langweilig erscheinen.

Vor einigen Jahren hatte ich einen sehr begabten Promotionsstudenten, der zwei Stellenangebote bekam. Das eine von einer hochangesehenen, das zweite von einer guten, aber weniger prestigeträchtigen Institution. Erstere schien die kreative Arbeit des Studenten nicht sonderlich zu schätzen, während die zweite Einrichtung großes Interesse bekundete.

Ich gab dem Studenten einen Rat, vermutlich den schlechtesten, den ich jemals gegeben habe – ich riet ihm, den prestigeträchtigen Job anzunehmen, andernfalls würde er sich wahrscheinlich immer fragen, ob er dort Karriere hätte machen können. Unglücklicherweise befolgte der Student meinen Rat und kam auch ganz gut zurecht, aber vermutlich wäre er in der anderen Institution weiter gekommen. Was können wir daraus lernen? Finde die Umgebung, die das, was du zu bieten hast, zu schätzen weißt, und dann mach das Beste aus deiner Kreativität und dir selbst.

Ein gutes Beispiel für ein unpassendes Umfeld zeigt uns der Film *Der Club der toten Dichter*. Ein offenkundig ungewöhnlich kreativer Lehrer wird von der Schule, an der er arbeitet, für inkompetent erklärt und muß sie schließlich verlassen. Diese Geschichte wiederholt sich tagtäglich in vielen Bereichen. Da es keinen absoluten Maßstab für kreative Arbeit gibt, wird dieselbe Unterrichtsstunde, Schulreformidee oder Studentenarbeit, die in einem Umfeld geschätzt wird, in einem anderen möglicherweise für wertlos erachtet. Menschen, denen derartiges widerfährt, sollten sich nach einem Umfeld umsehen, in dem ihr kreatives Talent gefördert wird und ihre originellen Beiträge als kreative Denker honoriert und nicht bestraft werden.

Wir alle sollten ermutigt werden, unsere Kreativität in jenen Bereichen zu entwickeln, in denen wir einen Beitrag leisten können. Wir benötigen ein Umfeld, in dem wir unsere Stärken nutzen können. Die Forschung zeigt, daß die Menschen dann am kreativsten sind, wenn sie ihre Arbeit lieben.[23] Viel zu oft wählen junge Menschen einen Beruf, nicht weil sie die damit verbundene Arbeit liebten, sondern weil er den Wünschen und Vorstellungen anderer, meist ihrer Eltern, entspricht. Vielleicht werden sie in ihrem Beruf gute Arbeit leisten, doch wahrscheinlich wird diese zu keinen herausragenden Ergebnissen führen und ganz gewiß nicht kreativ sein.

Es ist sehr schade, daß wir nicht mehr tun, um kreative Intelligenz zu fördern und zu entwickeln. Selbst phantasielose und konventionsgebundene Eltern und Lehrer wünschen sich für ihre Kinder und Studenten den Erfolg. Unsere Gesellschaft bewundert ihn – doch gewöhnlich erst, wenn er sich eingestellt hat. Wir verschwenden dann nicht viele Gedanken darauf, *wie* er errungen wurde. Es gibt natürlich viele Faktoren, die dazu beitragen können, doch kreative Intelligenz gehört immer dazu.

7

Der dritte Schlüssel:
Mit praktischer Intelligenz
Lösungen umsetzen

■

Wir alle kennen Menschen, die in der Schule erfolgreich sind, im Leben jedoch versagen, oder umgekehrt. Sie erinnern uns ständig daran, daß zum Erfolg mehr als Schulweisheit gehört.

Über den Erfolg im Leben

■

Sprechen wir über den Musterschüler, der im Leben versagt. Wir hatten einen solchen Studenten in Yale – ein beispielhafter Vertreter dessen, was vielen als das Beste erscheint, was Yale zu bieten hat. Penn war ein brillanter Student, mehr noch, er hatte eigene Ideen. Was will man mehr als einen analytischen Kopf, der auch noch kreativ ist? Einiges, wie sich zeigen sollte.

Penn hatte einige persönliche Macken, die sich auf dem Arbeitsmarkt entschieden negativ auswirkten. Zum einen war er unglaublich arrogant. Vielleicht hatten ihm zu viele Menschen gesagt, daß er brillant sei. Vielleicht war er schon als unangenehmer Kerl auf die Welt gekommen. Seine zweite Macke war allerdings noch schlimmer – er besaß nicht einen Funken praktischer Intelligenz. Wenn die praktische Intelligenz in einem bestimmten Teil des Gehirns säße – und das tut sie mit großer Sicherheit nicht –, hätte man annehmen müssen, dieser sei säuberlich und spurlos aus Penns Gehirn entfernt worden.

Penn führte Einstellungsgespräche in sämtlichen prestigeträchtigen Institutionen seines Arbeitsgebietes. Überall schien er die Bewerberlisten anzuführen. Der Neid seiner Kommilitonen war deutlich spürbar – eine giftig-grüne Atmosphäre schien sich auszubreiten, sobald dieser junge Mann den Raum betrat. Das Problem war, daß Penn aufgrund des absoluten Mangels an praktischer Intelligenz in den Vorstellungsgesprächen seine Arroganz nicht verbergen konnte. Er bekam die meisten Einladungen – doch so gut wie keine Stelle. Lediglich eine zweitklassige Organisation wollte ihn haben, und selbst da blieb er nicht einmal zwei Jahre.

Ironischerweise gab es einen Kommilitonen, der zwar nicht Penns analytische Brillanz besaß, sich aber meisterhaft auf jenen Aspekt praktischer Intelligenz verstand, den man auch soziale Intelligenz nennt.[1] Alle liebten Matt, denn er besaß nicht nur großes Geschick im zwischenmenschlichen Bereich, sondern war auch ein wirklich liebenswerter Mensch. Er gehörte nicht zu jenen, die in der ersten Bewerbungsrunde zum Zuge kamen, seine Stunde schlug in der zweiten Runde. Matt erhielt sieben Stellenangebote in acht Interviews, und seine Karriere ist bis dato sehr erfolgreich verlaufen. Er gehört gewiß nicht zu den Machern seiner Zunft, aber er hat solide, produktive Arbeit geleistet und ist sehr beliebt.

Vielleicht hätte Penn seinem Arbeitgeber mehr zu bieten gehabt als Matt. Aber niemand mochte ihn einstellen, und wenn man an seine Vorstellung in Yale denkt, hätte vermutlich auch niemand an einer Zusammenarbeit mit ihm Freude gehabt. Als Intelligenzforscher stimmt es mich traurig, wenn Schulen und Universitäten Auszeichnungen für analytische Intelligenz verleihen, wo diese doch für den Erfolg im Leben nicht ausreicht – auch Penn hat diese Tatsache nie begriffen. Dagegen gibt es weniger glanzvolle akademische Lichter, die in bezug auf praktische Intelligenz oder gesunden Menschenverstand sehr viel mehr zu bieten haben. Die folgende wahre Geschichte erzählte mir mein Kollege Richard K. Wagner, einer meiner ehemaligen Studenten und heute Psychologieprofessor an der Florida State University in Tallahassee.

Einer der Vorteile eines Bürojobs ist, daß man sich in der sommerlichen Hitze nicht draußen aufhalten muß, und das wiegt im heißen, feuchten Klima einer Stadt wie Tallahassee besonders schwer. Doch nicht nur, daß die Sommerhitze jede Arbeit im Freien unerträglich macht, Tallahassee rühmt sich auch noch besonderer Dienstleistungen für die Bürger der Stadt. Diese verlangen u. a. von den städtischen Müllmännern viel größeren körperlichen Einsatz, als es das übliche Herumhieven von Mülltonnen am Straßenrand erfordert. In Tallahassee bekommt jeder Haushalt einen riesigen, von der Stadt bereitgestellten Abfallcontainer, der im Hinterhof steht. Die Müllmänner müssen jeden Müllcontainer von dort holen, ihn zum Straßenrand befördern, ins Müllauto entladen und schließlich in den Hinterhof zurückschieben.

Unter den Müllmännern befinden sich junge Highschool-Abbrecher, die aufgrund ihres Bildungsmangels bei Intelligenztests vermutlich nicht besonders gut abschneiden würden. Und oberflächlich betrachtet, scheint dieser Beruf eher eine körperliche als eine intellektuelle Herausforderung zu sein. Bei jedem Halt müssen zwei Gänge in den Hinterhof gemacht werden, der eine, um den vollen Container zu holen, und der zweite, um den leeren Container wieder zurückzubringen. Jedenfalls glaubte Wagner das.

Als er eines Sommers die Müllmänner bei der Arbeit beobachtete, fiel ihm auf, daß ein älterer Arbeiter zur Müllkolonne gestoßen war und die Arbeitsroutine sich geändert hatte. Vom ersten und letzten Haus abgesehen, bestand der neue Arbeitsablauf darin, den leeren Müllcontainer des vorigen Hauses in den Hinterhof des nächsten zu schieben und damit den vollen zu ersetzen, der dann zum Müllauto geschoben wurde. Schließlich waren die Müllcontainer identisch und gehörten nicht den jeweiligen Haushalten, sondern der Stadt. Wo vorher zwei Gänge, zum Haus und wieder zurück, notwendig waren, mußten die Müllmänner jetzt nur noch einmal gehen. Die Idee des neuen Mitarbeiters hatte zur Folge, daß nur mehr die Hälfte der Arbeit getan werden mußte.

Es ist praktische Erfolgsintelligenz, die einen Menschen zu solchen Strategien bei der Lösung von Alltagsproblemen befähigt. Einem hochgebildeten Beobachter wie Wagner, den anderen Müllmännern und ihren Ausbildern war diese Lösung nicht eingefallen. Doch wie gut ist diese Art von Intelligenz in einem IQ-Wert repräsentiert?

Die folgende Anekdote, die ich von meinem Kollegen Seymour Sarason hörte, gibt wenig Anlaß zu Optimismus:

Als Sarason seinen ersten Job antrat – er sollte an einer Schule für geistig Behinderte Intelligenztests durchführen –, verzögerte sich der Arbeitsbeginn, weil seine Probanden die komplizierten Sicherheitsmaßnahmen geschickt umgangen hatten und ausgerissen waren. Nachdem man sie wieder zurückgebracht hatte, legte Sarason ihnen den Porteus-Maze-Test vor, einen Intelligenztest, in dem es u. a. gilt, mit dem Bleistift Wege aus verschiedenen vorgezeichneten Labyrinthen zu finden. Zu seiner Überraschung mußte er feststellen, daß dieselben Schüler, die die Belegschaft überlisten und aus der Gebäudeanlage fliehen konnten, nicht in der Lage waren, auch nur dem einfachsten Labyrinth zu entkommen.

Zuweilen lachen jene zuletzt, denen die Gesellschaft weder überragende noch durchschnittliche Intelligenz zugesteht. Meine Frau stammt aus León in Mexiko. Sie erzählte mir die folgende Geschichte: Ein junger Mexikaner arbeitete in einer Schuhfabrik in León, dem Zentrum der mexikanischen Schuhindustrie. Er war ein tüchtiger Arbeiter, doch als sein Boß herausfand, daß er weder lesen noch schreiben konnte, wurde er fristlos entlassen. Der junge Mann gründete seine eigene Schuhproduktion und kaufte später die Fabrik seines ehemaligen Chefs. Viele Jahre danach, er gehörte inzwischen zu den reichsten Männern Mexikos, wurde er bei einem Interview von einem Reporter gefragt, ob er denn inzwischen lesen gelernt hätte? Er verneinte. Darauf meinte der Reporter, ob er nicht vielleicht noch reicher und erfolgreicher hätte werden können, wenn er lesen gelernt hätte. »Im Gegenteil«, antwortete der Industriemagnat, »wenn ich lesen hätte können, stünde ich heute noch am Fließband in der Schuhfabrik, in der ich meinen ersten Job hatte.«

Was sagt der IQ über den Erfolg im Leben aus?

■

In welchem Maße Intelligenztests außerschulische Sachverhalte, wie z.B. berufliche Leistung, prognostizieren, ist in der Psychologie schon lange Gegenstand kontroverser Debatten. Manche sind der Ansicht, es gebe wenig bis gar keinen Anlaß, kognitive Intelligenztests bei beruflichen Eignungsprüfungen einzusetzen[2], andere hingegen halten sie für valide Prädiktoren beruflicher Leistung in zahlreichen[3] oder gar sämtlichen Berufssparten.[4]

Doch selbst bei freundlichster Betrachtungsweise der Beziehung zwischen Intelligenztestwerten und der Leistung in der realen Welt muß man zu dem Schluß kommen, daß Intelligenztests nicht sehr viel von dem messen, was Menschen im Leben mehr oder auch weniger erfolgreich macht. Die Validität dieser Tests wird, wie bereits früher gesagt, auf einer Skala von 0 bis 1 bewertet, wobei 0 gar keine Validität und 1 vollkommene Validität als Erfolgsprädiktor bedeutet (d. h. hundertprozentige Genauigkeit der Erfolgsprognose).

Der durchschnittliche Validitätskoeffizient von kognitiven Leistungstests und Messungen beruflicher Leistung liegt bei etwa 0,2.[5] Um herauszufinden, wie gut diese Messungen individuelle Erfolgsunterschiede erklären, muß man den Validitätskoeffizienten quadrieren. Das heißt, daß auf dieser Validitätstufe kognitive Leistungstests lediglich 4 Prozent der individuellen Unterschiede in der Berufsausübung Rechnung tragen. Und das ist wahrhaftig kaum der Rede wert.

Der durchschnittliche Validitätskoeffizient von kognitiven Begabungstests und Leistungsmessungen in berufsspezifischen Ausbildungsprogrammen ist etwa doppelt so hoch (0,4), was nahelegt, daß der Prognosewert variiert und davon abhängt, wie sehr die Meßsituation der Ausbildungssituation nahekommt. Für einen Berufsvorbereitungskurs wird der Begabungstest in der Tat eine bessere Prognose liefern als für die Leistung im Beruf selbst.

All dies bedeutet, daß ein höherer IQ im allgemeinen bessere berufliche Leistungen zur Folge haben wird. Der Effekt ist jedoch nicht sehr stark. Natürlich kommt es sehr darauf an, über welchen Beruf wir sprechen. Ein kompetenter Arzt oder Physiker wird für den beruflichen Erfolg vermutlich einen höheren IQ benötigen als ein kompetenter Fließbandarbeiter. Man kann dabei aber leicht die Tatsache aus den Augen verlieren, daß der IQ für den Erfolg auch in den intellektuell anspruchsvollsten Berufen eine sehr geringe Rolle spielt.

Viele von uns sind schon bei Ärzten gewesen, die wahrscheinlich einen hohen IQ und gute Studienabschlüsse vorzuweisen haben, aber dennoch miserable Ärzte sind. Sie scheinen ihre zwischenmenschlichen Qualitäten im Boxring und ihre Untersuchungspraktiken in der Metzgerei erworben zu haben. Wenn wir die Wahl haben, werden wir das nächste Mal wahrscheinlich einen anderen Arzt aufsuchen. Warum sollten wir uns derlei Mißhandlungen gefallen lassen? Ein solcher Arzt kann die Erfahrung machen, daß sämtliche Diplome der grandiosesten Universitäten der Welt nicht ausreichen, um eine Praxis zu retten. Für die Zulassung zum Medizinstudium ist praktische Intelligenz vielleicht nicht unbedingt erforderlich, für eine erfolgreiche Praxis ist sie jedoch außerordentlich wertvoll.

Ein Physiker, der sich in seinen akademischen Elfenbeinturm zurückgezogen hat, scheint jene sozialen Fertigkeiten, durch die sich Menschen mit praktischer Intelligenz auszeichnen, eher entbehren zu können. Zumindest in der experimentellen Physik ist dies jedoch eine Illusion. Wegen der Komplexität der Probleme und der hohen Kosten wird die wirklich bedeutsame physikalische Forschungsarbeit heutzutage meist in großen Teams geleistet. Solche Forschungsteams bestehen aus zehn, zwanzig oder mehr Mitarbeitern. Physiker, die nicht in der Lage sind, im Team zu arbeiten, werden früher oder später aus den wichtigsten Projekten herausfallen. In meiner eigenen akademischen Gruppe in Yale gehört die Fähigkeit zur Teamarbeit zu den wichtigsten Einstellungskriterien. Wer diese praktische Fähigkeit nicht besitzt, wird ungeachtet seiner akademischen Fähigkeiten nicht eingestellt; und wenn jemand trotzdem durch die Maschen schlüpft, bleibt er meist nur vorübergehend im Team. Trotzdem meinen einige Psychologen, der IQ spiele für den beruflichen Erfolg nicht nur irgendeine, sondern eine große Rolle. Sie behaupten, der Validitätskoeffizient von IQ-Tests und verwandten Meßverfahren für die Prognose beruflicher Leistungen liege in Wirklichkeit bei etwa 0,5 und nicht 0,2 [6] – ein ziemlich großer Unterschied. Wieso ist ihre Zahl um so vieles höher als die der Kommission, die im Auftrag der angesehenen National Academy of Science arbeitet?

Nun, sie bedienen sich eines Hilfsmittels, das man euphemistisch *statistische Korrekturen* nennen könnte, um ihre Validitätskoeffizienten zu erhöhen. Sie behaupten beispielsweise, Tests seien keine absolut zuverlässigen Meßinstrumente: Legt man denselben Personen einen Test zweimal vor, sind ihre Werte nie ganz gleich. Also sollte man, meinen sie, bei der Betrachtung der Validität eines Tests dessen unvollkommene Reliabilität ausgleichen und einen Validitätswert zugrunde legen, der bei absoluter Reliabilität herauskommen würde – d. h. dann, wenn die Probanden in einem Test jedesmal die gleiche Wertung erreichten. Ich würde diesen Psychologen gerne einen Handel vorschlagen: Wenn sie mir einen Test zeigen können, der so zuverlässig ist wie ein Präzisionsthermometer, werde ich ihre Statistiken akzeptieren. Wir stellen uns gerne vollkommene Welten vor, und vielleicht werden wir eines Tages sogar in einer solchen leben. In der Zwischenzeit sollten unsere Statistiken allerdings der Realität entsprechen.

Ganz nebenbei nehmen Psychologen, die an einer Anhebung der Prognosevalidität von IQ-Tests hinsichtlich beruflicher Leistungen interessiert sind, noch weitere Korrekturen vor. Und zwar bezüglich der Tatsache, daß bei Einstellungen durch Firmen, die solche Tests benutzen, nur Bewerber mit hohen Testwerten genommen werden. Mit anderen Worten, ihre Validierungsstichproben enthalten nicht die abgelehnten Bewerber. Damit stehen die Tests sehr gut da, und zwar aus folgendem Grund: Angenommen, ihre Validierungsstichprobe enthält sowohl Schwachsinnige wie auch Supergenies; die einen können den Bleistift nicht halten und schließen daher sämtliche Tests mit 0 ab, die Supergenies erreichen mit Leichtigkeit die höchsten Wertungen. Es besteht die Wahrscheinlichkeit, daß die Supergenies in vielen Jobs bessere Leistung bringen werden als die Schwachsinnigen, besonders wenn man in diesen Jobs einen Bleistift in der Hand halten muß. Doch aus welchem Grund sollte man sich dann der Mühe unterziehen, einen solchen statistischen Taschenspielertrick anzuwenden? Sie könnten viel Geld sparen, wenn Sie die Bewerber schlicht und einfach bitten, einen Bleistift in die Hand zu nehmen, und jene ablehnen, die es nicht können.

Die aufgeblähten Schätzwerte könnten sogar als korrekt betrachtet werden – doch wie bereits gesagt: nur in einer theoretisch perfekten Welt, in der es absolut zuverlässige Tests gibt und in der jeder potentielle Proband einer Bevölkerung oder einer vollkommen repräsentativen Stichprobe tatsächlich getestet wird. Solange wir in der realen Welt leben, liegen Schätzungen einfach immer daneben.

Es gibt verschiedene Gründe dafür, warum ich mich so eingehend mit den statistischen Manipulationen der IQ-Test-Clique befaßt habe. Erstens: Um zu verstehen, worum es bei dem ganzen Wirbel eigentlich geht, muß man ein wenig über Statistiken Bescheid wissen, sonst verliert man schnell den Überblick über all die Zahlen und neigt dazu, ihre Deutung einfach zu akzeptieren. Zweitens ist mit Statistiken zwar nicht alles zu beweisen, doch kann man eine ganze Menge damit bewirken, wenn man davon ausgeht, daß diejenigen, die sich an ihnen orientieren, es ohnehin nicht besser wissen. Meiner Meinung nach werden in vielen, wenn auch nicht allen IQ-Statistiken die Leser für dumm verkauft. Hier ist Vorsicht geboten.

John Hunter und Frank Schmidt »korrigieren« Statistiken, um sie eindrucksvoller erscheinen zu lassen.[7] Sie schreiben jedoch immerhin für ein professionelles Publikum, das weiß, wie es damit umzugehen hat. Wenn es – wie Mark Twain sagt – um »Lügen, verdammte Lügen und Statistiken« geht, muß über Herrnstein, Murray und *The Bell Curve* gesprochen werden.[8] Herrnstein und Murray wollen, wie Hunter und Schmidt, ihre Leser glauben machen, daß IQ-Tests praktisch alles prognostizieren, auch wie erfolgreich man im Leben und in der Wissenschaft ist. Sie jonglieren mit Statistiken und spielen mit ihren Lesern. Jeder, der die Grundlagen der Statistik studiert, lernt rasch, daß Korrelation keine Kausalität impliziert. Anders ausgedrückt: Die Tatsache, daß eine Variable mit einer anderen korreliert, bedeutet nicht, daß sie auch deren Ursache ist. Die zweite mag Ursache für die erste sein, oder beide können von einer dritten abhängig sein, die sie beide verursacht. Ein Beispiel: Wir vergleichen die Bewohner Norwegens und Nigerias. Es gibt eine starke Korrelation zwischen schwarzer Hautfarbe und dem Herkunftsland Nigeria, doch die dunkle Hautfarbe macht einen Menschen nicht zum Nigerianer, und die nigerianische Staatsbürgerschaft nicht zum Schwarzen. Ein Norweger könnte nach Nigeria ziehen und die nigerianische Staatsbürgerschaft annehmen, doch würde er deshalb keine dunkle Hautfarbe bekommen. Die Korrelation basiert vielmehr auf einer übergeordneten dritten Variablen – nämlich dem bevorzugten Ort der Ansiedlung von Menschen bestimmter Hautfarbe. Auch hier liegt in der Korrelation kein ursächlicher Zusammenhang.

Betrachten wir nun ein typisches Beispiel der Herrnstein-Murray-Sorte. Beide Autoren behaupten, daß im Jahre 1989 zehn Prozent der hochintelligenten, 14 Prozent der intelligenten, 15 Prozent der normal begabten, 19 Prozent der »stumpfsinnigen« und 22 Prozent der »sehr stumpfsinnigen« Individuen einen Monat oder länger arbeitslos waren.[9] Wie an anderer Stelle verfolgen die Autoren auch hier die Absicht, Sie davon zu überzeugen, daß Dummheit nichts Gutes verheißt – in diesem speziellen Fall Arbeitslosigkeit. Aber ist Dummheit die *Ursache* für Arbeitslosigkeit? Tatsächlich wissen wir heute, daß Menschen, die durch ihre Arbeit nicht intellektuell gefordert werden, an Intelligenz einbüßen.[10] Man könnte also argumentieren, Arbeitslosigkeit wirke sich negativ auf den IQ aus. Weitaus plausibler scheint jedoch, daß sowohl niedrige Testwerte als auch Arbeitslosigkeit auf übergeordnete Ursachen zurückzuführen sind, z.B. auf die Unfähigkeit unserer Gesellschaft, allen die entsprechenden Bildungs- und Arbeitschancen zu bieten, oder auf Eltern, deren Vorbild nicht in ausreichendem Maße zur Entwicklung bildungs- und berufsspezifischer Fähigkeiten beiträgt.

Obwohl Herrnstein und Murray wissen, daß aus einer Korrelation kein ursächlicher Zusammenhang abzuleiten ist, tun sie häufig so, als ob der Zusammenhang bestünde. Sämtliche Daten in ihrem Buch sind korrelational. Ausnahmslos. Sie zeigen, daß es einen statistischen Zusammenhang zwischen IQ und verschiedenen Aspekten ihrer Interpretation des Erfolges gibt. Ihre Schaubilder sind beeindruckend. Nach über 800 Seiten geisttötenden Textes und entsprechenden Schaubildern halten Sie aber vermutlich nicht mehr bis zu Anhang 4 durch. Und wenn doch, werden Sie diesen Anhang ohne fortgeschrittene Kenntnisse der Statistik wahrscheinlich nicht verstehen. Was steht in diesem Abschnitt, wenn man ihn seiner komplizierten Gleichungen und Terminologie entkleidet?

In diesem Anhang wird zugegeben, daß die Mehrheit der statistischen Relationen, von denen Herrnstein und Murray in ihrem Buch so viel hermachen, auf schwachen Beinen steht. Die typische Variantenproportion unter sämtlichen in ihren Analysen erfaßten Menschen beträgt weniger als 10 Prozent. Sie haben richtig gelesen: weniger als 10 Prozent. Das Fundament des ganzen Gebäudes besteht in derart schwachen statistischen Zusammenhängen, daß sie zum Lachen reizen würden, wenn das Buch nicht zum Bestseller geworden und seine Botschaft nicht in aller Munde wäre. Ihre Argumente sind auf Pappmaché gebaut, dem man einen Betonanstrich verpaßt hat.

Wir stehen also wieder da, wo wir begonnen haben. Selbst wenn man Herrnsteins und Murrays Statistiken akzeptiert, ist der IQ für weniger als 10 Prozent der Unterschiede zwischen Menschen hinsichtlich einer Vielzahl von Phänomenen und Lebensbereichen verantwortlich. Was die beruflichen Leistungen betrifft, so halte ich 4 Prozent für die beste Zahl, die wir haben. Es ist jedoch gleichgültig, wessen Zahlen Sie akzeptieren, der Prozentsatz ist und bleibt klein. Selbst wenn man den aufgeblähten Wert von Hunter und Schmidt zugrunde legt – d. h. 25 Prozent –, bleiben immer noch 75 Prozent der Unterschiede unerklärt. Offensichtlich brauchen wir andere Konstrukte als den IQ, wenn wir erklären wollen, warum Menschen im Leben unterschiedlich erfolgreich sind.

Ich glaube, daß nicht nur Akademiker Statistiken deswegen so lieben, weil sie verbergen, wie wenig wir im Einzelfall tatsächlich wissen. Wenn statistische Werte zehn oder meinetwegen auch fünfundzwanzig Prozent der Unterschiede innerhalb einer Gruppe erklären, dann ist es um die individuelle Prognose nicht eben gut bestellt. Allerorten werden für Menschen falsche Prognosen erstellt. Wenn man sich nur für Gruppendaten interessiert, könnte man die Ansicht vertreten, daß kein Grund zu Pessimismus besteht. Bedenkt man jedoch die große Anzahl von Menschen, die in der falschen Schublade landen – die Abgewiesenen, die angenommen oder eingestellt hätten werden sollen, und die Angenommenen oder Eingestellten, die man besser abgelehnt hätte –, liest man die Ergebnisse ganz anders.

Erfolg im Leben und praktische Intelligenz

Erinnern Sie sich noch an die wichtige Unterscheidung zwischen akademischer Intelligenz und praktischer Intelligenz?[11] Wie man es auch betrachtet, die Aufgaben des Lebens – d. h. jene, die im Leben der meisten Menschen eine Rolle spielen – sind den akademischen Aufgaben und Problemen nicht sehr ähnlich:
1. Akademische Aufgaben und Probleme werden auf einem silbernen Tablett serviert, obwohl das Silber manchmal des Glanzes entbehrt. Der Lehrer sagt einem, was man tun soll. Das Lehrbuch stellt eine ganz konkrete Aufgabe. Im Test werden Fragen gestellt. Man wird zur Antwortinstanz einer Frage-und-Antwort-Maschine. Im wirklichen Leben gibt es niemanden, der den Fragepart übernimmt. Oft ist nicht einmal klar, worin das Problem besteht oder wie die Frage lautet. Was genau stimmt z. B. in Ihrer Beziehung nicht und muß verbessert werden? Im akademischen Zusammenhang würde man Ihnen mitteilen, worin das Problem besteht, und Sie auffordern, es zu lösen. In der Realität muß man nicht nur herausfinden, wie ein Problem zu lösen ist, sondern worin »es« überhaupt besteht.

2. Akademische Probleme sind oft von geringem oder gar keinem Interesse. Letzten Endes ist einem die Lösung egal – und die Frage auch. Man beantwortet sie, weil man hofft, eine gute Note in einem Seminar zu bekommen, das man möglicherweise nicht einmal besuchen wollte oder das einen zu interessieren schien, nun aber nicht länger interessant erscheint. In realen Lebenszusammenhängen hingegen sind Fragen und Antworten meist von großer Bedeutung. Die Entscheidungen, die man in einer Partnerbeziehung oder einem Job trifft, können eine Ehe bzw. eine Karriere zum Erfolg führen oder ruinieren. Meist geht es um sehr viel mehr als eine gute Note in einem Test.

3. Akademische Probleme sind von den ganz alltäglichen Erfahrungen der Menschen abgehoben. Wie oft mußten Sie im Alltag eine Wortanalogie wie *verschwindend : flüchtig : vorübergehend : (a) dauerhaft, (b) anhaltend, (c) temporär, (d) sofort* lösen? Wie oft haben Sie innerhalb von 40 Minuten mehrere Antwortspalten ausgefüllt, um festzustellen, ob Sie zu einer bestimmten Leistung fähig sind? Im Alltag werden die Menschen nach der Qualität ihrer Arbeit beurteilt, nach dem, was sie in zwischenmenschlichen Beziehungen zu geben bereit sind, oder nach ihrem Engagement etc. Man beurteilt sie nicht – jedenfalls nicht im herkömmlichen Sinn des Wortes – danach, wie sie eher artifizielle Probleme lösen, die speziell für eine rasche Beantwortung innerhalb von 40 Minuten entwickelt wurden.

4. Für akademische Probleme gibt es häufig nur *eine* »richtige« Lösung. In einem Intelligenztest wird erwartet, daß Sie die richtigen Antworten geben, und entweder produzieren Sie genügend richtige Antworten, oder man wird Ihnen mangelnde Intelligenz bescheinigen. Im wirklichen Leben finden sich meist keine eindeutig richtigen oder falschen Antworten, obwohl es zuweilen bessere und schlechtere geben mag. Selbst wenn manche Antworten besser sind als andere, hängt dies dennoch von den Werten ab, um die es in der betreffenden Situation geht. Von zwei Unternehmen läßt sich eines auf ein bestimmtes Geschäft ein, das andere nicht. Beide Unternehmen haben unterschiedliche Wertvorstellungen. In Tests gibt es keinen Spielraum für unterschiedliche Werte, die andererseits aber

durchaus die Einstellung des Probanden zum Test bestimmen können.

Ich könnte noch weitere Beispiele anführen. Wesentlich ist jedenfalls die Tatsache, daß sich die Probleme des Lebens und Testprobleme ziemlich voneinander unterscheiden. Mehr noch: Sie entwickeln sich im Laufe eines Lebens ganz unterschiedlich. Man hat Männer und Frauen über 65 danach befragt, welche Veränderungen ihrer Denkfähigkeit, ihrer Fähigkeit, logische Schlüsse zu ziehen und Probleme zu lösen, sie mit dem Älterwerden wahrnehmen.[12] Obwohl die Leistungsfähigkeit in kognitiven Leistungstests typischerweise am Ende der schulischen Ausbildungszeit ihren Höhepunkt erreicht, glaubten 76 Prozent der Befragten, daß ihre Fähigkeiten im Denken, Schlußfolgern und Problemlösen im Laufe der Jahre zugenommen habe, 20 Prozent berichteten von keinerlei Veränderungen, und lediglich 4 Prozent stellten ein altersbedingtes Nachlassen dieser Fähigkeiten fest. Als man sie mit der Tatsache konfrontierte, daß die Leistungen in psychometrischen Tests nach Beendigung der Ausbildungszeit nachlassen, gaben die Befragten an, sie hätten eine andere Art von Problemen gemeint, nicht die, mit denen sie in Intelligenztests konfrontiert werden, sondern jene, die sie als »Alltagsprobleme« oder »finanzielle« Probleme bezeichneten.

Es gibt in der Tat reichlich Belege dafür, daß die Fähigkeit der Menschen, Alltagsprobleme zu lösen, mit dem Alter zunimmt. In derselben Zeit nehmen gewisse, besonders in Intelligenztests wichtige Fähigkeiten ab. Hier ist die Theorie der »fluiden« und der »kristallisierten« Intelligenz von besonderer Relevanz.[13] Die Analyse Tausender Datensets aus Untersuchungen zur Intelligenz hat die Zweckmäßigkeit dieser Unterscheidung bestätigt.[14] *Fluide Intelligenz* wird benötigt, um das Unbekannte in der vorliegenden Testsituation zu erkennen (z. B. den nächsten Buchstaben in der Reihe c, d, f, i, ...). *Kristallisierte Intelligenz* reflektiert erworbenes Wissen (z. B. die Bedeutung eines selten gebrauchten Wortes). Eine Reihe von Studien hat ergeben, daß fluide Fähigkeiten für altersbedingte Verschlechterungen anfällig sind, während kristallisierte Fähigkeiten im Laufe eines Lebens sogar gesteigert werden.[15]

Praktische Probleme zeichnen sich u. a. durch das Fehlen einer genauen, für die Lösung des Problems erforderlichen Information und durch ihre Bedeutung für das Alltagsleben aus. Kristallisierte Intelligenz ist daher in Form akkulturierten Wissens für praktische Probleme besonders relevant. Ohne dieses Wissen sind die Probleme, die uns das Leben stellt, nicht zu bewältigen. Fluide Intelligenz hingegen, wie man sie beim Fortsetzen von Buchstabenreihen oder bei bildhaften Analogieproblemen benötigt, ist eher für die Lösung von akademischen Problemen und IQ-Tests von Bedeutung. Außerdem brauchen wir sie in Alltagssituationen, die flexibles Denken erfordern. Aus all dem folgt, daß die erwähnten Selbsteinschätzungen der Menschen hinsichtlich der altersspezifischen Veränderungen ihrer Intelligenz zutreffen. Ihre Intelligenz wächst in der Tat, doch es ist ihre praktische und nicht ihre – wahrscheinlich sogar nachlassende – akademische Intelligenz. Ihre Fähigkeit, im Beruf etwas zu leisten, kann also mit dem Alter zunehmen, während gleichzeitig die Fähigkeit, ein effektiver Studienanfänger zu sein, abnimmt.

Empirische Studien zur praktischen Intelligenz

Die Vorstellung, daß sich praktische und akademische Fähigkeiten bei Erwachsenen unterschiedlich entwickeln, wird von zahlreichen Studien bestätigt. Ein Beispiel: In einer Studie wurden 84 Erwachsenen im Alter von 20 bis 79 Jahren zwei Arten von Fragen vorgelegt.[16] Zum einen war dies die als kognitives Meßinstrument gebräuchliche Twenty Questions Task[17], bei der man mittels spezieller Fragen, die außerhalb einer Spielsituation vermutlich nie gestellt würden, etwas herausfinden muß (»Ist es ein Lebewesen? Ist es ein Mensch?« usw.). Zum anderen handelte es sich um eine Problemlösungsaufgabe im Zusammenhang mit Alltagssituationen, z. B.:

»Was würden Sie tun, wenn Sie auf der Autobahn von einem Schneesturm überrascht werden?«, oder: »Angenommen, Sie leben in einem Appartement, das auf der Eingangstürseite keine Fenster hat. Gegen zwei Uhr nachts hören Sie lautes Klopfen an der Wohnungstür, und jemand ruft ›Aufmachen, Polizei!‹. Was würden Sie tun?« Für das Verständnis der praktischen Intelligenz war das interessanteste Ergebnis dieser Studie der unterschiedliche Verlauf der Alterskurven für die Performanz in beiden Aufgabentypen. Die Leistung bei der traditionell akademischen, spielähnlichen Testaufgabe fiel nach dem zwanzigsten Lebensjahr linear ab. Bei der Problemlösungsaufgabe stieg die Leistungskurve bis zur Altersgruppe der Vierzig- bis Fünfzigjährigen an, erreichte dort ihren Höhepunkt und fiel erst danach ab.

Zu ähnlichen Ergebnissen kam eine Studie, an der 126 Erwachsene im Alter von 20 bis 78 Jahren teilnahmen.[18] Diese Studie untersuchte die Beziehungen zwischen fluider Intelligenz, kristallisierter Intelligenz und Intelligenz bei Problemlösungen im Alltag. Die Teilnehmer erhielten sowohl die üblichen Aufgaben zur Messung von fluider Intelligenz (z. B. Buchstabenreihen) und kristallisierter Intelligenz (z. B. Wortschatz) wie auch eine Liste mit alltagsbezogenen Problemlösungsaufgaben aus den Bereichen Verbraucherprobleme (z. B.: Der Vermieter weigert sich, Reparaturen durchzuführen), Informationssuche (es werden zusätzliche Daten benötigt, um ein kompliziertes Formular auszufüllen), Probleme mit Freunden (wie schafft man es, einen Freund zu häufigeren Besuchen zu motivieren) und Probleme aus dem Arbeitsleben (man hat Sie bei der Beförderung übergangen).

Die Messung kristallisierter Intelligenz wurde vorgenommen, um zu bestimmen, ob die Entwicklung der Fähigkeit, Alltagsprobleme zu lösen, mehr Ähnlichkeit mit der Entwicklung kristallisierter Intelligenz aufwies als mit der Entwicklung fluider Intelligenz. Bei der Messung fluider Intelligenz stieg die Leistungskurve in der Altersgruppe der Zwanzig- bis Dreißigjährigen an, blieb im Alter von dreißig bis vierzig Jahren stabil und fiel dann ab. Bei den alltagsspezifischen Problemlösungsaufgaben und der Messung kristallisierter Intelligenz stieg sie bis zum Alter von siebzig Jahren an. Obwohl die Probanden dieser Studie den Höhepunkt ihrer Leistungskurve in einem späteren Alter erreichten als die Testpersonen in der obenerwähnten Studie, zeigten beide Untersuchungen konsistent, daß die Leistungskurve bei traditionell kognitiven Aufgaben ihren Höhepunkt früher erreicht als bei den lebensnahen Aufgaben. Neben der Entwicklung von Leistungskurven wurden in dieser Studie auch die Leistungen in den Bereichen fluide Intelligenz und alltagsbezogene Problemlösung verglichen. Es ergab sich eine geringfügige Korrelation. In den Bereichen kristallisierte Intelligenz und alltagsbezogene Problemlösung war die Korrelation nicht signifikanter. Anders ausgedrückt: Praktische Intelligenz ist mehr als jene kristallisierten Fähigkeiten, die in Wortschatz- und Allgemeinbildungstests gemessen werden.

Insgesamt kann man davon ausgehen, daß die Fähigkeit, rein akademische Probleme zu lösen, zwar im Erwachsenenalter abnimmt, die Fähigkeit, praktische Probleme zu lösen, jedoch erhalten bleibt oder gar bis ins hohe Alter wächst. Es spricht alles dafür, daß ältere Menschen ihre schwindende fluide Intelligenz kompensieren, indem sie ihre Aktivitäten auf Bereiche beschränken, in denen sie sich gut auskennen, und ihr spezialisiertes Wissen zum Einsatz bringen.[19] Wir wissen z. B., daß der altersbegleitende Schwund auf der »molekularen« Ebene (z. B. Geschwindigkeit hinsichtlich der Grundkomponenten des Schreibmaschinenschreibens) auf der »molaren« Ebene (d. h. die Schnelligkeit und Korrektheit, mit der die Aufgabe erledigt wird) keine merklichen Auswirkungen hat, weil ältere Menschen kompensieren lernen – z.B. indem sie langsamere Fingerbewegungen durch einen weiteren Vorblick auf den zu schreibenden Text ausgleichen.[20]

Der Unterschied zwischen akademischer und praktischer Intelligenz zeigt sich auf vielfältige Weise, besonders wichtig wird er jedoch bei den Aktivitäten des täglichen Lebens. Betrachten wir einige Studien, die gezeigt haben, daß der IQ sehr wenig über erfolgversprechende Eigenschaften aussagt, und zwar unabhängig vom verfolgten Ziel. Eine dieser Untersuchungen befaßte sich mit den Strategien von Molkereiarbeitern bei der Bearbeitung von Bestellungen.[21] Arbeiter, die Bestellungen unterschiedlicher Größeneinheiten (z. B.

Zweiliter- und Drittelliterflaschen) und Produkte (z. B. Vollmilch, Magermilch oder Buttermilch) zusammenstellen, nennt man *Assembler* (Packer). Die Studie zeigte, daß erfahrene Assembler nicht die üblichen, in der Schule gelernten mathematischen Algorithmen benutzen, sondern komplizierten Strategien folgen, um nur teilweise gefüllte Kisten so zu kombinieren, daß die für eine Bestellung notwendigen Bewegungen auf ein Minimum beschränkt sind. Obwohl es sich bei diesen Packern um die ungebildetsten Arbeiter im ganzen Werk handelte, waren sie in der Lage, Größen und Mengen in ganz verschiedenen Maßeinheiten im Kopf zu berechnen. Und sie waren schneller als die sehr viel gebildeteren Angestellten, die gegebenenfalls für sie einsprangen. Die Leistung der Assembler in der Bestellungsabfertigung stand in keiner Beziehung zu den Meßwerten schulischer Leistung; Testergebnisse, Testwerte aus Arithmetiktests und Zensuren eingeschlossen.

Eine weitere Studie befaßte sich mit den Experten im Voraussagen von Ergebnissen beim Pferderennen (sogenannte Handicapper) – insbesondere mit den Strategien, die sie bei der Vorhersage von Gewinnchancen vor dem Start auf der Rennbahn anwendeten.[22] Sie benutzten für ihre Prognosen einen hochkomplizierten Algorithmus, in dem sie sieben unterschiedliche Informationseinheiten miteinander verrechneten. Dazu gehörte zunächst die Laufzeit des Pferdes beim vorherigen Rennen. Die Handicapper korrigierten in ihrem Algorithmus die Zeiten für jede Viertelmeile im vorherigen Rennen anhand von Faktoren wie z.b. den Überholversuchen eines Pferdes, der Geschwindigkeit der überholten Pferde und der Stelle, an der das Überholmanöver stattfand. Diese Korrekturen sind wichtig, weil sie etwas darüber aussagen, wie groß der Anteil des Rennens innerhalb der einzelnen Bahnen ist. Die Werte ergeben ein genaueres Bild von der Schnelligkeit des Pferdes. Der Einsatz dieser Strategie sollte beträchtliche kognitive Fähigkeiten voraussetzen (zumindest nach dem herkömmlichen Meßverständnis). Allerdings wurde in der Studie angegeben, daß das Ausmaß, in dem die Handicapper diesen Algorithmus einzusetzen verstanden, in keinem Verhältnis zu ihrem IQ stand. Ja, der mittlere IQ-Wert der Handicappergruppe war nur durchschnittlich.

Eine andere Serie von Studien zur Alltagsmathematik befaßte sich mit den Kunden von Lebensmittelgeschäften in Kalifornien, die versuchten, unter verschiedenen Packungsgrößen die jeweils billigste zu finden.[23] (Diese Studien wurden zu einer Zeit durchgeführt, als der Grundeinheitspreis noch nicht auf jeder Packung angegeben war.) Hafergrütze z.b. gab es in zwei Größen, zehn Unzen für 98 Cents oder 24 Unzen für 2,29 Dollar. Man könnte nun einfach dazu übergehen, immer die größte Packung zu kaufen, in der Annahme, daß es sich dabei um die preisgünstigste handelt. Die Autoren dieser Studie (und die kritischen Konsumenten) mußten jedoch feststellen, daß bei einem Drittel der eingekauften Waren die größte Packung keineswegs die preisgünstigste war. Das Ergebnis dieser Studie bestand in der Erkenntnis, daß erfolgreiche Kunden mentale Schnellverfahren benutzen, die es ihnen gestatten, auf möglichst simple Weise an eine Information zu gelangen, die korrekt genug ist (wenn auch nicht zu hundert Prozent), um zu entscheiden, welche Packung zu kaufen ist. Bei der Hafergrütze z.b. erkannten erfahrene Kunden, daß zehn Unzen für 98 Cents etwa zehn Cents pro Unze entspricht, und bei diesem Preis würden 24 Unzen etwa 2,40 Dollar kosten, im Gegensatz zum tatsächlichen Preis von 2,29 Dollar.

Eine andere Strategie bestand darin, den Preis oder die Packungsgröße im Kopf zu verändern, um so den Vergleich mit den anderen angebotenen Mengeneinheiten zu erleichtern. Zum Beispiel könnte man in Gedanken die kleinere Größe verdoppeln, um auf diese Weise 20 Unzen zu 1,96 Dollar mit 24 Unzen zu 2,29 Dollar vergleichen zu können. Der Unterschied von vier Unzen zu ca. 35 Cents, d. h. etwa neun Cents pro Unze, würde dann für die 24-Unzen-Packung sprechen, da die kleinere Packungseinheit von zehn Unzen für 98 Cents einem Preis von ca. 10 Cents pro Unze entspricht. Die Annäherungswerte aus diesen Überschlagsrechnungen sind ebenso brauchbar wie die tatsächlichen Werte von 9,80 Cents und 9,33 Cents für die kleinere bzw. größere Packung. Außerdem sind sie leichter auszurechnen, wenn man keinen Taschenrechner zur Hand hat.

Ein weiteres interessantes Ergebnis war, daß sich bei den Kunden keinerlei Beziehung zwischen der Testleistung und der Anzahl der richtig getroffenen Kaufentscheidungen ergab, als man ihnen den MIT-Kopfrechentest vorlegte.[24] Dieses für Erwachsene gültige Prinzip scheint auch auf Kinder anwendbar zu sein. Eine Studie kam zu dem Ergebnis, daß brasilianische Straßenkinder bei ihren Straßenverkäufen raffinierte methematische Berechnungen ausführen konnten, die sie in einer Unterrichtssituation nicht zu lösen vermochten.[25]

Ein weiteres Beispiel für die Alltagsmathematik lieferte eine Studie, bei der die Teilnehmer aufgefordert waren, die Rolle des Stadtverwalters in der computersimulierten Stadt »Lohhausen« zu übernehmen.[26] Die Testpersonen hatten vielfältige Probleme zu lösen (so mußten sie z. B. die beste Möglichkeit finden, um die öffentlichen Einnahmen für den Straßenbau zu erhöhen). Die Simulation enthielt mehr als tausend Variablen. Die Leistung wurde anhand einer Strategienhierarchie quantifiziert, die von ganz einfachen Strategien (Trial und Error) bis hin zu hochkomplexen (Hypothesen mittels mehrfacher Feedback-Schleifen überprüfen) reichte. Man stellte keine Beziehung zwischen dem IQ und der Komplexität der Strategien fest. Ein zweites Problem wurde konzipiert, um diese Ergebnisse zu bestätigen. Bei diesem sogenannten Sahara-Problem mußten die Teilnehmer herausfinden, wie viele Kamele in einer kleinen Oase am Leben erhalten werden konnten. Auch hier fand sich keine Entsprechung zwischen dem IQ und der Komplexität der eingesetzten Strategien.

Vom stillen Wissen

Der akademischen und praktischen Form von Intelligenz entspricht die Unterscheidung von zwei Formen des Wissens.[27] Eine Person mit akademischer Intelligenz zeichnet sich durch den problemlosen Erwerb und Gebrauch *formalen akademischen Wissens* aus, d. h.

jener Form des Wissens, die den Gegenstand von IQ- und ähnlichen Tests bildet. Im Gegensatz dazu ist praktische Intelligenz durch den problemlosen Erwerb und Gebrauch *stillen Wissens* charakterisiert. Mit diesem stillen Wissen ist handlungsorientiertes Wissen gemeint, das üblicherweise ohne direkte Unterstützung durch andere erworben wird und dem einzelnen erlaubt, seine ganz persönlichen Ziele zu erreichen.[28] Der Erwerb und Gebrauch solchen Wissens scheint von einzigartiger Bedeutung für einen kompetenten Umgang mit den Belangen der realen Welt zu sein. Was genau ist stilles Wissen? Es hat drei charakteristische Merkmale. Erstens: Stilles Wissen heißt, zu wissen, wie man etwas tut. Es ist seinem Wesen nach prozedurales Wissen. Zweitens ist es relevant für das Erreichen von Zielen, die man persönlich für wertvoll erachtet, und hat nichts mit jenem akademischen Gebrabbel zu tun, dem jegliche praktische Bedeutung abgeht und mit dem Lehrer und Professoren zuweilen die Köpfe ihrer Studenten zu füllen versuchen. Und drittens wird es gewöhnlich aus eigener Kraft, ohne große Unterstützung durch andere Menschen, erworben. *Still* ist dieses Wissen, weil es häufig aus Handlungen und Aussagen abgeleitet werden muß. Zuweilen kann es sich auch auf direktem Wege manifestieren, doch geschieht dies gewöhnlich nur unter Schwierigkeiten und gegen beträchtlichen Widerstand. Ein Beispiel: Der Unterschied zwischen den durch Regeln verankerten Voraussetzungen für eine Beförderung und den tatsächlich ausschlaggebenden Gründen ist mitunter sehr groß. Ein Unternehmen hat möglicherweise kein großes Interesse daran, die wahren Kriterien – die stillen – offenzulegen. Bisweilen können sie jedoch offen zutage treten.

Beförderungen sind in der Tat ein besonders gutes Beispiel dafür, welche Bedeutung das stille Wissen für die praktische Intelligenz besitzt. Üblicherweise kommen in einem Unternehmen diejenigen voran, die erkannt haben, wie das System in Wirklichkeit funktioniert, unabhängig davon, wie es angeblich funktionieren soll. Viele Anwälte finden schnell heraus, daß berechnungsfähige Stunden in einem Anwaltsbüro der Schlüssel zum Erfolg sind. Doch vielleicht müssen sie noch erkennen, daß nicht all diese Arbeitsstunden gleich sind – daß manche Fälle der Karriere zuträglicher sind als andere. In vielen Bereichen ist die Reputation, die man sich erarbeitet, wichtiger als die Arbeit selbst, wobei der Ruf nicht immer der Qualität der Arbeit entspricht. Nicht selten werden Menschen eher aufgrund ihrer Reputation als aufgrund der Qualität ihrer Arbeit befördert, die manchmal schlechter ist als bei manchen Kolleginnen und Kollegen, die sie überflügeln. Diese Gewinner haben erkannt, was ihrer Beförderung zuträglich ist, wozu mehr als nur die Qualität ihrer Arbeit beiträgt.

Gewöhnlich wird stilles Wissen in Form von »Wenn-dann-Bestimmungen« ausgedrückt, die durchaus komplex sein können. Ein Beispiel:

> Wenn (Sie Ihrem Chef eine schlechte Nachricht
> überbringen müssen)
> und
> wenn (es Montag morgen ist)
> und
> wenn (der Chef tags zuvor wegen schlechten Wetters sein
> Golfspiel versäumte)
> und
> wenn (die Belegschaft auf Zehenspitzen herumzu-
> schleichen scheint),
> dann (überbringen Sie ihm die Nachricht lieber später).

An diesem Beispiel wird deutlich, daß stilles Wissen stets an bestimmte Zwecke in bestimmten Situationen gebunden ist. Befragt man die Leute über ihr Wissen in praktischen Situationen, beginnen sie häufig damit, ziemlich allgemeine Regeln zu formulieren (z. B. »eine Führungspersönlichkeit muß Menschenkenntnis besitzen«). Wenn man jedoch diese Verallgemeinerungen hinterfragt, erweisen sie sich oft als Zusammenfassungen eines sehr viel spezielleren – und brauchbareren – stillen Wissens.

Stilles Wissen hat tatsächlich einen großen praktischen Wert – es ist ein Instrument, um Ziele zu erreichen, etwa, um eine Führungsposition zu übernehmen oder befördert zu werden. So ist z. B. das Wissen, wie man seinen Untergebenen ein Gefühl der Wertschätzung vermittelt, für Manager oder Führungskräfte durchaus von praktischem Wert, während es all jenen, die sich dafür nicht interessieren, keinen Nutzen bringt. Somit unterscheidet sich stilles Wissen von allen anderen Formen des Wissens, selbst von einem »Know-how«, das mit keinem persönlichen Ziel und Interesse verbunden ist.

Ein wichtiges Merkmal des stillen Wissens ist die Tatsache, daß es gewöhnlich ohne direkte Hilfe seitens anderer und zuweilen trotz deren Behinderungen erworben wird. Das mag etwas Hinterlistiges an sich haben, doch es gibt Gründe für diese Behinderungen. Bedenken Sie z. B., wie man eine Beförderung erreicht. In einem Durchschnittsbetrieb kann nicht jeder befördert werden. Das Wissen, worauf die Chefetage Wert legt, unterscheidet die mit den größeren Beförderungschancen von jenen, die diese Chancen nicht haben. Doch angenommen, dieses Wissen wäre Allgemeingut. Es gäbe dann diesbezüglich keinen Unterschied mehr, und das entsprechende Insiderwissen wäre für Beförderungsentscheidungen ohne Bedeutung. Innerhalb kürzester Zeit kämen jedoch neue Insiderinformationen auf, die manche kennen und andere nicht kennen würden. Sie wären dann der entscheidende Faktor, der zwischen Aufsteigern und denen, die zurückbleiben, unterscheidet.

Ein weiteres Beispiel liefert der Aktienmarkt. Informationen über eine Aktie sind nur von Nutzen, wenn andere sie entweder nicht haben oder nichts damit anzufangen wissen. Wenn jeder die Information besitzt und weiß, wie er sie am besten nutzt, geht sie in den Wert der Aktie ein, und irgendeine andere Information wird zum entscheidenden Faktor für die Entwicklungstrends dieser Aktie. Dies bedeutet, daß Menschen mit praktischer Intelligenz nicht einfach nur versuchen, möglichst viel Information über das System zu bekommen, in dem sie arbeiten. Sie wissen, daß sie an Informationen herankommen müssen, die nicht jedermann zugänglich sind.

Betrachten wir zwei weitere Beispiele: Zur Zeit ist es für Einzelpersonen und Organisationen außerordentlich schwer, für Forschungsprojekte egal welcher Art Geld aufzutreiben. In meinem Beruf wandte man sich bisher üblicherweise an die National Science Foundation oder die National Institutes of Health, um nur zwei zu nennen. Heute lohnt es kaum noch die Mühe, einen Antrag zu stellen. Warum nicht? Weil zu viele davon wissen. Diejenigen, die es schaffen, ihre Finanzierung zu sichern – Menschen mit praktischer Intelligenz –, suchen sich Geldquellen, von deren Existenz andere gar nichts wissen. Meine Kinder hatten beschlossen, sich um ein Firmenpraktikum zu bemühen, und deswegen besorgten sie sich ein Buch zu diesem Thema. Sie bekamen eine Menge nützlicher Informationen, verloren allerdings ein wenig den Mut, als sie erfuhren, daß bei jedem der aufgeführten Praktikumsplätze auf eine Zusage fünfzig Ablehnungen kamen. Ich riet ihnen: Schaut euch nach Praktikumsplätzen um, die nicht im Buch stehen, und bewerbt euch. Die Chancen, angenommen zu werden, stehen hier viel besser.

Stilles Wissen auf dem Prüfstand

Der Aspekt praktischer Intelligenz, den wir das stille Wissen genannt haben, ist meßbar.[29] Die Meßinstrumente, die meine Kollegen und ich zu diesem Zweck verwendeten, bestanden aus einem Ensemble von Situationen aus der Arbeitswelt mit jeweils fünf bis zwanzig Reaktionsitems. In jeder Situation mußte der Proband ein Problem lösen, indem er die verschiedenen Reaktionsmöglichkeiten bewertete. Ein Beispiel: Ein Manager wurde mit der hypothetischen Situation konfrontiert, daß einer der ihm nicht so gut bekannten Angestellten seinen Rat erbittet, was er tun solle, um in seinem Beruf erfolgreich zu sein. Der Manager wurde aufgefordert, eine Reihe von Faktoren zu bewerten (meist auf einer Skala von 1 = niedrig bis 9 = hoch), und zwar nach deren Bedeutung für den Erfolg in der gegebenen Situation.

Mit welchen Ergebnissen testen wir stilles Wissen? Eine unserer ersten Fragen bestand darin, herauszufinden, ob stilles Wissen eine Prognose über die Leistung von Managern zuläßt. Wir interessierten uns für Manager deswegen ganz besonders, weil sie nach ihrer praktischen und nicht nach ihrer akademischen Intelligenz beurteilt werden. Ihr IQ, ihre SAT-Werte oder Collegenoten interessieren niemanden. Ihre Arbeitgeber interessiert allerdings die Fähigkeit, für ein Unternehmen erfolgreich arbeiten zu können.

Läßt die Leistungsfähigkeit im Sinne der Messungen stillen Wissens tatsächlich Voraussagen über Leistungsfähigkeit im Management zu? Unsere Antwort lautet: ja. Wir fanden in zwei Studien Korrelationen (auf einer Skala von 0 = niedrig bis 1 = hoch) von 0,2 bis 0,4 zwischen Werten im Testbereich stilles Wissen und Kriterien wie Einkommen, Berufserfahrung und -jahre sowie der Tatsache, ob der Manager in einem der 500 erfolgreichsten Unternehmen des Landes beschäftigt war.[30] In einer weiteren Studie zeigte sich eine signifikante Korrelation von stillem Wissen und Gehalt (0,39) sowie der Position innerhalb der Firma (0,36). Stilles Wissen korreliert zudem, wenn auch nicht so stark, mit der Zufriedenheit im Beruf (0,23).[31] Diese Korrelationswerte waren entweder ebenso gut oder besser als die 0,2-Korrelation, die wir üblicherweise erhalten, wenn Managerleistungen aus IQ-Tests prognostiziert werden.[32]

Als wir präzisere Kriterien zur Beurteilung von Managementleistungen benutzten, gewannen die Tests im Bereich stilles Wissen sogar weiter an Aussagekraft. In einer Studie über Bankmanager fanden wir z.B. Korrelationen von 0,48 zwischen stillem Wissen und dem durchschnittlichen Prozentsatz von Gehaltserhöhungen auf Leistungsbasis, und 0,56 zwischen stillem Wissen und der Kategorie »neue Geschäftsverbindungen für die Bank finden«. Unseren Ansatz bestätigte außerdem eine Studie, die am Center for Creative Leadership, einer der führenden Managerausbildungsstätten in Greensboro, North Carolina, durchgeführt wurde.[33] In dieser Studie erhielten wir die Möglichkeit, Korrelationen zwischen unterschiedlichsten Messungen zu untersuchen; darunter befanden sich ein Intelligenztest, ein sehr bekannter Persönlichkeitstest, einige kognitive Tests, ein Test, in dem die Innovationsbereitschaft gemessen wurde, ein Test über Jobzufriedenheit sowie ein Test über interpersonelle Beziehungen. Der Test über stilles Wissen erwies sich als das beste Prognoseinstrument für Leistungen in zwei Managementsimulationen namens Earth II und Energy International. Der

Korrelationswert betrug 0,61. Im Gegensatz dazu liegt der Korrelationswert von IQ und Leistung bei schwachen 0,38. Man könnte sich fragen, ob der Aspekt praktischer Intelligenz, der in den Tests über stilles Wissen gemessen wird, selbst eine Beziehung zum IQ aufweist. Soweit wir wissen, ist dies nicht der Fall. Üblicherweise erhalten wir Korrelationswerte um 0,1, die nicht einmal statistisch signifikant sind. Mit anderen Worten: Entgegen den Behauptungen Herrnsteins und Murrays ist der IQ weder die einzige noch die beste Maßzahl für praktische Leistung in Organisationen oder anderswo. Wir benutzten sogar ein statistisches Verfahren, um die Korrelation des stillen Wissens mit Managementleistung zu untersuchen, und zogen dabei sämtliche Messungen in Betracht, die das Center for Creative Leadership vorgenommen hatte. Das Ergebnis: Stilles Wissen war, auch nachdem alles andere berücksichtigt worden war, ein signifikanter Prädiktor für Leistung.

Aus all diesen Untersuchungen lernen wir, daß stilles Wissen für den Erfolg im Beruf oft ebenso wichtig ist wie akademische Intelligenz, wenn nicht sogar wichtiger. Dabei scheint die Art des Berufs keine Rolle zu spielen. Selbst in der Welt akademischer Elfenbeintürme ist stilles Wissen entscheidend für den Erfolg. Die Fallstricke des Lebens zu kennen ist weitaus wichtiger, als über Schulwissen zu verfügen. So befänden sich unter denen, die am besten Bescheid wissen, vermutlich auch eine ganze Reihe ehemaliger schlechter Schüler.

Ist stilles Wissen angeboren? Natürlich nicht. Woher kommt es dann? Aus der Erfahrung. In einer Studie über 54 Wirtschaftsmanager, 51 Wirtschaftsstudenten und 21 noch nicht graduierte Studenten kamen wir zu dem vorhersehbaren Ergebnis, daß stilles Managementwissen mit wachsender Berufserfahrung im Durchschnitt zunimmt. Keine überraschende Erkenntnis, fürwahr. Der IQ wächst allerdings nicht dementsprechend. Somit hat das stille Wissen etwas mit den anderen Aspekten praktischer Intelligenz gemein: Im Gegensatz zur akademischen Intelligenz nimmt es im Laufe eines Lebens zu. Ein weiteres Ergebnis sollten wir im Auge behalten: Nicht alle Personen mit mehr Busineß-Erfahrung erzielten höhere Werte als ihre weniger erfahrenen Kollegen. Tatsächlich schnitten einige

Leute mit langjähriger Berufserfahrung ziemlich schlecht ab. Es geht also nicht so sehr darum, über wieviel Erfahrung jemand verfügt, sondern wieviel er aus ihr gemacht hat – d. h., wie gut er das Gelernte umzusetzen weiß.

Im Rahmen einer späteren Studie über die Entwicklung des stillen Wissens im Lauf einer Managerkarriere arbeiteten wir mit ausführlichen Interviews und Beobachtungen, um Meßinstrumente für stilles Wissen auf verschiedenen Managementebenen zu entwickeln.[34] Diese wurden sämtlichen leitenden Angestellten vier verschiedener Technologie-Unternehmen vorgelegt. Außerdem erhielten wir von den Vorgesetzten unserer Probanden Hinweise auf Manager mit »herausragenden« und »unterdurchschnittlichen« Leistungen auf der unteren, mittleren und höheren Managementebene. Dieser Ansatz gab uns die Möglichkeit, die spezifischen Inhalte des stillen Wissens auf jeder Managementebene (untere, mittlere und höhere) zu umreißen, indem wir untersuchten, was die Experten auf allen Ebenen wußten und ihre weniger erfolgreichen Kollegen nicht.

Unsere Ergebnisse zeigten, daß es tatsächlich auf jeder Managementebene ein spezielles stilles Wissen gab und daß dieses mit dem jeweiligen Erfolg in einem Zusammenhang stand. Zu diesen Erkenntnissen gelangten wir, indem wir herausragende und unterdurchschnittliche Manager auf sämtlichen Managementebenen mittels eines besonderen Fragebogens miteinander verglichen. Im Bereich Selbstkenntnis ist z.B. die Fähigkeit, Herausforderungen zu suchen, zu schaffen und Vergnügen dabei zu empfinden, für Manager auf den höheren Ebenen wesentlich wichtiger als auf der mittleren oder unteren Ebene. Das Wissen darum, wieviel Kontrolle man behalten muß, wird mit dem Einstieg in höhere Managementebenen immer wichtiger. Selbstmotivation, Selbstlenkung, Selbstwahrnehmung und persönliche Organisation haben auf der unteren und mittleren Ebene in etwa vergleichbare Bedeutung, auf der höheren Ebene werden sie etwas wichtiger. Schließlich ist die Fähigkeit, eine Aufgabe zu erledigen und innerhalb des Arbeitsumfeldes effektiv zu arbeiten, auf den höheren Ebenen wesentlich wichtiger. Im allgemeinen gilt: Je tiefer die Managementebene, desto bedeutsamer ist das Wissen, wie man die täglich anfallenden Aufgaben erledigt; je höher die Ebene, desto wichtiger wird es, Zukunftsperspektiven für den gesamten Betrieb zu entwickeln.

Wie schon erwähnt, glauben einige Psychologen an eine grundlegende Fähigkeit, einen Faktor *g* – ungefähr dem IQ entsprechend –, der nahezu alles erklärt, was bei der Berufsausübung mit Intelligenz zu tun hat.[35] Sie haben unsere Arbeit kritisiert, weil diese allgemeine Fähigkeit ignoriert werde. In Wirklichkeit haben wir sie keineswegs ignoriert. Unsere Untersuchungen am Center for Creative Leadership haben gezeigt, daß unsere Messungen stillen Wissens Managementtalent um einiges genauer voraussagen konnten als IQ- und ähnliche Tests. Wie sich allerdings zeigt, weist dieses Managementtalent selbst einige Merkmale auf, die dem *g*-Faktor ähnlich sind.

Wir analysierten Werte unserer Tests über stilles Wissen und fanden heraus, daß Menschen, die dazu neigen, einige Aspekte des stillen Wissens anzunehmen und anzuwenden, in der Regel auch bei den anderen Aspekten dazu in der Lage sind. Mit anderen Worten, es gab tatsächlich so etwas wie einen Faktor *g*. Mehr noch: Als man die Probanden hinsichtlich ihres stillen Wissens in zwei sehr unterschiedlichen Bereichen testete – Wirtschaftsmanagement und akademische Psychologie, unterschiedlicher geht es nicht –, betrug die Korrelation 0,58. Somit scheinen Menschen, die im Aneignen und praktischen Einsetzen stillen Wissens gut sind, eine Fähigkeit zu besitzen, die verallgemeinert werden kann. Umgangssprachlich würde man sagen: Sie verfügen über einen ausgeprägten gesunden Menschenverstand. Gesunder Menschenverstand ist jedoch *nicht* akademische Intelligenz. In allen Studien haben wir lediglich geringfügige Korrelationen zwischen stillem Wissen und dem IQ gefunden.[36]

Wir unterzogen unsere Überzeugung, daß stilles Wissen nicht mit IQ gleichzusetzen sei, einer ziemlich strengen Prüfung, als ein Schüler des orthodoxen IQ-Gläubigen Malcolm Ree Werte aus einem Test über stilles Wissen mit Werten aus der Armed Services Vocational Aptitude Battery, der im Grunde einem anspruchsvollen und relativ breit angelegten IQ-Test entspricht, korrelierte.[37] In einer Gruppe von 631 Air-Force-Rekruten, davon 29 Prozent Frauen und 19 Prozent Angehörige von Minderheiten, betrug der mittlere Korrelationswert zwischen den Werten aus unserem Test und denen des ASVAB (auf einer Skala von 0 bis 1) lediglich 0,07. Die statistische Analyse ergab, daß bei einer Gruppierung der Werte nach den zugrundeliegenden gemessenen Konstrukten alle ASVAB-Tests tendenziell eine Gruppe bildeten in Abstand zu den Tests über stilles Wissen. Ganz einfach ausgedrückt, bedeutet dies: Praktische und akademische Intelligenz sind nicht dasselbe, waren es nie und werden es in absehbarer Zukunft auch nicht sein.

Interessanterweise haben sowohl IQ als auch stilles Wissen etwas mit Bildung zu tun. Wir fanden Korrelationen sowohl mit der Anzahl der Jahre höherer Schulbildung (0,37) als auch mit eigenen Angaben über schulische Leistungen (0,34). Die Tatsache, daß auch der IQ mit diesen Maßzahlen korreliert, sagt uns, daß stilles Wissen durch bildungsspezifische Variablen prognostiziert wird – doch handelt es sich dabei um Bildungsaspekte, die nicht mit dem IQ korrelieren. Kurz, für das stille Wissen ist wichtig, was die Studenten neben dem Lehrstoff vermittelt bekommen. Was sie in den Seminaren lernen, ist im Grunde nur ein untergeordneter Teil einer allgemeinen Bildungserfahrung.

Der Vergleich zwischen den Tests über stilles Wissen und dem ASVAB erbrachte ein weiteres auffälliges Resultat. Die ASVAB-Werte wiesen eine signifikante Beziehung zu Geschlecht und Rasse auf. Frauen und Angehörige von Minderheiten schnitten insgesamt schlechter ab als Männer und Vertreter von Mehrheiten. Die Werte im Test über stilles Wissen zeigten keine Korrelation zu Geschlecht (0,02) oder Rasse (0,03), d. h., im Gegensatz zum IQ ist stilles Wissen hinsichtlich Geschlecht und Rasse unbelastet.

Jenseits der Wirtschaft

Auch wenn wir uns vorwiegend mit dem Wirtschaftsmanagement beschäftigten, gibt es auch in anderen Bereichen eine Beziehung zwischen stillem Wissen und Erfolg. In zwei Studien über Psychologieprofessoren stießen wir z.b. auf Korrelationen im Bereich 0,4 bis 0,5 zwischen stillem Wissen und diversen Kriterien wie etwa der Anzahl der Zitate ihrer Werke im *Social Science Citation Index* (ein Indiz für ihre Bedeutung im entsprechenden Fachgebiet) und der Beurteilung ihrer Fakultätsarbeit.[38]

Unlängst untersuchten wir die Rolle des stillen Wissens im Bereich Verkaufen.[39] Bei einer Gruppe von Lebensversicherungsmaklern entdeckten wir Korrelationen im Bereich von 0,3 bis 0,4 zwischen Messungen des verkaufsspezifischen stillen Wissens und Kriterien wie z.b. Versicherungsvolumen und Verkaufsprämien. In dieser Studie ist es uns außerdem gelungen, das stille Wissen von Versicherungsvertretern in Form einer Reihe von *Faustregeln* darzustellen – grobe Richtlinien für das Verhalten in Verkaufssituationen. Die Kenntnis dieser Faustregeln des Verkaufs ist nicht nur hilfreich bei der Beurteilung des verkaufsspezifischen stillen Wissens, sondern könnte auch dazu dienen, ein Trainingsprogramm für effektivere Verkaufsarbeit zu entwickeln.

Läßt sich mit Messungen stillen Wissens Leistung nicht nur bei Erwachsenen, sondern auch bei Kindern und Jugendlichen prognostizieren? Durchaus. Wir führten mit Wendy Williams eine Studie über stilles Wissen im universitären Bereich durch und fanden heraus, daß diese Art des Wissens akademischen Erfolg ebenso gut und persönliche Anpassungsfähigkeit um einiges besser prognostizierte als herkömmliche psychometrische Tests wie etwa der SAT.[40] Die Formen stillen Wissens, die für den Testerfolg nötig sind, stehen dem, was man für ein erfolgreiches Hochschulstudium benötigt, viel näher als die abstrakteren und abgehobeneren Werte, die man in Tests wie dem SAT oder dem ACT erreicht haben mag.

Wir haben die Rolle des stillen Wissens auch bei jüngeren Kindern untersucht, da diesem Wissen in jedem Alter Bedeutung zukommt. Ein Beispiel: Vor einigen Jahren zeigte mir mein Sohn Seth einen Aufsatz, den er als Hausaufgabe abliefern wollte. Er besuchte damals die fünfte Klasse und beherrschte die Raffinessen stillen Wissens in bezug auf Lehrererwartungen noch nicht. Es gibt übrigens in sämtlichen Altersgruppen Schüler und Studenten, die akademische Fähigkeiten besitzen, doch nie ganz verstehen, was Lehrer und Schulen eigentlich von ihnen erwarten. Nach einem Blick auf Seths Aufsatz sagte ich:»Das willst du doch nicht allen Ernstes abgeben! Es wimmelt von Rechtschreib- und Kommafehlern. Außerdem sieht es schlampig aus.«Zutiefst überzeugt, versicherte mir mein Sohn, seine Lehrerin kümmere sich nicht um solchen Kleinkram. Auch die äußere Form des Aufsatzes sei ihr völlig egal. Nur die Ideen zählten. Ich antwortete, daß ich mir an seiner Stelle da nicht so sicher wäre und daß praktisch alle Lehrer Wert auf Grammatik, Rechtschreibung, Zeichensetzung und die äußere Form einer Arbeit legten. Seth beharrte, seine Lehrerin sei da eine Ausnahme, und er gab den Aufsatz ab. Er hatte sich geirrt.

Wir glauben, daß Schüler – und nicht nur sie – etwas über das stille Wissen und seine Funktion in der Schule lernen müssen. Meine Kollegen und ich haben zusammen mit einem Harvard-Team unter der Leitung Howard Gardners ein sechsjähriges Forschungsprogramm namens Practical Intelligence for Schools (PIFS) ins Leben gerufen. Es umfaßte u. a. intensive Beobachtungen von und Interviews mit Lehrern und Schülern. Wir wollten aufzeigen, welches stille Wissen für den schulischen Erfolg notwendig ist. Im Anschluß daran wurden Lehrpläne zur Vermittlung der wichtigsten Inhalte dieses stillen Wissens entwickelt und in verschiedenen Schulbezirken in Connecticut und Massachusetts ausgewertet. Inzwischen haben wir diese Curricula an Hunderte von Schulen verschickt, wo sie im großen und ganzen auch benutzt werden.
Die Ergebnisse der Lehrplanauswertung waren einhellig positiv. So zeigten z. B. die Schüler im PIFS-Programm im Laufe eines Schuljahres deutlichere Leistungssteigerungen beim Lesen, Schreiben, bei den Hausaufgaben und Tests als ihre Mitschüler, die nicht am Programm teilgenommen hatten. Außerdem berichteten Lehrer,

Schüler und die Schulverwaltung über weniger Disziplinarprobleme während der Unterrichtsstunden des Programms.[41] Mit anderen Worten: Man kann stilles Wissen bei Kindern nicht nur messen, man kann es lehren, und sie können davon profitieren.[42]

Jenseits der Anpassung

Stilles Wissen ist jener Aspekt der Erfolgsintelligenz, der es dem Menschen ermöglicht, sich seiner Umgebung anzupassen – zu lernen, wie das System funktioniert, und es für sich zu nutzen. Alles akademische Wissen der Welt kann dies nicht leisten, obwohl stilles Wissen seinerseits lehrbar ist. Ein Beispiel: Ich halte ein Seminar über Berufspsychologie, in dem die Studenten lernen, wie man sich um eine Stelle bewirbt, Resümees schreibt, ein Bewerbungsgespräch führt, Vorträge hält und sich bei einer Kündigung verhält. Obwohl es in diesem Seminar um jene Welt geht, mit der es die Studenten später zu tun haben werden, stehen ihm viele Professoren eher ablehnend gegenüber, vielleicht weil die Praxis gegenüber der Theorie überwiegt.

Das Erlernen adaptiver Fertigkeiten spielt für die Erfolgsintelligenz eine große Rolle, doch auch hier ist Vorsicht angesagt. Angenommen, Sie arbeiten für eine Computerfirma, weil Sie gerne Software für Ausbildungs- und Wirtschaftszwecke schreiben möchten. Statt dessen enden Sie in der Abteilung für Industriespionage, wo Ihre Aufgabe darin besteht, der Konkurrenz die Ideen zu klauen. Oder angenommen, Sie schließen sich einer Gemeinschaft an, von der Sie annehmen, daß sie Ihnen alles biete, was Sie sich jemals gewünscht haben; in der Tat bietet sie dies – doch Ihrem schlimmsten Feind. Oder Ihr Lebenspartner ist Ihnen permanent untreu. Menschen mit Erfolgsintelligenz passen sich solchen Bedingungen nicht an. Sie entziehen sich ihnen.

Erfolgsintelligenz bedeutet, eine Mitte zu finden, zu wissen, wann man sich anpassen muß und wann es besser ist, sich ein neues Umfeld zu suchen. Menschen mit Erfolgsintelligenz sehen freilich noch eine dritte Möglichkeit, mit ihrer Umwelt umzugehen: indem sie sie selbst gestalten. Sie wissen, daß es nie ideale Bedingungen geben wird. Man läßt sich nicht gleich nach dem ersten Ehekrach scheiden. Man verläßt seine Kinder nicht, weil sie sich schlecht benehmen. Und man gibt seinen Job nicht auf, weil der Chef einem manchmal auf die Nerven geht. Nein, man versucht, Wege zu finden, um das entsprechende Umfeld so zu verändern, daß es den eigenen Bedürfnissen besser entspricht. Menschen mit besonderer Erfolgsintelligenz üben immer Einfluß aus und prägen andere Menschen. Sie folgen nicht den Trends, die andere initiiert haben, sondern setzen selbst welche. Sie leben nicht mit ihren Problemen, sondern lösen sie, unter anderem indem sie sich ihrem Umfeld anpassen, es selbst bestimmen und gestalten.

Zusammenfassend läßt sich sagen, daß Menschen mit praktischer Intelligenz sich aktiv um jenes stille Wissen bemühen, das in ihrem sozialen Umfeld – manchmal unmerklich – enthalten oder oft auch verborgen ist. Sie erkennen, daß dieses stille Wissen je nach Umfeld verschieden sein kann. Außerdem wissen sie, daß sich das für den Erfolg ausschlaggebende stille Wissen im Laufe einer Karriere oder aufgrund neuer Bedingungen (z. B. im Fall einer Unternehmensfusion) verändern kann. Sie werfen nutzlos gewordenes stilles Wissen über Bord und wenden sich den Tatsachen zu. Sie benutzen ihr stilles Wissen, um sich ein Umfeld auszusuchen, sich ihm anzupassen und es zu gestalten. Sie wissen, daß es nicht darauf ankommt, wie viele Erfahrungen jemand gesammelt hat, sondern was er aus ihnen macht. Sie nutzen ihre Möglichkeiten. Praktische Intelligenz ist in allen Bereichen der Schlüssel zum Erfolg. Und den größten Erfolg erzielt derjenige, der sie mit analytischer und kreativer Intelligenz zu verbinden weiß.

Teil IV

Der Countdown läuft:
Wie man Erfolgsintelligenz
aktiviert

8

Selbstaktivierung statt Selbstsabotage

∎

Bis jetzt habe ich mich auf die harte, kognitive Seite der Erfolgsintelligenz konzentriert – wie wir denken müssen, um gute Leistungen zu erbringen. Und tatsächlich ist die erfolgreiche Arbeit der einzig wahre Prüfstein der Erfolgsintelligenz, gleich wie sie sonst gemessen oder definiert werden mag. Aber Erfolg ist ein relativer Begriff; wie die Schönheit kann auch er im Auge des Betrachters liegen. Wie dem auch sei, ich habe herausgefunden, daß Menschen mit Erfolgsintelligenz viele Dinge gemeinsam haben, unabhängig von Grad oder Art ihres Erfolges. Ich möchte im folgenden auf einige dieser Merkmale und Eigenschaften genauer eingehen. Ihr Fehlen in Beruf und Privatleben kann Selbstblockade und Versagen zur Folge haben. Besitzt man sie jedoch, können sie entscheidend zur Selbstaktivierung und letztlich zum Erfolg beitragen.

1. *Menschen mit Erfolgsintelligenz motivieren sich selbst.* Talente und Begabungen spielen kaum eine Rolle, wenn einem die Motivation fehlt, sie zu nutzen. In vielen, wenn nicht den meisten Bereichen ist Motivation für den Erfolg mindestens ebenso wichtig wie intellektuelle Fähigkeiten. In bestimmten Bereichen – z.B. unter Schülern, Studenten oder Berufsanfängern – gibt es gewöhnlich ein relativ schmales Spektrum an Fähigkeiten, aber sehr viel breiter gestreute Unterschiede in der Motivation. Damit wird Motivation zu einer Erklärung für unterschiedlichen Erfolg. Für manche kommt sie von außen – durch die Anerkennung seitens der Gruppe, der sich jemand zurechnet, dem Verlangen nach Anerkennung oder materiellen Vergünstigungen folgend usw. Andere sind aus sich selbst heraus motiviert, durch ihre eigene Befriedigung über eine gute

Arbeit. Die meisten jedoch werden in unterschiedlichem Maße sowohl von innen als auch von außen motiviert sein. Egal woher die Motivation kommt, für die Aktivierung Ihrer Intelligenz und für Ihren Erfolg ist sie ausschlaggebend. Den Erfolg muß man *wollen.* Und man sollte stets daran denken, daß nicht jedes Umfeld geeignet ist, Motivation zu liefern, weshalb man gegebenenfalls Mittel finden muß, sich selbst zu motivieren.

Im allgemeinen ist die innere Motivation der äußeren vorzuziehen, da die äußeren Motivationsquellen zum Versiegen neigen. Was dazu führt, daß vorwiegend von außen motivierten Menschen bei schwindenden »Prämien« die Motivation eher abhanden kommt. Innerlich motivierte Menschen dagegen sind in der Lage, ihre Motivation über die Schwankungen von Anerkennung und Belohnung hinweg aufrechtzuerhalten. So verlieren Kinder, die durch Aufkleber, Sternchen oder dergleichen mehr zum Lernen angeregt werden, nicht selten ihre Motivation, wenn es dann keine mehr gibt. Kinder, die Interesse an einem Thema haben, bringen eine natürliche Motivation mit, die sehr viel leichter aufrechtzuerhalten ist.[1] Vor allem kreative Intelligenz scheint in hohem Maße abhängig von innerer Motivation. Fast immer lieben kreative Menschen das, was sie tun.

Eltern neigen zu gewissen Fehlern bei der Motivation ihrer Kinder, mit dem Resultat, daß sie enttäuscht werden. Erstens, und das gilt vor allem heute, neigen sie dazu, zuviel Druck auszuüben. Manche Eltern sind vom Erfolg ihrer Kinder geradezu besessen. Sie spornen sie zu immer höheren Leistungen an und sind erst zufrieden, wenn ihre Kinder sich an die Spitze vorgearbeitet haben. Das geht mitunter so weit, daß sie sogar die Hausaufgaben ganz oder teilweise für sie erledigen. Jeder, der schon einmal eine *Science fair* (Ausstellung naturwissenschaftlicher Projektarbeiten) von Schulkindern besucht hat, weiß, wovon ich rede: Da sieht man professionell anmutende naturwissenschaftliche Projekte, die den Eltern alle Ehre machen, aber nichts über die Fähigkeiten ihrer Sprößlinge aussagen – weil diese nämlich gar nichts damit zu tun hatten.

Aber das liegt nicht nur an den Eltern, sondern auch an den Schulen. Man hat mich schon um Empfehlungsbriefe für Kinder gebeten, die einen privaten Kindergarten besuchen sollten. Sie (oder ihre Eltern) müssen vor der Aufnahme nicht nur Bewerbungsformulare ausfüllen, sondern auch einen IQ-Test machen – üblicherweise eine Vorschulvariante des Wechsler-Intelligenztests. Kein Wunder, daß so viele Jugendliche in der Pubertät dann in die Krise geraten. Den Preis bezahlen Kinder und Eltern. Wenn die Kinder ihr Elternhaus schließlich verlassen, haben sie nicht den leisesten Schimmer, wie sie sich selbst motivieren können. In meiner Funktion als College-Professor begegne ich immer wieder Studenten, die von ihren Eltern in eine Eliteschule gedrängt werden und dann, auf sich selbst gestellt, nicht wissen, wie man selbständig arbeitet. Egal wie stark ihre intellektuelle Begabung ist, ohne den Druck der Eltern fehlt ihnen oft jegliche Motivation.

Das soll nicht heißen, daß Eltern niemals Druck ausüben sollten; aber es muß im richtigen Maß geschehen. Und die Anerkennung der Eltern ist ein besonders wirksamer Faktor der Motivation, wenn sie ihren Kindern Mut macht, sich ihre Aufgaben selbständig zu suchen und zu erledigen.

Ein zweiter Fehler ist, daß Eltern für ihre Kinder das wollen, was sie sich selbst wünschen – sie etwa dazu bringen, in die eigenen Fußstapfen zu treten oder irgendeinem Idealbild zu entsprechen. Ich bin an der Universität zahllosen Studenten begegnet, die auf das Drängen ihrer Eltern hin eine bestimmte Berufsausbildung begonnen haben. Sie empfinden weder Liebe noch echtes Interesse für ihr Studienfach. Vielleicht werden sie in dem Beruf, den man ihnen aufgenötigt hat, später eine gewisse Kompetenz erreichen, zu den intellektuellen Führungspersönlichkeiten werden sie jedoch vermutlich nie gehören. Das hat einen ganz einfachen Grund: <u>Spitzenkräfte sind selbstmotiviert und lieben ihre Arbeit.</u>[2]

Meine Eltern wollten, daß ich Anwalt werde. Als ich beschloß, Psychologie zu studieren, war meine Mutter nicht eben begeistert. Nach meiner erfolgreichen Promotion wies sie mich darauf hin, daß der damalige Präsident der Rutgers University in Jura und Psychologie promoviert habe und äußerst erfolgreich sei. Als ich meine Professorenstelle bekam, lautete ihr Kommentar, ich hätte mir ja jetzt bewiesen, daß ich es als Psychologe schaffen könne, und für ein

Jurastudium sei es noch nicht zu spät. An diesem Punkt war das wohl nicht mehr ganz ernst gemeint. Wenn Eltern Träume und Ehrgeiz für ihre Kinder haben, die diese nicht teilen, ist das jedoch meistens gar nicht komisch. Oft geht es nicht ohne einen Rest an Enttäuschung auf beiden Seiten ab. Natürlich ist es manchmal einfacher, anderen Eltern ihre Fehler aufzuzeigen, als sie selbst nicht zu machen. Als mein Sohn Klavierunterricht nehmen wollte, war ich entzückt. Aber er übte zu wenig und gab – zu meiner großen Verärgerung – bald wieder auf. Wenige Monate später wollte er Trompete spielen lernen, worauf ich ihm sagte, das könne er sich abschminken. Ich hätte ja gesehen, wie es mit dem Klavier gelaufen sei. Ich würde ihm nicht ein Instrument kaufen und den Unterricht bezahlen, nur um dasselbe noch einmal zu erleben. Bei späterem Nachdenken wurde mir klar, daß ich überreagiert hatte. Ich erkannte, warum ich der Trompete so wenig abgewinnen konnte. Ich selbst spiele Klavier; die Vorstellung, daß auch Seth dieses Instrument spielen würde, hatte mir gefallen. Als er aufgab, war mir, als müßte ich einen Teil von mir selbst aufgeben. Und als er dann Trompete spielen wollte, war ich noch immer verärgert. Außerdem konnte ich mir nicht vorstellen, daß ein Sternberg Trompete spielt. Es paßte nicht zu dem Bild, das ich von meinen Kindern hatte. Doch dann fiel mir das Bild ein, das meine Mutter von mir als Anwalt gehabt hatte, und ich erkannte, daß es Seth niemals gelingen würde, sein intellektuelles Potential und all seine anderen Begabungen zu verwirklichen, wenn ich versuchte, ihn zu mir zu machen. Ich mußte ihm dabei helfen, er selbst zu werden. Er lernte Trompete spielen. Und so unglaublich das klingen mag, meine Tochter spielt inzwischen Oboe.

Im Alter von sechzehn Jahren beschloß Seth, er wolle Pilot werden. Trotz meines mangelnden Interesses an der Fliegerei war ich davon überzeugt, daß es für ihn das richtige war. Er besitzt ein ausgezeichnetes räumliches Denkvermögen, was sich bei ihm schon im Kleinkindalter zeigte. Einmal hatte ich mir ein Trainingsgerät gekauft und bat ihn, mir beim Zusammenbauen zu helfen. Er war damit fertig, bevor ich noch die Bauanleitung durchgelesen hatte.

Seth nahm also Flugstunden und machte seinen Flugschein im zarten Alter von siebzehn Jahren. Sein Lehrer erzählte mir, Seth sei unter all seinen Schülern derjenige mit den wenigsten Übungsstunden vor seinem ersten Alleinflug. Wird der Junge eines Tages Pilot werden? Ich weiß es nicht. Worauf es ankommt, ist, daß er aus sich heraus motiviert war, ein Ziel zu erreichen, das ihm etwas bedeutete. Auf diese Weise entwickelt der Mensch Erfolgsintelligenz. Lehrer und Arbeitgeber von Menschen mit Erfolgsintelligenz täten gut daran, sich diese Lektion einzuprägen. Ich lasse an meiner Fakultät Studenten und Assistenten in vernünftigen Grenzen ihren eigenen Interessen folgen, auch wenn diese nicht meinen eigenen entsprechen. Ich lasse sie ihren eigenen Weg finden, und dabei geht es mir nicht nur um die Maximierung ihres intellektuellen Potentials, sondern auch um mein eigenes. Durch meine Studenten habe ich Zugang zu Bereichen gefunden, die mir verschlossen geblieben wären, hätte ich darauf bestanden, daß sie meinen Vorstellungen folgen statt ihren.

Der dritte Fehler ist, sich nur auf einen Faktor der Motivation zu verlassen, egal ob er von innen oder außen kommt. Natürlich ist es wichtig, daß man seine Arbeit gerne macht. Aber man muß auch Anerkennung für seine Leistungen finden. Menschen mit Erfolgsintelligenz verbinden innere und äußere Motivation. Insbesondere finden sie Möglichkeiten, sich für eine innerlich motivierte Arbeit Anerkennung von außen zu verschaffen. Wie ich selbst finden sie es häufig wunderbar, für eine Arbeit bezahlt zu werden, die sie ohnedies gerne tun würden.

2. Menschen mit Erfolgsintelligenz lernen ihre Impulse zu kontrollieren. Es gibt Momente im Leben, in denen impulsives Verhalten unvermeidbar und unter Umständen sogar notwendig ist. Bei der geistigen Arbeit jedoch wirkt es sich meist nicht förderlich aus, im Gegenteil. Manchmal trifft man als Lehrer auf Kinder, die zu ausgezeichneten Leistungen fähig wären, deren Fähigkeiten aber weitgehend unverwirklicht bleiben, weil sie zu impulsivem, unüberlegtem Handeln neigen. In einem seiner ersten Bücher vertrat L. L. Thurstone, ein Intelligenztheoretiker an der University of Chicago, die These, die Fähigkeit, impulsive Reaktionen zu kontrollieren, sei ein zentrales Merkmal des intelligenten Menschen.[3] Viele Jahre später gelangte der Psychologe D. Stenhouse unabhängig von ihm zu demselben Schluß.[4] Gewohnheitsmäßige Impulsivität steht jeder optimalen Leistung im Wege, weil sie die Menschen daran hindert, ihre intellektuellen Ressourcen vollständig in die Lösung des Problems einzubringen. Endloses Nachdenken ist zwar ebenfalls nicht wünschenswert, aber man sollte sich auch nicht auf die erste Lösungsmöglichkeit stürzen, die einem einfällt. Durch weiteres Nachdenken ergeben sich möglicherweise bessere Lösungen.

Menschen mit Erfolgsintelligenz können, unabhängig von der Art ihrer Arbeit, beim Problemlösen und Entscheiden durchaus rasch handeln, aber sie tun dies gewöhnlich nur in vertrauten Situationen. Sie handeln aus ihrer Erfahrung, nicht aus dem Impuls heraus. Ansonsten nehmen sie sich Zeit, ein Problem oder eine Entscheidung gründlich zu durchdenken.

3. *Menschen mit Erfolgsintelligenz wissen, wann sie durchhalten müssen.* Manche Menschen, intelligente durchaus eingeschlossen, haben kein Durchhaltevermögen. Wenn sich die Dinge nicht sofort ihren Vorstellungen entsprechend entwickeln oder erste Versuche erfolglos bleiben, geben sie einfach auf. Damit nehmen sie sich die Chance, ihre Aufgabe auf möglicherweise höchst angemessene Weise zu vollenden. Fast scheint es, als ob die kleinste Frustration genügt, sie am Weitermachen zu hindern.

Ausdauer gehört zu den Grundeigenschaften von Menschen mit Erfolgsintelligenz. Der Erfolg stellt sich unter Umständen erst nach einer langen Reihe von Enttäuschungen und Fehlschlägen ein. Dean Koontz etwa ist ein enorm erfolgreicher Romanautor, dessen Bücher schnell an die Spitze der Bestsellerlisten klettern. Der Erfolg hat es ihm ermöglicht, einige seiner frühen, weniger erfolgreichen Werke neu auflegen zu lassen, manche unter einem anderen Titel. Auch sie wurden bei ihrem Neuerscheinen sofort zu Kassenschlagern. Koontz ist nur einer von vielen Autoren, die die Erfahrung gemacht haben, daß man einen gewissen Mißerfolg aushalten muß, wenn man Erfolg haben will.

Das andere Extrem sind Menschen, die noch lange an einem Problem weiterarbeiten, obwohl klargeworden sein sollte, daß sie es zumindest zum gegebenen Zeitpunkt nicht lösen können. Oder aber sie haben das Problem im Grunde schon gelöst und lösen es von nun an immer wieder. Bei manchen Menschen ist diese Tendenz zum Festhalten und Weitermachen überdeutlich. Auch ohne realistische Aussichten auf Erfolg geben sie ihr Bemühen nicht auf. Ein Beispiel: Jemandem gelingt eine wichtige Entdeckung oder eine brauchbare Erfindung, und dreißig Jahre später ist er noch immer damit beschäftigt, die weniger bedeutenden Implikationen seiner Entdeckung auszuschlachten oder mit derselben, inzwischen überholten Idee hausieren zu gehen. Ab einem gewissen Punkt erwarten oder hoffen die Kollegen, er möge sich einem anderen Problem zuwenden oder wenigstens eine neue Methode ausprobieren. Statt dessen fährt er fort, immer wieder das gleiche zu tun.

Nicht alle beharrlichen Menschen brauchen einen Anfangserfolg, um weiterzumachen. Manche bleiben auch ohne ihn am Ball. Vor einigen Jahren besuchte ich den Vortrag einer Biologin über ihre Arbeit an einem bestimmten biologischen Problem. Merkwürdigerweise sprach sie über sieben Jahre vergeblicher Versuche, ein bestimmtes Phänomen zu demonstrieren. Ich erwartete, daß sie ihre Absicht erklärte, sich entweder ein neues Problem vorzunehmen oder einen neuen Ansatz für ihr derzeitiges Problem zu suchen. Um so mehr erstaunte mich ihre Ankündigung, sie wolle mit der Methode, deren Unzulänglichkeit sie gerade ausgiebig demonstriert hatte, weiterarbeiten.

Zuweilen wird man auch durch äußere Umstände zu einer gewissen Beharrlichkeit genötigt. Man wird auf eine bestimmte Sache festgelegt, und nun erwarten alle, daß man sich weiter mit ihr befaßt. Ich begann meine Forschungsarbeit mit dem Studium der Intelligenz. Mitte der achtziger Jahre jedoch wollte ich meinen Themenkreis erweitern und begann mich für ein neues Thema zu interessieren: die Liebe. Ich hatte ein paar Ideen und dachte, man könne sie durchaus gewinnbringend in das Studium der Psychologie der Liebe einbringen. Meine Kollegen waren allerdings nicht gerade begeistert über meine Absichten. Die typische Reaktion war, daß mir jetzt zur Intelligenz wohl nichts Rechtes mehr einfiele, ich ein wenig weich geworden sei oder eine zweite Dr. Ruth Westheimer werden wolle.

Eigentlich war meine Arbeit recht erfolgreich, und einer meiner Artikel enthielt die erste Theorie der Liebe, die je in der *Psychological Review*, der führenden Zeitschrift für theoretische Psychologie, erschienen ist. Aber das gelang mir nur, weil ich trotz mangelnder Unterstützung weitergearbeitet hatte.

Solch ein Durchhaltevermögen muß sich freilich nicht auf berufliche Entscheidungen beschränken. Es kommt auch in anderen Lebensbereichen vor, wenn etwa jemand trotz wiederholter Zurückweisung weiter um einen potentiellen Liebespartner wirbt. Menschen mit Erfolgsintelligenz sind beharrlich. Wenn aber deutlich wird, daß sie nicht vorankommen, wissen sie, daß es Zeit ist, aufzugeben.

4. Menschen mit Erfolgsintelligenz wissen das Beste aus ihren Fähigkeiten zu machen. Vielen wird an irgendeinem Punkt ihres Lebens klar, daß sie für ihren Beruf nicht besonders gut geeignet sind. Es scheint, als ob ihre Arbeit gewisse Fähigkeiten verlangt, ihre eigentlichen Stärken aber in ganz anderen Bereichen liegen. Dieses Phänomen kann sowohl während der Ausbildung als auch später im Leben auftreten. Vielleicht schlagen sie die Laufbahn eines Rechtsanwalts ein und erkennen dann, daß sie aufgrund ihrer kognitiven Begabung für eine Universitätslaufbahn geeignet gewesen wären. Oder ihnen wird im Laufe ihres Medizinstudiums bewußt, daß ihre eigentlichen Talente im Bereich Wirtschaft liegen. Solche Erkenntnisse führen meist zu einem Wechsel des Ausbildungsfaches. Es ist nicht ungewöhnlich, daß Menschen mit Erfolgsintelligenz eine Reihe von Möglichkeiten ausprobieren, bevor sie sich schließlich dem Tätigkeitsbereich zuwenden, der ihren Begabungen entspricht und in dem sie wirklich Besonderes leisten können.

Leider unterstützen Schulen ihre Schüler nicht selten darin, auf die falschen Fähigkeiten zu setzen. Sie veranstalten Berufsvorbereitungskurse, in denen die für den Erfolg im Unterricht erforderlichen Fähigkeiten nicht mit denen übereinstimmen, die für den beruflichen Erfolg fundamentale Bedeutung haben. So mag ein Jurastudent zwar in der Lage sein, hervorragende juristische Aufsätze zu schreiben, kann aber im Gerichtssaal keinen Fall argumentativ vertreten. Die Schulen nehmen vielen Studenten den Mut, einen Beruf zu wählen, in dem sie erfolgreich sein könnten. Studenten, die sich in der wissenschaftlichen Arbeit nicht auszeichnen, werden vermutlich zu keinem Promotionsstudium zugelassen, obgleich sie ihrer Begabung nach großartige Lehrer sein könnten. Im umgekehrten Fall mag einem, der sich hervortut und seine Promotion abschließt, jedes pädagogische Talent fehlen. Menschen mit Erfolgsintelligenz kennen ihre Stärken und arbeiten mit ihnen.

5. Menschen mit Erfolgsintelligenz setzen Gedanken in Taten um.

Einige Menschen sind sehr geschickt im Erdenken von Lösungen für ihre eigenen Probleme und die ihrer Mitmenschen, aber sie scheinen nicht in der Lage, ihre Gedanken in die Tat umzusetzen. Der Psychologe E. R. Guthrie beschrieb sie als »in Gedanken begraben«.[5] Gleichgültig wie gut ihre Gedanken sein mögen, scheinen sie selten etwas damit anfangen zu können. Menschen mit Erfolgsintelligenz haben dagegen nicht nur gute Ideen, sondern können auch ihrem Denken entsprechend handeln. Dasselbe gilt für den Prozeß der Entscheidungsfindung. Menschen, die gute Entscheidungen treffen können, aber nicht willens oder in der Lage sind, danach zu handeln, werden keinen Nutzen davon haben, egal wie intelligent sie auch sein mögen. Menschen mit Erfolgsintelligenz setzen ihre Entscheidungen in die Tat um.

Ein hoher IQ kann sich sogar hinderlich auf die Bereitschaft zum Handeln auswirken. Menschen mit hohem IQ und ausgeprägten analytischen Fähigkeiten erkennen nicht selten immer mehr Aspekte eines Problems und sind im Endeffekt paralysiert, da sie keine Lösung mehr sehen. Wenn dann gehandelt werden muß, sind sie dazu möglicherweise nicht mehr in der Lage. Psychologen haben das Verhältnis zwischen IQ-Werten und Führungsqualitäten untersucht.[6] Das Ergebnis zeigte, daß in relativ ruhigen Zeiten, in denen keine raschen Entscheidungen und Handlungen vonnöten sind, Menschen mit höherem IQ mehr Führungsqualitäten zeigen als Menschen mit einem niedrigeren IQ. In Streßzeiten jedoch kehrt sich das Verhältnis um. Der hohe IQ wird zum Hemmnis, und Menschen mit höherem IQ erweisen sich als die weniger effizienten Führungstypen. Die Fähigkeit, alternative Handlungsmöglichkeiten durchzuspielen, ist also wichtig, aber genauso wichtig ist das Wissen, wann man warten und wann man handeln muß.

6. *Menschen mit Erfolgsintelligenz sind ergebnisorientiert.* Manche Menschen scheinen sich mehr für den Prozeß als für sein Resultat zu interessieren. Und doch werden wir vor allem nach unseren Ergebnissen beurteilt, in der Schule wie im Leben. Ich habe Studenten, die erstklassige Forschungsarbeit leisten. Wenn es jedoch darum geht, sie schriftlich niederzulegen und darzustellen, sind sie deutlich zweit- bis drittklassig. Im Forschungsprozeß sind sie zwar außerordentlich effizient, aber sie sind weniger erfolgreich, wenn es darum geht, den Prozeß in ein Endprodukt zu verarbeiten. Menschen mit Erfolgsintelligenz interessieren sich für den Prozeß, letztlich sind sie jedoch auf das Produkt konzentriert; sie wollen Ergebnisse. Der Prozeß ohne Ergebnis ist wie ein wunderschönes Auto ohne Motor. Vielleicht braucht man Intelligenz, um es zu bauen, aber es bringt einen nicht dorthin, wohin man möchte.

Der Kern des Problems jedoch ist m. E., daß unsere Gesellschaft eher eine Konsumenten- als eine Produzentenmentalität fördert. In der Schule z. B. verbringen die Schüler sehr viel Zeit damit, zu lesen, zuzuhören und mitzuschreiben. Auf allen Ebenen machen sie nichts anderes, als das zu konsumieren, was ihnen ihre Lehrer und ihre Lehrbücher sagen. Die einzigen Produkte, die herzustellen sie in der Lage sind, sind üblicherweise Tests, die eher Verstehen als Intelligenz messen.

Sind Essay-Tests davon ausgenommen? Sie messen doch Intelligenz, oder? Mag wohl sein, aber ich möchte Ihnen von einem meiner Essay-Tests im College berichten, der nicht ganz untypisch ist. Ich war der Meinung, Essays böten die Gelegenheit, Kreativität zum Ausdruck zu bringen. Dem Professor war das allerdings vollkommen egal. Die Essays wurden nach einer Skala von 0 bis 10 bewertet, und die Endwertung ergab sich aus der Anzahl der im Essay vertretenen Argumente, die der Professor von uns erwartete. Wenn wir von Studenten verlangen, daß sie lediglich Informationen »konsumieren« und sie dann im Test wieder von sich geben, verweigern wir ihnen ein weiteres Mal jene Lernerfahrung, die ihnen für die Welt dort draußen den größten Nutzen bringt, nämlich wie man seine eigene Intelligenz einsetzt. Die Produkte unserer Schulen sollten uns ebenso am Herzen liegen wie der Bildungsprozeß an sich.

7. *Menschen mit Erfolgsintelligenz bringen ihre Aufgaben zu Ende.*
Die einzige sichere Voraussage über »Abbrecher« ist die, daß sie nichts von dem zu Ende bringen werden, was sie anfangen. Nichts in ihrem Leben scheint je richtig fertig zu werden. Vielleicht haben sie Angst, Dinge zu einem Abschluß zu bringen, weil sie nicht wissen, was sie danach mit sich anfangen sollen. Oder sie lassen sich von den Details eines Projektes derart überwältigen, daß sie keine Fortschritte machen können.

Diese Menschen erinnern mich an Zenos Paradox: Ein Körper in Bewegung, der auf ein bestimmtes Ziel zustrebt, muß erst die Hälfte der Entfernung zu diesem Punkt hinter sich bringen, dann die Hälfte der verbleibenden Strecke, dann wiederum die Hälfte der Strecke, die übrigbleibt, und endlos so weiter. Doch wenn der Körper immer die Hälfte der verbleibenden Strecke zurücklegt, wird er niemals an sein Ziel gelangen. Menschen mit Erfolgsintelligenz kommen an ihr Ziel, und wenn es darin besteht, ein Problem zu lösen oder eine Entscheidung zu treffen, dann werden sie, wenn sie einmal dort angekommen sind, ihre Sache zu Ende führen.
Vor nicht allzu langer Zeit arbeitete ich in einem internationalen Projekt zur Erforschung gesundheitsspezifischer Bedingungen von Schulversagen bei Kindern in Ländern der Dritten Welt. Die Studie untersuchte insbesondere die Auswirkungen von Parasitenbefall auf Kognition und Schulleistung. Die Zusammenarbeit war sehr angenehm. Aber einem der Mitarbeiter, dem vielleicht sympathischsten, gelang es fast, das gesamte Projekt zu sabotieren. Jedesmal, wenn man ihm eine Aufgabe zuteilte, fand er einen Grund, sie nicht zu erledigen. Ein wenig fühlte ich mich an die klassische Ausrede »der Hund hat meine Hausaufgaben gefressen« erinnert. Im Idealfall

hätten wir ihn einfach umgangen, aber das war aus politischen Gründen nicht möglich. Das Ergebnis war, daß es ein einzelner fast geschafft hätte, die mehrjährigen, millionenschweren Anstrengungen zahlreicher Mitarbeiter zunichte zu machen, nur weil er seine Aufgaben nicht zu Ende brachte.

8. *Menschen mit Erfolgsintelligenz sind initiativ.* Viele Menschen scheinen entweder nicht willens oder nicht in der Lage, Projekte zu initiieren. Sie warten darauf, daß man ihnen sagt, was sie tun sollen, oder verbringen ihre Zeit damit, über verschiedene Projekte zu grübeln, ohne sich je zu entscheiden, welches sie nun weiterverfolgen wollen. Häufig rührt diese mangelnde Initiative daher, daß sie sich nicht verbindlich auf etwas einlassen können. Betrachten wir z. B. das Problem eines Studenten, der versucht, sich für ein Dissertationsthema zu entscheiden. Manche Studenten schaffen den Abschluß nicht, weil sie sich nie auf ein Thema verpflichten können. Eine Dissertation verlangt für sie zu viel Zeit und Energie.

Es kommt vor, daß erfolgreiche Schüler oder auch Geschäftsleute, die in einer Firma erfolgreich arbeiten, auf der Universität oder in einem anderen Unternehmen gar nicht mehr so erfolgreich sind. Oft sind sie so sehr an den Erfolg gewöhnt, daß sie sich einfach zurücklehnen und warten, bis er sich auch hier einstellt. In ihrer neuen Umgebung müssen sie sich jedoch aufs neue unter Beweis stellen. Und je konkurrenzreicher diese neue Umgebung ist, desto notwendiger ist es, etwas in Gang zu bringen, anstatt zu warten, bis es von selbst geschieht. Sie müssen initiativ werden und sich voll und ganz auf die vorliegenden Aufgaben einlassen.

Viele Menschen schaffen es nicht, Beziehungen einzugehen, weil sie Angst haben, sich zu sehr zu binden. Daher bleiben ihre Beziehungen oberflächlich und kurzlebig. Meiner Theorie der Liebe zufolge mangelt es ihnen an der Fähigkeit sich zu binden, die neben Intimität und Leidenschaft die entscheidende Voraussetzung für eine echte Liebesbeziehung ist.[7] Selbst Freundschaft verlangt Bindung. Die Fähigkeit, sich verantwortlich auf etwas einzulassen, ist ein Charakteristikum von Menschen mit Erfolgsintelligenz, das sich durch sämtliche Lebensbereiche zieht.

9. *Menschen mit Erfolgsintelligenz haben keine Angst vor Fehlschlägen.* Die Versagensangst scheint ihren Ursprung in einem frühen Lebensstadium zu haben und ist vor allen Dingen bei Menschen an den Extrempunkten des Leistungskontinuums sehr verbreitet. Die Leistungsschwachen haben Angst vor dem Versagen, vielleicht weil sie bereits zu oft gescheitert sind; und bei den Leistungstarken haben viele nicht gelernt, einen gelegentlichen Fehlschlag als normalen Bestandteil des Lernprozesses zu akzeptieren. Man hat Versagensangst mit niedriger Leistungsmotivation in Verbindung gebracht.[8] Menschen mit einem ausgeprägten Leistungsbedürfnis neigen hingegen dazu, Aufgaben mit maßvollen Risiken zu übernehmen, Aufgaben, bei denen es eine gute Chance, aber nicht die Gewißheit des Erfolges gibt. Wenn wir unsere Kinder und Schüler immer dazu anhalten, die beste Note zu bekommen, nehmen wir ihnen möglicherweise den Mut, Herausforderungen zu suchen, die ihrem Leistungspotential auf optimale Weise entsprechen.

Ich bin vielen fähigen Studenten begegnet, die gelegentlich ein Projekt ablehnten, weil sie Angst hatten, zu versagen. Das Resultat ist, daß sie ihr volles intellektuelles Potential nicht ausschöpfen. Später dann, als Anwälte, Ärzte, Wissenschaftler oder Manager, werden sie möglicherweise ebenfalls vor Projekten zurückscheuen, die ihre Karriere zwar entscheidend befördern könnten, aber eben keine Erfolgsgarantie enthalten. Einen Fehler zu machen ist nicht gleichbedeutend mit Versagen oder Mißerfolg. Wir alle machen Fehler, und gewöhnlich ist das ein verläßliches Zeichen dafür, daß wir ein Problem nicht gründlich genug durchdacht oder aber eine übereilte Entscheidung getroffen haben. Wir müssen noch ein wenig mehr arbeiten, wenn es das nächste Mal klappen soll. Menschen mit Erfolgsintelligenz machen Fehler, aber sie machen niemals den gleichen Fehler zweimal. Sie korrigieren ihre Fehler und lernen aus ihnen. Und wenn sie tatsächlich Mißerfolg ernten, so ziehen sie daraus ihre Lehren.

10. *Menschen mit Erfolgsintelligenz schieben nichts auf die lange Bank.* Es scheint eine allgemein verbreitete Gewohnheit zu sein,

Dinge aufzuschieben. Wir alle haben irgendwann schon einmal etwas auf morgen verschoben, das heute hätte besorgt werden können oder gar müssen. Das Aufschieben wird aber erst dann zum ernsthaften Problem, wenn es zur grundsätzlichen Bewältigungsstrategie wird. Der typische Zauderer sucht nach den kleinen Dingen, um derentwillen er die wichtigen Angelegenheiten aufschieben kann. Irgendwie schafft er es, seinen Alltagskram zu erledigen, aber er scheint unendlich viel Zeit zu brauchen, bis er die für seine Arbeit und seine Karriere wirklich wichtigen Projekte in Angriff nimmt. Zauderer haben nie Zeit, weil sie alles bis zur letzten Minute vor sich herschieben. Viele Studenten fangen am Abend vor dem Test mit den Vorbereitungen an oder beginnen ihre schriftlichen Hausarbeiten ein oder zwei Tage vor dem Abgabetermin. Bei der Behauptung, sie könnten unter Druck besser arbeiten, handelt es sich meist um eine Rationalisierung. Tatsache ist, daß ihre Noten und Hausarbeiten sehr viel besser ausfallen würden, wenn sie sich die für eine gute Arbeit notwendige Zeit nähmen. In der Wirtschaft werden gewohnheitsmäßige Zögerer einfach nie mit ihrer Arbeit fertig und müssen sich bald nach einer neuen Stelle umsehen. Mein Kollege Richard Wagner und ich haben dieses Phänomen im Bereich Wirtschaft untersucht.[9] Wir fanden, daß weniger erfahrene Manager über eine Vielzahl von Strategien zur Bekämpfung dieser Aufschiebepraxis verfügten. Erfahrenere und erfolgreichere Manager dagegen hatten diese Strategien nicht, ganz einfach, weil sie sie nicht brauchten. Und das mag der Grund dafür sein, daß sie sowohl längere Berufspraxis als auch Erfolg haben. Selbstverständlich wissen Menschen mit Erfolgsintelligenz über die Folgen eines solchen Verhaltens Bescheid. Sie teilen sich ihre Zeit so ein, daß sie die wichtigen Dinge erledigen können – und zwar gut.

11. *Menschen mit Erfolgsintelligenz akzeptieren berechtigte Kritik.* Manche Leute haben das sichere Gefühl, nichts falsch machen zu können. Noch für das kleinste Mißgeschick suchen sie jemanden, dem sie die Schuld geben können. Andere wiederum nehmen für alles die Schuld auf sich, selbst wenn sie in keiner Weise verant-

wortlich sind. Falsche Schuldzuweisung kann in Forschung, Wissenschaft und Wirtschaft gravierende Auswirkungen haben. Einer meiner Kollegen hatte eine Doktorandin, die in der Forschungsarbeit große Kompetenz und Begabung an den Tag legte. Die Fakultät hielt große Stücke auf sie, und doch nahm sie für alles, was schiefging, die Schuld auf sich. Es kam so weit, daß sie glaubte, gar nichts richtig machen zu können, und schließlich aus unserem Programm ausschied. Ein anderer Doktorand war das glatte Gegenteil. Für alles, was in seiner Arbeit mißlang, gab er anderen die Schuld, und obgleich allen klar war, daß er einfach nicht hart genug arbeitete, fand er immer einen Schuldigen. Auch er schied schon bald aus unserem Programm aus. Menschen mit Erfolgsintelligenz übernehmen die Verantwortung für die Fehler, die sie machen. Sie suchen keine Entschuldigungen für sich und geben auch keinem anderen die Schuld. Von anderen erwarten sie dasselbe. Das offene Eingeständnis eines Irrtums ist der erste Schritt dahin, es das nächste Mal richtig zu machen.

12. *Menschen mit Erfolgsintelligenz lehnen Selbstmitleid ab.* Wenn sich die Dinge nicht nach unseren Vorstellungen und Wünschen entwickeln, ist es schwer, sich nicht selbst zu bedauern. Aber dauerndes Selbstmitleid ist keineswegs anpassungsfördernd. Einer unserer Promotionsstudenten war hinsichtlich seiner Vorbereitung im Nachteil und tat sich deswegen offenkundig selber leid. Zuerst nahmen die anderen Anteil und versuchten, ihm Mut zu machen. Aber sein Selbstmitleid schien bodenlos, es wurde immer schlimmer. Je mehr Mitleid er für sich selbst empfand, desto rapider schlug die Anteilnahme seiner Kommilitonen in Ungeduld um. Dennoch verbrachte er seine Zeit damit, sich zu bedauern, anstatt den Versuch zu machen, mit den notwendigen Anstrengungen sein Handicap wettzumachen. Aus welchem Grund man es auch empfinden mag, Selbstmitleid hindert einen daran, gute Arbeit zu leisten. Und für schlechte Arbeit ist es keine Entschuldigung. Menschen mit Erfolgsintelligenz haben keine Zeit für Selbstmitleid. Wenn sie das Gefühl haben, sie seien ungerecht behandelt oder benachteiligt worden, versuchen sie sofort, die Situation ins Lot zu bringen.

13. Menschen mit Erfolgsintelligenz sind unabhängig. Die meisten Aufgaben fordern ein gewisses Maß an Unabhängigkeit. Schon in den ersten Grundschuljahren erwartet man von den Kindern, daß sie allmählich unabhängiger werden – daß sie daran denken, ihre Sachen mit nach Hause zu nehmen, im Unterricht selbständig arbeiten, die Hausaufgaben rechtzeitig fertigstellen usw. Die Unfähigkeit, eine altersgemäße Selbständigkeit zu entwickeln, kann den schulischen Erfolg der Kinder ernsthaft gefährden.

Bis zu einem gewissen Grad wird in der Schule und an der Universität, und ganz besonders im Promotionsstudium und im Beruf, selbständiges Arbeiten und Denken erwartet. Vielen Studenten scheint das unbekannt zu sein. Sie verlassen sich darauf, daß andere ihnen sagen, was und sogar wie sie es tun sollen. Ohne Vorgaben sind sie völlig hilflos. Das Ergebnis ist, daß sie häufig weniger verantwortungsvolle Jobs suchen müssen. Menschen mit Erfolgsintelligenz vertrauen vor allem auf sich selbst. Sie wissen: Die beste Art, etwas zu erledigen, ist, es selbst zu machen oder die Verantwortung dafür zu übernehmen, daß es ein anderer tut. Sie erwarten nicht, daß andere die Verantwortung für sie übernehmen.

14. Menschen mit Erfolgsintelligenz versuchen, persönliche Schwierigkeiten zu überwinden. Es ist unumgänglich, daß Menschen im Laufe ihres Lebens mit persönlichen Schwierigkeiten konfrontiert sind. Uns allen stehen echte Freuden, aber auch echte Sorgen bevor. Wichtig ist, daß wir sowohl die Freuden als auch die Sorgen ins rechte Verhältnis setzen. Manche lassen sich von persönlichen Problemen bei ihrer Arbeit behindern. Wichtige Lebenskrisen haben stets ihre Auswirkungen, ob man das will oder nicht. Es ist am besten, von vornherein damit zu rechnen und sich zügig an die Bewältigung zu machen. Versinken Sie nicht in ihren persönlichen Schwierigkeiten, lassen Sie sich von ihnen nicht entmutigen. Vielleicht kann Ihnen Ihre Arbeit – neben menschlichem Umgang – in schweren Zeiten ein wenig Hilfe und Trost spenden. Menschen mit Erfolgsintelligenz wissen, daß es falsch ist, persönlichen Schwierigkeiten aus dem Wege gehen zu wollen, aber soweit das möglich ist, versuchen sie, Berufs- und Privatleben zu trennen.

15. *Menschen mit Erfolgsintelligenz konzentrieren sich auf ihre Ziele.* Es gibt zahllose Menschen, die sich ihrer Intelligenz zum Trotz anscheinend nie lange auf etwas konzentrieren können. Sie sind leicht abzulenken, neigen zu kurzen Konzentrationsspannen und arbeiten daher nicht sehr effektiv. Bis zu einem gewissen Grad ist Zerstreutheit eine Variable, die wir nicht gänzlich kontrollieren können. Das ist für diejenigen, die sich gut konzentrieren können, kein großes Problem. Wer jedoch Schwierigkeiten mit der Konzentration hat, tut gut daran, sein Arbeitsumfeld möglichst ablenkungsarm zu gestalten. Im Endeffekt muß er sich die Umgebung schaffen, in der er seine Ziele erreichen kann. Andernfalls wird er Schwierigkeiten damit bekommen. Menschen mit Erfolgsintelligenz kennen die Bedingungen, unter denen sie am besten arbeiten. Sie schaffen sich diese Bedingungen und nutzen sie zu ihrem größtmöglichen Vorteil.

16. *Menschen mit Erfolgsintelligenz kennen den schmalen Grat zwischen Über- und Unterbelastung.* Menschen, die sich zuviel zumuten, haben oft den Eindruck, daß sie nicht wirklich vorankommen. Nicht etwa, weil sie zu wenig oder nicht hart genug arbeiten würden, sondern weil sie sich in viele Projekte gleichzeitig verzetteln und jeweils nur kleine Schritte schaffen. Sie sollten diese Tendenz erkennen und versuchen, dagegen anzugehen. Wenn Sie gleichzeitig mehrere Projekte übernehmen, sollten Sie durch entsprechende Zeiteinteilung die Wahrscheinlichkeit sichern, daß Sie diese auch abschließen können.

Wer nicht mehr als ein oder höchstens zwei Dinge gleichzeitig erledigen kann, ist deshalb noch lange nicht im Nachteil, solange er im Zeitplan nicht zurückfällt. Wer sich jedoch zuwenig vornimmt, verpaßt möglicherweise gewisse Chancen und bleibt in seiner Qualifikation zurück. Menschen mit Erfolgsintelligenz versuchen Überlastungen und Unterforderungen zu vermeiden. Sie teilen ihre Zeit ein, um ihre Leistung zu maximieren.

17. *Menschen mit Erfolgsintelligenz besitzen die Fähigkeit, auf Belohnungen zu warten.* Wer nicht auf Belohnung warten kann, sucht

Anerkennung in kurzfristig erreichbaren Zielen und verpaßt die größere Anerkennung, die mit wichtigeren, längerfristigen Projekten einhergehen kann. Wissenschaftler und Gelehrte verzichten häufig auf die wirklich großen, für ihre Karriere entscheidenden Projekte. Sie schreiben keine Bücher, sondern kurze Artikel, weil sie nicht auf die Anerkennung warten können, die mit größeren und gewichtigeren Projekten zu verdienen ist. Der Erfolg kommt nie über Nacht; er verlangt, daß man die Anerkennung aufschiebt, manchmal für lange Zeit. Menschen mit Erfolgsintelligenz versagen sich die vielen kleinen Belohnungen und Freuden des Lebens nicht. Aber ihre Zeit und ihre intellektuelle Energie fließen vornehmlich in jene Projekte – und persönlichen Beziehungen –, die ihnen langfristig die größte Befriedigung und Freude verschaffen.

18. *Menschen mit Erfolgsintelligenz können den Wald* und *die Bäume sehen.* Ich habe mit einigen Studenten gearbeitet, die trotz ihrer hohen intellektuellen Fähigkeiten im Berufsleben relativ erfolglos bleiben, weil sie den Wald vor lauter Bäumen nicht sehen. Sie verheddern sich in kleinen Details und sind entweder nicht willens oder nicht in der Lage, den großen Entwurf ihres Projektes zu erkennen oder damit umzugehen. Sie sind derartig absorbiert von der Mikrostruktur, daß sie die Makrostruktur ignorieren bzw. zuwenig beachten. Auch viele Lehrer z. B. verlieren sich so sehr in den täglichen Verpflichtungen der Stundenvorbereitung, des Korrigierens von Arbeiten usw., daß sie ihre umfassenderen Ziele aus den Augen verlieren.

Es gibt Momente und Orte, wo die kleinsten Dinge wichtig werden können. Beim Bau und in der Entwicklung von Computern, Raumfahrzeugen oder Autos können sogar die kleinsten Unachtsamkeiten große Wirkung zeitigen, wenn das Produkt am Ende nicht funktioniert. Aber in vielen Aspekten des Lebens ist es notwendig, sich auf das Gesamtbild zu konzentrieren oder es doch zumindest nie aus den Augen zu verlieren. Studenten, Gelehrte, Wissenschaftler und Geschäftsleute verlieren sich leicht im alltäglichen Einerlei des Lebens. Falls das geschieht, sollten sie sich zwei Fragen stellen: Warum tue ich das? Und: Was hoffe ich damit zu erreichen? Menschen mit Erfolgsintelligenz unterscheiden zwischen folgenschweren und folgenlosen Dingen. Sie wissen, was sie tun und ob es sie dorthin bringt, wohin sie wollen.

19. *Menschen mit Erfolgsintelligenz besitzen ein vernünftiges Maß an Selbstvertrauen und glauben an ihre Fähigkeit, ihre Ziele zu erreichen.* Jeder braucht ein gerüttelt Maß an Selbstvertrauen, um sich durchs Leben zu schlagen. Unser Selbstwertgefühl muß so viele Schläge und Rückschläge verkraften, daß wir ohne Selbstvertrauen unsere Ziele nie erreichen könnten. Mangel an Selbstvertrauen kann unsere Fähigkeit schwächen, etwas gut zu tun, denn aus Selbstzweifeln werden nicht selten selbsterfüllende Prophezeiungen. Selbstvertrauen ist oft von entscheidender Bedeutung für den Erfolg. Und wenn einer kein Vertrauen in sich selbst hat, wie kann er es dann von anderen erwarten?

Gleichzeitig ist es wichtig, nicht zuviel oder falsches Selbstvertrauen zu haben. An zuviel Selbstvertrauen scheitern ebenso viele Studenten wie an dessen Mangel. Menschen mit zuviel Selbstvertrauen wissen nicht, wann sie einen Fehler zugeben oder einen Entwicklungsschritt vollziehen müssen. Aus diesem Grunde entwickeln sie sich selten so schnell, wie sie eigentlich könnten – und manchmal überhaupt nicht.

Vor allen Dingen in Vorstellungsgesprächen kann zuviel bzw. zuwenig Selbstvertrauen von Schaden sein. Einem Bewerber oder einer Bewerberin mit begrenztem Selbstvertrauen gelingt es nicht, das Vertrauen des potentiellen Arbeitgebers zu gewinnen. Aber übermäßiges Selbstvertrauen kann den Verdacht erregen, daß der Betreffende nicht ganz so tüchtig und wunderbar sein könnte, wie er selbst glaubt. In beiden Fällen bekommt die Stelle ein anderer.

Dasselbe gilt für die Welt der Wirtschaft. Leitende Angestellte und Manager mit wenig Selbstvertrauen haben Mühe, sich des Respekts und der Kooperationsbereitschaft ihrer Angestellten oder Mitarbeiter zu versichern. Die allzu Selbstsicheren geben jedoch möglicherweise Anlaß zu Ressentiments und behindern den freien Gedankenaustausch. Auch hier ist es wichtig, die Mitte zwischen Zuviel und Zuwenig bei einer an sich guten Sache zu finden.

20. Menschen mit Erfolgsintelligenz denken gleichermaßen analytisch, kreativ und praktisch. Es gibt Zeiten im Leben, da muß man analytisch denken; und dann wiederum heißt es, kreativ oder praktisch zu sein. Wichtig ist das Wissen, wann man diese verschiedenen Formen des Denkens anzuwenden hat. Einige Studenten scheinen diesbezüglich häufig die falsche Entscheidung zu treffen. Sie beklagen sich über ihre Lehrer, die ihre Kreativität in objektiven Multiple-choice-Tests nicht erkennen oder nicht bereit sind, ihnen für ihre gut gegliederten, aber langweiligen Referate eine gute Note zu geben. Obgleich sie sowohl analytische als auch kreative Fähigkeiten besitzen mögen, setzen sie diese häufig nicht angemessen ein. Standardisierte Multiple-choice-Tests ihrer kognitiven Fähigkeiten z.b. sind gewöhnlich nicht die beste Gelegenheit, Kreativität unter Beweis zu stellen, es sei denn, es handelt sich dabei um Kreativitätstests. Forschungsprojekte hingegen bieten ausgezeichnete Möglichkeiten, Kreativität zu demonstrieren. Der Punkt ist: Analytische, kreative und praktische Fähigkeiten muß man nicht nur besitzen, sondern auch zum richtigen Zeitpunkt einsetzen.

Menschen mit Erfolgsintelligenz lernen, welche Art des Denkens in der jeweiligen Situation von ihnen erwartet wird. Und sie sind in der Lage, diese Erwartungen zu erfüllen. Des weiteren nutzen sie beim Problemlösen und in Entscheidungssituationen die drei Denkformen kontinuierlich; sie analysieren die Situation und finden Lösungen, die sowohl kreativ als auch praktisch umsetzbar sind.

Ich habe zwanzig charakteristische Merkmale von Menschen mit Erfolgsintelligenz beschrieben, wie sie in ihren persönlichen Eigenschaften und in ihrer Leistung erkennbar werden. Diese Eigenschaften werden in konventionellen Intelligenztests nicht gemessen. Wir dürfen die Tatsache nicht aus den Augen verlieren, daß das, was in der Welt tatsächlich zählt, nicht statische Intelligenz, sondern Erfolgsintelligenz ist: eine ausgewogene Verbindung von analytischem, kreativem und praktischem Denken.

Erfolgsintelligenz ist kein Zufall; unsere Schulen können sie fördern und entwickeln, indem sie ihren Schülern und Studenten schon in frühen Jahren Lehrpläne bieten, die nicht nur das analytische, sondern auch das kreative und praktische Denken herausfordern. Ich bin ganz entschieden der Meinung, daß Erfolgsintelligenz unterrichtet werden *sollte,* denn sie ist nicht nur in der Schule, sondern auch im Leben gewinnbringend und von allerhöchstem Wert – im Beruf und im persönlichen Leben. Unser oberstes und letztes Ziel beim Verständnis und bei der Steigerung unserer Intelligenz sollte sein, daß wir alle in unserem Leben unser intellektuelles Potential verwirklichen können.

Danksagung

Ich danke zahlreichen Einzelpersonen und Organisationen für ihre Unterstützung meiner Arbeit. Das vorliegende Buch entstand in einer Zeit, in der mir das U.S. Office of Educational Research and Improvement (OERI) und das U.S. Army Research Institute (ARI) umfangreiche Fördermittel gewährten. Das bedeutet selbstverständlich nicht, daß die hier vertretenen Standpunkte in irgendeiner Weise offizielle Positionen dieser Organisationen oder der US-Regierung repräsentieren.

Im Laufe der Jahre haben die Mitarbeiter meiner Forschungsgruppe in Yale meinem Denken wichtige Impulse gegeben, und meine Arbeit war stets die Frucht unserer gemeinsamen Anstrengungen. Für ihre prägende Rolle im vorliegenden Buch danke ich vor allem meinen wichtigsten Mitarbeitern: Todd Lubart im Bereich kreative Intelligenz, Richard Wagner und Wendy Williams im Bereich praktische Intelligenz und Louise Spear-Swerling im Bereich Lernstörungen. Fred Hills und Burton Beals, meine Lektoren bei Simon & Schuster, gaben mir viele wertvolle Hinweise zur Verbesserung meines Manuskripts, und meinem Agenten Jeff Herman kommt das Verdienst zu, mich bei Simon & Schuster untergebracht zu haben. Schließlich und endlich habe ich meiner Frau Alejandra Campos und meinen Kindern Seth und Sara Sternberg zu danken, deren zahllose Lehren und Lektionen überall in diesem Buch zu finden sind.

Anmerkungen

Kapitel 1

1 R. Herrnstein/C. Murray,
  The Bell Curve,
  New York 1994.

2 S. E. Morison,
  The Oxford History of the American People,
  Bd. 2, New York 1972.

3 S. J. Ceci,
  On Intelligence ... More or Less:
  A Bio-ecological Treatise on Intellectual Development,
  Englewood Cliffs 1990.

4 Morison,
  The Oxford History of the American People.

5 Ebd.

Kapitel 2

1 F. Galton,
  Inquiry into Human Faculty and Its Development,
  London 1883.

2 A. Binet/T. Simon,
  The Development of Intelligence in Children, 1905; Baltimore 1916.

3 Ebd.

4 R. L. Thorndike/E. P. Hagen/J. M. Sattler,
  Technical Manual for the Stanford-Binet Intelligence Scale,
  4. Aufl., Chicago 1986.

5 R. Herrnstein/C. Murray,
  The Bell Curve,
  New York 1994.

6   J. R. Flynn,
    »Massive IQ Gains in 14 Nations: What IQ Tests Really Measure«,
    Psychological Bulletin
    101 (1987), S. 171–191.

7   D. K. Detterman/R. J. Sternberg (Hg.),
    How and How Much Can Intelligence Be Increased?,
    Norwood 1982.

8   I. Lazar/R. Darlington,
    »Lasting Effects of Early Education:
    A Report from the Consortium for Longitudinal Studies«,
    Monographs of the Society for Research in Child Development 47,
    Nr. 2–3 (1982), Serial Nr. 195; E. Zigler/W. Berman,
    »Discerning the Future of Early Childhood Intervention«,
    American Psychologist 38 (1983), S. 894–906.

9   M. J. Adams (Hg.),
    Odyssey: A Curriculum for Thinking, Watertown 1986.

10 S. Messick,
    *The Effectiveness of Coaching for the SAT:
    Review and Reanalysis of Research from the Fifties to the FTC*,
    Princeton 1980.

11 R. J. Sternberg,
    »Most Vocabulary Is Learned from Context«,
    in: M.G. McKeown/M.E. Curtis (Hg.),
    The Nature of Vocabulary Acquisition,
    Hillsdale 1987, S. 89–105.

12 J. B. Baron/R. J. Sternberg (Hg.),
    Teaching Thinking Skills: Theory and Practice,
    New York 1987.

Kapitel 3

1   C. A. Dweck,
    »Self Theories and Goals: Their Role in Motivation,
    Personality and Development«, in: R. A. Dienstbier (Hg.),
    Nebraska Symposium on Motivation, 1990: Perspectives on Motivation,
    Lincoln 1991, S. 199–235.

2 R. J. Sternberg/D. K. Detterman (Hg.),
   What Is Intelligence?
   Contemporary Viewpoints on Its Nature and Definition,
   Norwood 1986.

3 C. E. Spearman,
   »›General Intelligence‹ Objectively Determined and Measured«,
   American Journal of Psychology 15 (1904), S. 201–293; C. Spearman,
   The Abilities of Man,
   London 1927.

4 P. C. Wason,
   »On the Failure to Eliminate Hypotheses in a Conceptual Task«,
   Quarterly Journal of Experimental Psychology 12 (1960),
   S. 129–140.

5 B. Skyrms,
   Choice and Chance: An Introduction to Inductive Logic,
   2. Aufl., Encino 1975.

6 J. P. Guilford,
   »Cognitive Psychology's Ambiguities: Some Suggested Remedies«,
   Psychological Review 89 (1982), S. 48–59.

7 R. B. Cattell,
   Abilities: Their Structure, Growth and Action,
   Boston 1971.

8 A. Willner,
   »An Experimental Analysis of Analogical Reasoning«,
   Psychological Reports 15 (1964), S. 479–494.

9 A. R. Jensen,
   »Psychometric *g* as a Focus of Concerted Research Effort«,
   Intelligence 11 (1987), S. 193–198.

10 Ebd.

11 W. Mischel,
   Personality and Assessment,
   New York 1968.

12 E. B. Hunt,
   »Mechanics of Verbal Ability«,
   Psychological Review 85 (1978), S. 109–130.

13 K. E. Stanovich,
»Reconceptualizing Intelligence: Dysrationalia as an Intuition Pump«,
Educational Researcher 23, Nr. 4 (1994), S. 11–22.

14 P. T. Barrett/H. J. Eysenck,
»Brain Evoked Potentials and Intelligence: The Hendrickson Paradigm«,
Intelligence 16 (1992), S. 361–381.

15 P. A. McGarry/R. M. Stelmack/K. B. Campbell,
»Intelligence, Reaction Time and Event-Related Potentials«,
Intelligence 16 (1992), S. 289–313;
T. E. Reed/A. R. Jensen,
»Conduction Velocity in a Brain Nerve Pathway of Normal Adults
Correlates with Intelligence Level«, *Intelligence* 16 (1992), S. 259–272;
P. A. Vernon/M. Mori,
»Intelligence, Reaction Times, and Peripheral Nerve Conduction
Velocity«,
Intelligence 8 (1992), S. 273–288.

16 R. J. Haier/B. Siegel/C. Tang/L. Abel/M. S. Buchsbaum,
»Intelligence and Changes in Regional Cerebral Glucose Metabolic Rate
Following Learning«,
Intelligence 16 (1992), S. 415–426.

17 J. C. Wickett/P. A. Vernon,
»Peripheral Nerve Conduction Velocity, Reaction Time, and
Intelligence: An Attempt to Replicate Vernon and Mori«,
Intelligence 18 (1994), S. 127–132.

18 A. E. Hendrickson/D. E. Hendrickson,
»The Biological Basis for Individual Differences in Intelligence«,
Personality & Individual Differences 1 (1980), S. 3–33.

19 M. Mishkin/H. L. Petri,
»Memories and Habits: Some Implications for the Analysis of Learning
and Retention«, in:
L. R. Squire/N. Butters (Hg.),
Neurophysiology of Memory, New York 1984, S. 287–296.

20 R. Serpell,
»The Cultural Construction of Intelligence«, in:
W. J. Lonner/R. S. Malpass (Hg.),
Psychology and Culture, Boston 1994.

21 R. Serpell,
The Significance of Schooling: Life Journeys in an African Society,
Cambridge 1993.

22 S. B. Sarason/J. Doris,
Educational Handicap, Public Policy and Social History, New York 1979.

23 H. J. Eysenck/L. Kamin,
The Intelligence Controversy: H. J. Eysenck versus Leon Kamin,
New York 1981.

24 S. J. Ceci,
»How Much Does Schooling Influence General Intelligence and
Its Cognitive Components? A Reassessment of the Evidence«,
Developmental Psychology 27, Nr. 5 (1991), S. 703–722.

25 R. B. Cattell/A. K. Cattell,
Test of g: Culture Fair, Scale 3, Champaign 1963.

26 A. R. Jensen,
Bias in Mental Testing, New York 1980.

27 L. L. Thurstone,
The Nature of Intelligence, New York 1924.

28 J. W. Berry,
»Radical Cultural Relativism and the Concept of Intelligence«, in:
J. W. Berry/P. R. Dasen (Hg.),
Culture and Cognition: Readings in Cross-Cultural Psychology,
London 1974, S. 225–229.

29 P. Greenfield,
»Testing in Collectivistic Cultures«,
American Psychologist (im Druck).

30 R. J. Sternberg/B. Rifkin,
»The Development of Analogical Reasoning Processes«,
Journal of Experimental Child Psychology 27 (1979), S. 195–232.

31 Ceci,
»How Much does Schooling …« (siehe Anm. 24).

32 D. A. Wagner,
»Memories of Morocco:
The Influence of Age, Schooling and Environment on Memory«,
Cognitive Psychology 10 (1978), S. 1–28.

33 S. J. Ceci/A. Roazzi,
»The Effects of Context on Cognition: Postcards from Brazil«, in:
R. J. Sternberg/R. K. Wagner (Hg.),
Mind in Context: Interactionist Perspectives on Human Intelligence,
New York 1994, S. 74–101.

34 S. J. Ceci/U. Bronfenbrenner,
»Don't Forget to Take the Cupcakes Out of the Oven:
Strategic Time-Monitoring, Prospective Memory and Context«,
Child Development 56 (1985), S. 175–190.

35 A. D. Schlieman/V. P. Magalhües, *Proportional Reasoning:
From Shops, to Kitchens, Laboratories and, Hopefully Schools*
(Proceedings of the Fourteenth International Conference for the
Psychology of Mathematical Education, Oaxtepec, Mexiko, 1990).

36 H. Gardner,
Multiple Intelligences: The Theory in Practice,
New York 1993.

37 D. Lubinsky/C. P. Benbow,
»An Opportunity for ›Accuracy‹«,
Contemporary Psychology 40, Nr. 10 (1995),
S. 939–940;
R. J. Sternberg,
»A Triarchic Model for Teaching and Assessing Students in General
Psychology«,
General Psychologist 30, Nr. 2 (1994), S. 42–48.

Kapitel 4

1 R. J. Sternberg,
»Implicit Theories of Intelligence, Creativity and Wisdom«,
Journal of Personality and Social Psychology 49 (1985), S. 607–627.

2 R. J. Sternberg/R. K. Wagner/L. Okagaki,
»Practical Intelligence:
The Nature and Role of Tacit Knowledge in Work and at School«, in:
H. Reese/J. Puckett (Hg.),
Advances in Lifespan Development,
Hillsdale 1993, S. 205–227;

R. K. Wagner/R. J. Sternberg,
»Practical Intelligence in Real-World Pursuits:
The role of Tacit Knowledge«,
Journal of Personality and Social Psychology 49 (1985), S. 436–458.

3 R. J. Sternberg,
In Search of the Human Mind, Orlando 1995.

4 R. J. Sternberg,
Beyond IQ: A Triarchic Theory of Human Intelligence, New York 1985.

5 M. Cole/J. Gay/J. Glick/D. W. Sharp,
The Cultural Context of Learning and Thinking, New York 1971.

6 L. Spear-Swerling, Gespräch mit dem Autor.

7 R. Edgerton,
The Cloak of Competence, Berkeley 1967.

8 L. Okagaki/R. J. Sternberg,
»Parental Beliefs and Children's School Performance«,
Child Development 64, Nr. 1 (1993), S. 36–56.

9 S. B. Heath,
Ways with Words, New York 1983.

10 C. E. Snow/W. S. Barnes/J. Chandler/J. F. Goodman/L. Hemphill,
Unfullfilled Expectations: Home and School Influences on Literacy,
Cambridge 1991.

11 R. J. Sternberg/P. Clinkenbeard,
»A Triarchic View of Identifying, Teaching, and Assessing Gifted
Children«,
Roeper Review 17, Nr. 4 (1995), S. 255–260;
R. J. Sternberg/M. Ferrari/P. Clinkenbeard/E. L. Grigorenko,
»Identification, Instruction, and Assessment of Gifted Children:
A Construct Validation of a Triarchic Model«,
Gifted Children Quarterly (im Druck).

12 R. J. Sternberg,
In Search of the Human Mind, Orlando 1995.

13 M. Csikszentmihalyi,
»Society, Culture, and Person: A Systems View of Creativity«, in:
R. J. Sternberg (Hg.),
The Nature of Creativity, New York 1988, S. 325–339.

Kapitel 5

1 R. J. Sternberg,
   »Intelligence and Nonentrenchment«,
   Journal of Educational Psychology 73 (1981), S. 1–16.

2 M.T. H. Chi/R. Glaser/E. Rees,
   »Expertise in Problem Solving«, in:
   R. J. Sternberg (Hg.),
   Advances in the Psychology of Human Intelligence,
   Bd. 1, Hillsdale 1982, S. 7–75;
   J. Larkin/J. McDermott/D. P. Simon/H. A. Simon,
   »Expert and Novece Performance in Solving Physics Problems«,
   Science 208 (1980), S. 1335–1342.

3 W. Mischel/Y. Shoda/P. K. Peake,
   »The Nature of Adolescent Competencies Predicted by Pre-School Delay
   of Gratification«,
   Journal of Personality and Social Psychology 54 (1988),
   S. 687–696.

4 M. Snyder/E. D. Tanke/E. Berscheid,
   »Social Perception and Interpersonal Behavior:
   On the Self-Fulfilling Nature of Social Stereotypes«,
   Journal of Personality and Social Psychology 35 (1977),
   S. 656–666.

5 R. R. Rosenthal/L. Jacobson,
   Pygmalion in the Classroom, New York 1968.

6 E. Walster/V. Aronson/D. Abrahams/L. Rottmann,
   »Importance of Physical Attractiveness in Dating Behavior«,
   Journal of Personality and Social Psychology 4 (1966),
   S. 508–516.

7 E. Hatfield/S. Sprecher,
   Mirror, Mirror ... The Importance of Looks in Everyday Life,
   Albany 1986.

8 R. K. Wagner/R. J. Sternberg,
   »Executive Control in Reading Comprehension«, in:
   B. K. Britton/S. M. Glynn (Hg.),
   Executive Control Processes in Reading, Hillsdale 1987,
   S. 1–21.

9 G. Labouvie-Vief,
   »Beyond Formal Operations: Uses and Limits of Pure Logic in Life Span
   Development«,
   Human Development 23 (1980), S. 141–161;
   G. Labouvie-Vief,
   »Wisdom as Integrated Thought«, in:
   R. J. Sternberg (Hg.),
   Wisdom: Its Nature, Origins, and Development,
   New York 1990, S. 52–83;
   J. Pascual-Leone,
   »Attentional, Dialectic, and Mental Effort«, in:
   M. L. Commons/F. A. Richards/C. Armon (Hg.),
   Beyond Formal Operations,
   New York 1984;
   J. Pascual-Leone, »An Essay on Wisdom: Toward Organismic Processes
   That Make It Possible«, in:
   R. J. Sternberg (Hg.),
   Wisdom, S. 244–278;
   K. F. Riegel,
   »Dialectical Operations: The Final Period of Cognitive Development«,
   Human Development 16 (1973), S. 346–370.

10 A. Newell/H. A. Simon,
    Human Problem Solving,
    Englewood Cliffs 1972.

11 T. Gladwin,
    East is a Big Bird: Navigation and Logic on Puluwat Atoll,
    Cambridge 1970.

12 C. Lévi-Strauss,
    Das wilde Denken, Frankfurt a. M. 1973.

13 I. Yanis/D. E. Meyers.
    »Activation and Metacognition of Inaccessible Stored Information:
    Potential Bases of Incubation Effects in Problem Solving«,
    Journal of Experimental Psychology: Learning, Memory, and Cognition
    13 (1987), S. 187–205.

14 B. F. Anderson,
    Cognitive Psychology,
    New York 1975.

15 C. A. Kaplan/J. E. Davidson,
    Incubation Effects in Problem Solving, (Manuskript, 1989).

16 R. D. Luce/H. Raifa,
    Games and Decisions,
    New York 1957.

17 H. A. Simon,
    Administrative Behavior, 2. Aufl.,
    Totowa 1957.

18 D. Kahneman/A. Tversky,
    »Subjective Probability: A Judgment of Representativeness«,
    Cognitive Psychology 3 (1972), S. 430–454.

19 L. Krantz,
    What the Odds Are:
    A–to–Z Odds on Everything You Hoped or Feared Could Happen,
    New York 1992.

20 M. D. Shook/R. L. Shook,
    The Book of Odds,
    New York 1991.

21 Krantz,
    What the Odds Are.

22 Shook/Shook,
    The Book of Odds.

23 A. Tversky/D. Kahneman,
    »Availability: A Heuristic for Judging Frequency and Probability«,
    Cognitive Psychology 5 (1973), S. 207–232.

24 B. Fischhoff/P. Slovic/S. Lichtenstein,
    »Knowing with Certainty:
    The Appropriateness of Extreme Confidence«,
    Journal of Experimental Psychology:
    Human Perception and Performance 3 (1977), S. 552–564.

25 B. Fischhoff,
    »Judgment and Decision Making«, in:
    R. J. Sternberg/E. E. Smith (Hg.),
    The Psychology of Human Thought,
    New York 1988, S. 153–187.

Kapitel 6

1 R. J. Sternberg/T. I. Lubart,
   Defying the Crowd: Cultivating Creativity in a Culture of Conformity,
   New York 1995.

2 Ebd.

3 J. Garcia/R. A. Koelling,
   »The Relation of Cue to Consequence in Avoidance Learning«,
   Psychonomic Science 4, (1966), S. 123–124.

4 R. J. Sternberg,
   Beyond IQ: A Triarchic Theory of Human Intelligence,
   New York 1985;
   R. J. Sternberg (Hg.),
   The Nature of Creativity: Contemporary Psychological Perspectives,
   New York 1988;
   Sternberg/Lubart,
   Defying the Crowd.

5 R. C. Schank,
   The Creative Attitude, New York 1988.

6 T. M. Amabile,
   The Social Psychology of Creativity,
   New York 1983.

7 Sternberg/Lubart,
   Defying the Crowd.

8 Amabile,
   The Social Psychology of Creativity.

9 B. A. Hennessey/T. M. Amabile,
   »The Conditions of Creativity«, in:
   Sternberg (Hg.),
   The Nature of Creativity, S. 11–38.

10 T. I. Lubart/R. J. Sternberg,
    »An Investment Approach to Creativity: Theory and Data«, in:
    S. M. Smith/T. B. Ward/R. A. Finke (Hg.).
    The Creative Cognition Approach, Cambridge 1995, S. 269–302.

11 R. J. Sternberg,
    In Search of the Human Mind, Orlando 1995;

R. J. Sternberg/W. M. Williams,
»Parenting Toward Cognitive Competence«, in:
H. M. Bornstein (Hg.),
Handbook of Parenting, Bd. 4, Mahwah 1995, S. 259–275.

12 Sternberg/Lubart,
Defying the Crowd.

13 N. Kogan/M. A. Wallach,
Risk Taking: A Study in Cognition and Personality,
New York 1964.

14 D. N. Jackson/L. Hourany/N. J. Vidmar,
»A Four-Dimensional Interpretation of Risk Taking«,
Journal of Personality 40 (1972), S. 483–501.

15 Amabile,
The Social Psychology of Creativity.

16 Sternberg,
Beyond IQ.

17 H. E. Gruber,
»The Self-Construction of the Extraordinary«, in:
R. J. Sternberg/J. E. Davidson (Hg.),
Conceptions of Giftedness,
New York 1986, S. 247–263.

18 H. W. Stevenson und J. W. Stigler,
The Learning Gap,
New York 1992.

19 G. Plimpton (Hg.),
Poets at Work, New York 1989, S. 8.

20 F. L. Holmes,
Lavoisier and the Chemistry of Life:
An Exploration of Scientific Creativity, Madison 1985.

21 P. A. Frensch/R. J. Sternberg,
»Expertise and Intelligent Thinking:
When Is It Worse to Know Better?«, in:
R. J. Sternberg (Hg.),
Advances in the Psychology of Human Intelligence,
Bd. 5, Hillsdale 1989, S. 157–158.

22 M. Csikszentmihalyi,
    »Society, Culture and Person: A Systems View of Creativity«, in:
    The Nature of Creativity,
    hg. von R. J. Sternberg, New York 1988, S. 325–339.

23 Amabile,
    The Social Psychology of Creativity.

Kapitel 7

1 R. J. Sternberg,
   »Implicit Theories of Intelligence«,
   Journal of Personality and Social Psychology 49 (1985), S. 607–627.

2 D. C. McClelland,
   »Testing for Competence Rather than for ›Intelligence‹«,
   American Psychologist 28 (1973), S. 1–14.

3 G. V. Barrett/R. L. Depinet,
   »A Reconsideration of Testing for Competence Rather than for
   Intelligence«,
   American Psychologist 46 (1991), S. 1012–1024.

4 L. S. Gottfredson,
   »Societal Consequences of the g Factor«,
   Journal of Vocational Behavior 29 (1986), S. 379–410;
   J. Hawk,
   »Real World Implications of *g*«,
   Journal of Vocational Behavior 29 (1986), S. 411–414;
   F. L. Schmidt/J. E. Hunter,
   »Employment Testing: Old Theories and New Research Findings«,
   American Psychologist 36 (1981), S. 1128–1137.

5 A. K. Wigdor/W. R. Garner (Hg.),
   Ability Testing: Uses, Consequences, and Controversies,
   Washington 1982.

6 J. E. Hunter/R. F. Hunter,
   »Validity and Utility of Alternative Predictors of Job Performance«
   Psychological Bulletin 96 (1984), S. 72–98;
   Schmidt/Hunter, »Employment Testing«.

7 Ebd.

8 R. Herrnstein/C. Murray,
The Bell Curve, New York 1994.

9 Ebd.

10 C. Schooler,
»Psychological Effects of Complex Environments During the Life Span:
A Review and Theory«, in:
C. Schooler/K. Warner Schaie (Hg.),
Cognitive Functioning and Social Structure over the Life Course,
Norwood 1987, S. 24–49.

11 U. Neisser,
»General, Academic, and Artificial Intelligence«, in:
L. Resnick (Hg.),
Human Intelligence: Perspectives on Its Theory and Measurement,
Hillsdale 1976, S. 179–189.

12 S. A. Williams/N.W. Denney/M. Schadler, »Elderly Adults' Perception of
Their Own Cognitive Development During the Adult Years«,
International Journal of Aging and Human Development 16 (1983),
S. 147–158.

13 J. L. Horn/R. B. Cattell,
»Refinement and Test of the Theory of Fluid and Crystallized
Intelligence«,
Journal of Educational Psychology 57 (1966), S. 253–270.

14 J. B. Carroll,
Human Cognitive Abilities, New York 1993.

15 R. A. Dixon/P. B. Baltes,
»Toward Life-Span Research on the Functions and Pragmatics of
Intelligence«, in:
R. J. Sternberg/R. K. Wagner (Hg.),
Practical Intelligence:
Nature and Origins of Competence in the Everyday World,
New York 1986, S. 203–235.

16 N. W. Denney/A. M. Palmer,
»Adult Age Differences on Traditional and Practical Problem-Solving
Measures«,
Journal of Gerontology 36 (1981), S. 323–328.

17 F. A. Mosher/J. R. Hornsby,
»On Asking Questions«, in:
J. S. Bruner/R. R. Oliver/P. M. Greenfield (Hg.),
Studies in Cognitive Growth,
New York 1966.

18 S. W. Cornelius/A. Caspi,
»Everyday Problem Solving in Adulthood and Old Age«,
Psychology and Aging 2 (1987),
S. 144–153.

19 P. B. Baltes/M. M. Baltes,
»Psychological Perspectives on Successful Aging:
A Model of Selective Optimization with Compensation«, in:
P. B. Baltes/M. M. Baltes (Hg.),
Successful Aging: Perspectives from the Behavioral Sciences,
Cambridge 1990, S. 1–34.

20 T. A. Salthouse,
»Effects of Age on Skill in Typing«,
Journal of Experimental Psychology: General 113 (1984),
S. 345–371.

21 S. Scribner,
»Studying Working Intelligence«, in:
B. Rogoff/J. Lave (Hg.),
Everyday Cognition: Its Development in Social Context,
Cambridge (1984), S. 9–40;
S. Scribner, »Thinking in Action:
Some Characteristics of Practical Thought«, in:
Sternberg/Wagner (Hg.),
Practical Intelligence, S. 13–30.

22 S. J. Ceci/J. Liker,
»Academic and Nonacademic Intelligence:
An Experimental Separation«, in:
Sternberg/Wagner (Hg.),
Practical Intelligence, S. 119–142;
S. J. Ceci/J. Liker,
»Stalking the IQ-Expertise Relation: When the Critics Go Fishing«,
Journal of Experimental Psychology: General 117 (1988),
S. 96–100.

23 J. Lave/M. Murtaugh/O. de la Roche,
»The Dialectic of Arithmetic in Grocery Shopping«, in:
Rogoff/Lave (Hg.),
Everyday Cognition, S. 67–94.

24 Ebd.

25 T. N. Carraher/D. Carraher/A. D. Schliemann,
»Mathematics in the Streets and in Schools«,
British Journal of Developmental Psychology 3 (1985), S. 21–29.

26 D. Dörner/H. Kreuzig,
»Problemlösefähigkeit und Intelligenz«,
Psychologische Rundschau 34 (1983), S. 185–192;
D. Dörner/H. Kreuzig/F. Reither/T. Staudel,
Lohhausen: Vom Umgang mit Unbestimmtheit und Komplexität,
Bern 1983.

27 Sternberg, »Implicit Theories of Intelligence«;
R. J. Sternberg/D. Caruso,
»Practical Modes of Knowing«, in:
E. Eisner (Hg.)
Learning the Ways of Knowing,
Chicago 1985, S. 133–158;
R. K. Wagner,
»Tacit Knowledge in Everyday Intelligent Behavior«,
Journal of Personality and Social Psychology 52 (1987), S. 1236–1247;
R. K. Wagner/R. J. Sternberg,
»Tacit Knowledge and Intelligence in the Everyday World«, in:
Sternberg/Wagner (Hg.),
Practical Intelligence, S. 51–83.

28 J. A. Horvath/G. B. Forsythe/P. Sweeney/
J. McNally/J. Wattendorf/W. M. Williams/R. J. Sternberg,
»Tacit Knowledge and Military Leadership:
Evidence from Officer Interviews«,
ARI Technical Report,
Alexandria, US Army Research Institute for the Behavioral and Social Sciences, 1994;
R. J. Sternberg/R. K. Wagner/W. M. Williams/J. A. Horvath,
»Testing Common Sense«,
American Psychologist 50, Nr. 11 (1995), S. 912–927.

29 Sternberg/Wagner/Okagaki,
»Practical Intelligence«;
Sternberg/Wagner/Williams/Horvath,
»Testing Common Sense«.

30 Wagner,
»Tacit Knowledge in Everyday Intelligent Behavior«;
R. K. Wagner/R. J. Sternberg,
»Practical Intelligence in Real-World Pursuits:
The Role of Tacit Knowledge«,
Journal of Personality and Social Psychology 49 (1985), S. 436–458.

31 W. M. Williams/R. J. Sternberg,
Success Acts for Managers,
Orlando, in Vorbereitung.

32 Wigdor/Garner,
Ability Testing.

33 Wagner/Sternberg,
»Practical Intelligence in Real-World Pursuits«.

34 Williams/Sternberg,
Success Acts for Managers.

35 A. R. Jensen,
»Test Validity: g Versus ›Tacit Knowledge‹«,
Current Directions in Psychological Science 1 (1993), S. 9–10;
M. J. Ree/J. A. Earles,
»*g* Is to Psychology What Carbon Is to Chemistry:
A Reply to Sternberg and Wagner, McClelland, and Calfee«,
Current Directions in Psychological Science 1 (1993), S. 11–12;
F. L. Schmidt/J. E. Hunter,
»Tacit Knowledge, Practical Intelligence, General Mental Ability,
and Job Knowledge«,
Current Directions in Psychological Science 1 (1993), S. 8–9.

36 Wagner/Sternberg,
»Practical Intelligence in Real-World Pursuits«;
R. K. Wagner/R. J. Sternberg,
»Street Smarts«, in:
K. E. Clark/M. B. Clark (Hg.),
Measures of Leadership, West Orange 1990, S. 493–504.

37 A.S. Eddy,
The Relationship Between the Tacit Knowledge Inventory for Managers and the Armed Services Vocational Aptitude Battery,
Magisterarbeit, St. Mary's University, San Antonio 1988.

38 Wagner, »Tacit Knowledge in Everyday Intelligent Behavior«;
Wagner/Sternberg, »Practical Intelligence in Real-World Pursuits«.

39 Sternberg/Wagner/Okagaki, »Practical Intelligence«.

40 Ebd.

41 R. J. Sternberg/L. Okagaki/A. Jackson,
»Practical Intelligence for Success in School«,
Educational Leadership 48 (1990), S. 35–39;
H. Gardner/M. Krechevsky/R. J. Sternberg/L. Okagaki,
»Intelligence in Context:
Enhancing Students' Practical Intelligence for School«, in:
K. McGilly (Hg.),
*Classroom Lessons:
Integrating Cognitive Theory and Classroom Practice,*
Cambridge, Mass., 1994,
S. 105–127.

42 W. Williams/T. Blythe/N. White/R. J. Sternberg/H. Gardner,
Practical Intelligence for School,
New York 1996.

Kapitel 8

1 M. Lepper/D. Greene/R. Nisbett,
»Undermining Children's Intrinsic Interests with Extrinsic Rewards: A Test of the ›Overjustification‹ Hypothesis«,
Journal of Personality and Social Psychology 28 (1973),
S. 129–137.

2 H. E. Gruber,
»The Self-Construction of the Extraordinary«, in:
R. J. Sternberg/J. E. Davidson (Hg.),
Conceptions of Giftedness,
New York 1986, S. 247–263.

3   L. L. Thurstone,
    The Nature of Intelligence, New York 1924.

4   D. Stenhouse,
    The Evolution of Intelligence:
    A General Theory and Some of Its Implications, New York 1973.

5   E. R. Guthrie,
    The Psychology of Learning, New York 1935.

6   F. E. Fiedler/T. G. Link,
    »Leader Intelligence, Interpersonal Stress, and Task Performance«, in:
    R. J. Sternberg/R. K. Wagner (Hg.),
    Minds in Context: Interactionist Perspectives on Human Intelligence,
    New York 1994, S. 152–167.

7   R. J. Sternberg,
    The Triangle of Love, New York 1988.

8   D. C. McClelland,
    Human Motivation, New York 1985.

9   R. K. Wagner/R. J. Sternberg,
    »Practical Intelligence in Real-World Pursuits:
    The Role of Tacit Knowledge«,
    Journal of Personality and Social Psychology 49 (1985), S. 436–458.

Namenregister

Apple 173 f.
Arafat, Y. 179
Arkwright, R. 206
Asch, S. 148

Banaji, M. 159
Binet, A. 56 ff., 59, 68
Boring, E. G. 71
Bradley, R. 89 f.
Brigham, C. 25
Buscaglia, L. 165

Caldwell, B. 89 f.
Campbell, F. A. 89
Carlyle 191
Cartwright, E. 206
Cattell, J. M. 55, 57
Ceci, St. 118
Chomsky, N. 220
Chruschtschow, N. 17 f.
Clark, I. 26
Crick, F. 232

da Vinci, L. 8
Darwin, Ch. 53, 56
de Sanchez, M. 90
Dennis, W. 90

Edison, Th. A. 165
Einstein, A. 8, 165, 220, 229
Emerson, R. W. 28

Feldman, R. D. 144
Flynn, J. 85
Ford 176
Frensch, P. 235
Freud, S. 220

Galilei, G. 8
Galton, F. 53 ff., 57
Garcia, J. 206
Gardner, H. 9, 126, 269
Glick, J. 144
Goddard, H. 25, 117
Goleman, D. 9
Guilford, J. P. 101 f.
Guthrie, E. R. 283

Halperin, J. 138
Hamilton, A. 25 ff., 31
Heath, S. 153, 155
Herrnstein, R. 25, 81 ff., 90 f.,
    247 ff., 264
Hunter, J. 247, 249
Hussein, S. 62

IBM 173 f.
Intel 151, 169

Jackson, A. 28 f., 31
Jefferson, Th. 30 ff.
Jensen, A. 82
Johnson & Johnson 171

319

320